W0197317

Wahnsinn
Wartezimmer

Herausgegeben von Heike Abidi und Anja Koeseling

Wahnsinn
Wartezimmer

28 echt kranke
Geschichten

Inhaltsverzeichnis

Vorwort

von Kai Twilfer

Wussten Sie eigentlich, dass mein Arzt ein Pflegefall ist, ohne krank zu sein? Ein menschlicher Pflegefall, der in seiner Praxis emotional und fachlich nicht dazu in der Lage ist, mir mal drei Minuten am Stück zuzuhören. Ein Einzelfall? Mitnichten, sonst müsste es dieses Buch wohl nicht geben. Trilliarden Menschen bundesweit gehen auch ohne Choleriker-Diagnose gern mal an die Decke, wenn es um die Themen Ärzte, Krankenhäuser und Gesundung geht.

Als man mich bat, ein Vorwort zu diesem Komplex zu schreiben, war er sofort wieder da. Mitten in meinem Kopf. Mein Arzt! Vom ersten Besuch in seiner Praxis an war mir klar, dass ich nun keine weiteren Feinde mehr im Leben bräuchte. Es handelt sich bei seiner Praxis um die klassische Einrichtung, in der nur halskranke Sprechstundenhilfen arbeiten. Frauen also, die einem beim Betreten nicht ins Gesicht schauen können, sondern stattdessen einen langgestreckten Arm mit manikürten French Nails über den Counter reichen. Und wenn man ihnen dann zehn Euro Schmiergeld in die Hand drückt, um schneller aufgerufen zu werden, folgt meist: »Mann, Praxisgebühr is' nich' mehr. Krankenkassenkarte, sonst läuft hier gar nix!«

Anschließend wechselt man von der Guantanamo-Begrüßungs-Lounge in den Hauptbahnhof. Dieser heißt in Arztpraxen Wartezimmer und beherbergt im Schnitt 146 Personen auf vier alten Stahlrohrstühlen aus dem Möbelprospekt von 1987.

Die Reise nach Jerusalem macht hier also keinen Sinn mehr. Die Wartemarke suggeriert einem, dass es sogar vierstellige Nummern in diesem kleinen Plastikkasten gibt, und gerade wird die Dame mit der 32 aufgerufen. Zwei Minuten später folgt die 33 und weitere zwei Minuten später die 34. Nach gut acht Stunden Intensivstudiums der *Frau im Spiegel* von 1994 weiß man nun alles über den Wahlerfolg von Helmut Kohl, aber noch nichts über einen möglichen Befund des Arztes.

Nach gut acht Stunden Intensivstudiums der *Frau im Spiegel* von 1994 weiß man nun alles über den Wahlerfolg von Helmut Kohl, aber noch nichts über einen möglichen Befund des Arztes.

Dieses Ziehen in meinem Rücken kann doch nicht normal sein. Schließlich bittet er mich endlich herein.

»Gudntachsetzensesichwozwickts?«

Ich hole etwas zu weit aus und beginne mit meinen Blähungen auf dem Wickeltisch 1976. Das passt allerdings nicht in das zeitliche Konzept des Arztes, sodass ich gezwungen bin, meinen Bericht zu straffen.

»Nun, ich hab mich gestern beim Tapezieren auf die Klappe gelegt. Seitdem tut's weh, wenn ich mir auf den Rücken drücke.«

Die ärztliche Diagnose: Fingerbruch!

Und wenn man dann glaubt, dass es mit einem Verband, einer Schiene oder gar einem Gips getan wäre, dann liegt man schwer daneben. Kein Arzt der Welt kann so was Heikles selbst verantworten. Er gibt die Verantwortung lieber ab und überweist einen ins Krankenhaus. Einen Ort, den keiner so wirklich gut findet. Kettenrauchende Bademantel-Opas vor dem Eingang. Der latente Duft von halb gefüllten Bettpfannen auf jeder Etage und die Gewissheit, dass die dort noch viel Schlimmeres mit einem anstellen können als in einer schlecht organisierten Arztpraxis.

»Herr Twilfer, Sie glauben doch nicht im Ernst, dass wir Sie heute wieder gehen lassen. Akute Prellung! Da machen wir mal das ganze Programm.«

Ich werde stutzig und frage, wie man das denn so zügig und vor allem ohne Röntgen oder Ultraschall herausfinden kann.

»So was sieht ein guter Arzt an Ihrem geprellten Finger. Klassisches Symptom.«

Keine zwei Minuten später schlägt dann auch schon die krankenhausinterne Shopping Queen zu und ich mutiere modebewusst zum Leibchenträger. Das froschdödelgrüne Langhemdchen, das komischerweise auch noch hinten offen ist, macht mich nun endgültig zum charakterlosen Pflegefall. Oder einem Fall für die Genfer Menschenrechtskonvention, da die Würde eines jeden Patienten nun auf dem Niveau der kaputten Betten liegt, die man früher sogar höher als zwanzig Zentimeter fahren konnte.

Ich begebe mich also erneut in die Hände von Halbgöttern in Weiß. In Krankenhäusern gibt es jedoch, anders als in Arztpraxen, zunächst eine Vorhut. Den General bekommt man erst einmal nicht zu Gesicht. Der macht derweil im OP die Lagebesprechung, wie man das Opfertier Patient am besten ausweiden und zerlegen kann, während die Krankenschwestern einen auf dieses Schlachtfest vorbereiten. Eine junge Frau nähert sich mit einem Einmalrasierer bedrohlich meinem Bett.

»So, Herr Twilfer, und nun wollen wir Sie mal für die Rücken-OP rasieren.«

Ich öffne mein Leibchen und frage mich, was denn bei einer Rücken-OP rasiert werden muss. Mein stahlharter, braun gebrannter, frisch geölter Muskelberg kann es doch wohl nicht sein.

»Herr Twilfer, Sie sind mir aber ein Teddybärchen! Sie haben ja mehr Haare auf dem Rücken als Charlie, der lustige Affe aus dem ZDF.«

Ich schalte auf *mute* und lasse die Prozedur des Rückenrasierens über mich ergehen. Eine Darmspiegelung auf einem kaukasischen Straßenfest wäre mir zu diesem Zeitpunkt fast lieber gewesen. Der Rasierer macht seine Arbeit und die Krankenschwester verwickelt mich während der Rasur in ein Gespräch. Voll von panischer Angst weiß man, dass man genau das vor einer OP nun wirklich gar nicht brauchen kann.

»Sie haben doch diese Schantall-Bücher geschrieben, oder?«

Die Klinge der jungen Dame kratzt ganz langsam über meinen Rücken. Hoffentlich weiß sie, was sie da tut.

»Äh, ja. Sagen Sie, jetzt müsste aber doch da hinten alles ab sein, oder?«

Die Krankenschwester ist mit dem Rasierer am Nacken angekommen.

»Ich heiße übrigens Tamaya-Scheraldien, nicht Schantall. Ich finde Ihre Schantall-Bücher toll. Es gibt aber auch dämliche Vornamen.«

Ich entscheide mich, mit der Rasierklinge am Hals dem nicht zu widersprechen, und freue mich stattdessen über das Lob sowie auf die Narkose, um dem realen Albtraum mit deutschen Ärzten und Krankenhäusern endlich zu entfliehen. Ich empfehle der Krankenschwester,  dieses Buch hier zu lesen, und schreibe mir seitdem meine Diagnosen einfach selbst. Das Internet weiß da schon 'ne ganze Menge.

Ich entscheide mich, mit der Rasierklinge am Hals dem nicht zu widersprechen.

KAPITEL 1
Symptome

»Ich google, also bin ich krank«

Ein Symptom ist in der Medizin beziehungsweise der Psychologie ein Zeichen, das auf eine Erkrankung oder Verletzung hinweist.

Die Top 5 der skurrilsten Syndrome

Dieses kleine Kompendium richtet sich an Patienten und Ärzte gleichermaßen. Frisch niedergelassenen Kollegen rate ich, die Seiten aus dem Buch zu reißen und sich auf den Schreibtisch zu pappen. Denn dieses Wissen wird in keiner Ausbildung vermittelt, ist aber fürs berufliche Überleben essenziell. Darüber hinaus hilft der Erkenntnisgewinn auch dabei, die Zahnspange der Kinder oder eine gute Flasche Schampus zu bezahlen.

1. Kreislauf, auch Blümeranz

Klar rattern da die Differenzialdiagnosen durchs Hirn des gut geschulten Mediziners, wenn ein Patient die Beschwerde »Kreislauf« äußert. Erfahrungsgemäß ist das Leiden »Kreislauf« aber selten tatsächlich auf den Kreislauf zurückzuführen, es sei denn, der Patient muss vom Boden des Wartezimmers gekratzt werden oder schafft es gar nicht erst in die Praxis. Meist handelt es sich um Schwindel, der wiederum häufig in einer verspannten Halsmuskulatur seine Ursache hat.

Dummerweise kann Schwindel wiederum Kreislaufprobleme auslösen. Also Blutdruckmessen nicht vergessen!

Das Medizinerleben ist hart, man bewegt sich auf dünnem Eis. Den Schwindel auf die Halswirbelsäule zu schieben, erfordert nämlich Mut zur Lücke. Kann auch schon mal schiefgehen! Zudem gibt es Ausnahmen: junge Mädchen am Rande der Magersucht, die bei vierzig Grad im Schatten ihre Wasserflasche vergessen haben, Marathonläufer, die bei Kilometer 37,8 ausgetrocknet die Hufe von sich strecken, die demente Omi im unterbesetzten Altenheim ...

Wer Schuld hat an den meisten Fällen von »Kreislauf«, die bis zum Koma führen können? Natürlich die beschränkten Ärzte! Wirklich! Verschreibt ein Arzt zu viele Mittel gegen Bluthochdruck, schmiert der Druck schon mal in den nicht messbaren Bereich ab. Andererseits, verschreibt er zu wenig, setzt es möglicherweise einen Schlaganfall.

Dringender Expertentipp an alle Kollegen: Kunstfehlerversicherung regelmäßig bezahlen!

2. Frau-schickt-mich-Syndrom

Besorgte Frauen wundern sich gelegentlich, dass das Blut ihres Gatten noch fließt, und schicken ihn deshalb zum Doktor. Typisch ist die Ahnungslosigkeit der Betroffenen in Hinblick auf ihre Beschwerden, was unweigerlich zu Schwierigkeiten in der Kommunikation mit dem Arzt führt, der die Krankengeschichte aus dem Mund des Mannes erfahren möchte.

Hinter dem Syndrom kann ein komplexes Beschwerdebild stecken, das durch gründliche Untersuchungen abzuklären ist. Rückbildungsvorgänge im Körper des alternden Mannes mit Abnehmen der Drüsentätigkeit, Erschlaffung der Muskulatur, Abstumpfung der Sinnesorgane, Haar- und Zahnausfall oder alles im Verbund können die Frau des vorstellig gewordenen Patienten in jeder Hinsicht schwer belasten.

Lassen sich keine ernsten organischen Krankheiten, sondern nur eine natürliche Erschöpfung der Zellen feststellen, sollten die Konflikte im seelischen Bereich, die das Frau-schickt-mich-Syndrom hervorrufen kann, nicht vernachlässigt werden. Ich rate dann zur Vermeidung von übermäßigem Stress, zu Bewegung und dazu, den Sexus sich mit Würde zum Eros wandeln zu lassen, zur selbstlosen, spirituellen und vor allem schenkenden Liebe. Der letzte Punkt wird besonders relevant, wenn der Urologe eine operationspflichtige Prostatavergrößerung feststellt. Das zarte Flämmchen Sexus wird dann unter Umständen mit der Operation ohnehin gänzlich ausgeblasen.

3. Lieber-krank-feiern-als-gesund-schuften-Syndrom, auch Gelbscheinaspiranten-Syndrom

Dieses Syndrom tritt häufig bei schönem Wetter und bei kerngesunden Menschen auf. Verdächtig sind mehr als fünf Krankschriften pro Jahr für simulierte Krankheiten, wobei selbst monatliche Arbeitsausfälle keine Seltenheit sind. Beliebte Beschwerden sind Migräne, Schlafstörungen (wer hat die nicht?), Bauchschmerzen wegen Verwachsungen, Darmgrippen, Schmerzen der Halswirbelsäule oder Tennisellenbogen – Diagnosen also, die sich nur schwer objektivieren lassen und bedarfsweise zu Beschwerden führen.

Die »Patienten« sind belesen und routiniert in der Schilderung von Symptomen, die differenzialdiagnostisch von echten Krankheiten abgegrenzt werden müssen. Tests in diesem Zusammenhang fallen immer unauffällig aus. Gelbscheinaspiranten machen aber auch Fehler und lassen sich folgendermaßen entlarven: Beschwerden werden übertrieben geschildert, ihr Bewegungsmuster passt nicht zu einer schmerzenden Erkrankung, verordnete Pillen werden nicht eingenommen und schmerzhafte oder unangenehme Untersuchungen (zum Beispiel Magen- oder Darmspiegelung) abgelehnt. Ja, das kostet

Nerven und das Geld der Allgemeinheit. Deshalb handelt es sich nicht um eine Bagatelle.

Expertentipp: Das Problem offen thematisieren und gelegentlich Nein sagen! Manche Simulanten wechseln dann sofort den Arzt. Das schont die eigene Magenschleimhaut und man kommt nicht in den zweifelhaften, andere Gelbscheinaspiranten magisch anziehenden Ruf, arbeitsbefreiende Dokumente leichtfertig auszustellen.

4. Das Seidenmalsyndrom (alternativ Tassentöpfer-, Boshihäkel- oder Tomatenzuchtsyndrom)

Dabei handelt es sich um eine Übersprunghandlung, die man von Hühnern kennt (sinnloses, zwanghaftes Picken nach nicht vorhandenen Körnern), die eigentlich lieber etwas ganz anderes tun würden, aber sich nicht entscheiden können, was.

Es ist einigermaßen schwer heilbar, zumal die Patienten von einem sogenannten sekundären Krankheitsgewinn profitieren (selbst getöpferten Klorollenhaltern, selbst gehäkelten Tischsets, absolut unverrückbaren, aber äußerst selbst gegossenen Betontischen in und außerhalb der Wohnung). Nimmt es überhand, neigen Betroffene zur Behäkelung von Straßenlaternen. Das Syndrom kann abgemildert werden durch die Anschaffung eines oder mehrerer Haustiere. Außerdem kann man auch Pferdehalfter sehr ansprechend selbst gestalten.

5. Das Symptom der permanenten Beschwerdelosigkeit

Dieses Symptom beschreibt ein vom Patienten geäußertes allgemeines Wohlbefinden. Gelegentlich kommen sogar

Glücksgefühle und die angeblich fehlende Notwendigkeit einer Medikamenteneinnahme hinzu. Für niedergelassene Ärzte stellt dieser Zustand einen akuten Notfall dar, eine furchterregende Erkrankung ähnlich galoppierender Schwindsucht oder Pest.

Zur Akutversorgung dieser Krankheit gehört in den Erste-Hilfe-Koffer ein möglichst breit gefächerter Check-up. Schrotschuss! Kreuzt alle Laborwerte auf dem Zettel an, die nicht niet- und nagelfest sind und die die Krankenkasse bezahlt. Unterzieht den Patienten einem Verhör zur eigenen und zur Familiengeschichte (Uroma in Ostwestfalen nicht vergessen!), schreitet zum Äußeren, greift zum Stethoskop und untersucht ihn gründlich.

Macht euch nichts vor, Leute, ihr steht mit Rücken und Arsch zur Wand. Entweder ihr findet was oder die Kinder werden nicht satt. Es wird doch irgendein lausiger Laborwert aus der Reihe tanzen (Schilddrüse, Blutfette, Harnsäure) oder zumindest der Blutdruck marginal erhöht sein. Dann muss dem Patienten nur noch klargemacht werden, wie kreuzgefährlich und dringend behandlungsbedürftig die erhobenen Befunde sind. Ihr verordnet ein preisgünstiges Medikament, das jedes Quartal neu rezeptiert werden muss, und bindet so auch die Beschwerdelosen lebenslang an die Praxis.

Expertentipp: Nie mehr als hundert Pillen auf einmal verordnen, sonst überspringt der Patient ein Quartal!

Die Top 5 der seltensten Symptome

1. Bierbrust-Symptom des Mannes (Gynäkomastie)

Dabei handelt es sich um ein gutartiges Wachstum der Brust beim Mann, ausgelöst durch langjährigen übermäßigen Alkoholkonsum. Schafft es die geschädigte Leber nicht mehr, den Alkohol zu verarbeiten, gerät das Hormonverhältnis von Testosteron und Östrogen aus dem Gleichgewicht. Darauf reagiert das Brustdrüsengewebe sehr sensibel und wächst wie bei einer Frau. Das führt nicht nur zu Beschwerden wie Spannungsgefühl und Berührungsempfindlichkeit, sondern ab Größe C auch zur BH-Pflicht.

Andere Ursachen von Gynäkomastie müssen von den alkoholbedingten abgegrenzt werden. Auch der Verlust eines oder beider Hoden, so manches Herzmedikament und der Konsum von Marihuana und/oder Heroin können den Gatten der Gattin ähnlich machen. Eine weitere Abgrenzung sollte zur Lipomastie erfolgen. Dabei vermehrt sich nicht das Drüsengewebe, sondern Fett wird in die Brust eingelagert.

Stehen aber Alkohol und eine kranke Leber als Ursache für eine Hormonstörung fest, hilft nur der Entsafter, das heißt Entzug und Entwöhnung. Gelingen sowohl Abstinenz als auch ein Therapieversuch mit Testosteron nicht, kann eine operative Entfernung der Brust in Erwägung gezogen werden.

2. Undine-Syndrom

Die schöne Nixe hat diesem seltenen Syndrom seinen Namen geliehen, denn nach einer germanischen Sage hat sie ihren untreuen Mann verflucht, sodass er im Schlaf aufhörte zu atmen und starb.

Das Undine-Syndrom hat genetische Ursachen und ist zum Glück tatsächlich sehr selten; die betroffenen Kinder müssen nachts beatmet werden, sonst sterben sie tatsächlich im Schlaf. Der Regler, der die Atmung an den Sauerstoff- beziehungsweise Kohlendioxidgehalt des Blutes koppelt, funktioniert bei ihnen nicht.

3. Alice-im-Wunderland-Syndrom

Ein bemitleidenswerter Symptomenkomplex, weil unterschätzt. Das Alice-im-Wunderland-Syndrom tritt häufiger auf als allgemein bekannt. Es heißt übrigens nicht nach Alice, weil man sich dabei in ein sprechendes Kaninchen verwandelt (das können manche Menschen auch unter genügend Alkoholeinfluss), und auch nicht, weil man schlagartig die englischen Krocketregeln verstehen würde. Nein, es heißt zum einen so, weil es meist Kinder betrifft, und zum anderen, weil für diese Kinder (gelegentlich im Zusammenhang mit Fieber) ihre Umwelt von einer Sekunde auf die nächste entweder schrumpft oder riesig wird. (Das Kind verändert sich dabei zum Glück nicht.) In der Medizin nennt man das »Mikropsie« und »Makropsie« und das hat nichts mit »Autopsie« zu tun. Es ist völlig harmlos. Soweit zum Positiven.

Negativ wäre anzumerken, dass das Syndrom auch als Begleiterscheinung eines Migräneanfalls oder als Vorbote eines epileptischen Anfalls auftreten kann.

4. PAP-Syndrom – lebensgefährliche Unentschlossenheit

Jeder hat schon einmal Situationen erlebt, in denen man sich nicht zu den einfachsten Handlungen aufraffen konnte. Der Fernseher ist längst aus, aber die Couch zu bequem, um sich zum Zähnebürschteln hochzuwinden ...

Für Patienten mit PAP-Syndrom ist das ein Dauerzustand. Durch einen vollständigen Verlust ihrer Motivation wird es ihnen unmöglich, alltägliche und banale Entscheidungen zu treffen. Betroffene verhungern, wenn sie nicht jemand an den Tisch setzt. Ihre Haut verbrennt, weil sie Stunden in der prallen Sonne schmoren, oder sie ertrinken, weil sie sich nicht zum Schwimmen durchringen können. Wo aber der Wille zur eigenen Rettung fehlt, wird es lebensgefährlich.

Als Ursache diskutiert die Wissenschaft eine Schädigung der Basalganglien, einer Schaltstelle im Zwischenhirn, die Emotionen ans Großhirn weiterleitet, wo wir unsere bewussten Entscheidungen treffen. Der Ausfall dieser Relaisstation kann nach einem Schlaganfall oder einem Unfall vorkommen. Typisch für die Erkrankung ist, dass sich die Betroffenen trotz der Dauerlethargie nicht langweilen.

Ob eine Heilung erfolgen kann, ist bisher unklar. Glücklicherweise gibt es aber Hilfe zum Überleben. Klare Ansagen vertrauter Menschen geben dem Tag Struktur. Auf Klebezetteln und Brettspielen (jedes Feld eine Handlung) wird der Tagesablauf genau notiert, an dem sich die Patienten dann orientieren können.

5. Koro

Nein, Kollegen, dabei handelt es sich nicht um die Abkürzung für Koronarangiografie. Koro ist eine psychische Störung, bei welcher der Patient Angst davor hat, sein Penis könnte schrumpfen und sich auf Nimmerwiedersehen in den Körper zurückziehen. Die Angst davor kann sich bis zu Panikattacken mit Todesangst steigern.

Die Krankheit kommt vor allem in Indonesien, China und Malaysia vor und zählt deshalb zu den kulturgebundenen Syndromen, ist also ein Forschungsgebiet der Ethnomedizin. Aus dem Malaiischen stammt auch der Name, denn Koro bedeutet in dieser Sprache so viel wie Schildkrötenkopf oder schrumpfend. Aber Vorsicht: Auch Einzelfälle in westlichen Ländern sind beschrieben worden!

Kennzeichnend ist weiterhin, dass die Betroffenen über Stunden an ihren Geschlechtsteilen festhalten und sogar Gewichte und skurrile Geräte zum Strecken verwendet werden. Baden in kaltem Wasser ist selbstverständlich eine klare Gegenanzeige für Männer, die an Koro leiden.

Das drohende Szenarium des schrumpfenden Penis spielt sich natürlich nur in der Vorstellung der Patienten ab. Somit kommen als therapeutische Ansätze eine Psychotherapie und eine vorübergehende Gabe von Psychopharmaka in Betracht. Regelmäßige sexuelle Betätigung fördert die positive Rückkopplung.

Bei Chinesen ist von Selbstbefriedigung allerdings abzuraten. In deren Vorstellung wird das Syndrom von einer Yin-Yang-Störung mitverursacht. Masturbation schwächt das Yang, was wiederum Penisschrumpfen nach sich zieht.

Aus dem Leben eines möglicherweise Gesunden

Eins vorab: Hypochondrie schützt vor Krankheit nicht. Kein bisschen. Das aber nur am Rande.

Meinen ersten lebensbedrohlichen Herzanfall bekam ich mit 13. Es war während eines Weltcup-Skirennens, das ich zusammen mit meinem Vater aus gemütlichen Wohnzimmersesseln verfolgte. Aus heiterem Himmel: Stiche! Wie Nadeln pikste es mir um die linke Brust herum. Ich sprang auf, um dem Schmerz durch spontane Bewegung zu entgehen. Das sollte es schon gewesen sein? Mit 13? Während eines lausigen Riesenslaloms? Wie durch ein Wunder klangen die Stiche wieder ab und ich durfte mich erstmals zu den Überlebenden zählen.

Mochte sein, dass ich über meine Großmutter mütterlicherseits eine Denkart geerbt hatte, die sich im maßlosen Überschätzen des eigenen Einflusses auf objektiv kaum beeinflussbare Gegebenheiten und Ereignisse niederschlug. Träume etwa galten als Vorboten der späteren Realität und auch die Spielergebnisse meines Lieblingsfußballvereins hatten ungemein viel mit dem zu tun, was ich während der Radioreportagen gerade tat oder dachte. Was meine Herzstiche betraf, so drängte sich eine Erklärung geradezu auf, die mir das Blut in den Adern gefrieren ließ: In den Tagen zuvor hatte ich mit großem Interesse in dem Buch eines amerikanischen Forschers zum Thema »Leben nach dem Tod« geblättert, das den Nahtoderlebnissen ins Leben zurückgeholter Menschen gewidmet war. Zweifellos sollten mir die Herzstiche eine Warnung sein, dieses Buch nicht mehr anzurühren. Es war einfach noch nicht an der Zeit für mich, zu viel über das zu wissen, was mich dereinst erwarten würde, und so stellte ich das Buch ins Regal zurück, wo ich es jahrelang nicht einmal mehr von außen auch nur ansah.

Mit 18 stellte das Kreiswehrersatzamt hohen Blutdruck fest, was mich zunächst noch kaltließ, erst recht, als ich mit zwanzig die Augen nicht mehr davor verschließen konnte, mir einen Hirntumor eingefangen zu haben. Der Hausarzt, den ich ein paar Wochen zuvor noch wegen äußerst dubioser Bauchschmerzen aufgesucht hatte und der diese auch nach mehreren Röntgenaufnahmen nicht näher definieren konnte, erschien mir in diesem Fall nicht als der richtige Ansprechpartner.

Also kurierte ich den Hirntumor in Eigenregie, indem ich mir ein paar Wochen lang japanisches Heilpflanzenöl auf die Stirn träufelte und ein Tuch darum band.

Also kurierte ich den Hirntumor in Eigenregie, indem ich mir ein paar Wochen lang japanisches Heilpflanzenöl auf die Stirn träufelte und ein Tuch darum band. Irgendwann ging es dann wieder ohne Stirnbedeckung und ich hatte Zeit, mich endlich meinem Blutdruck zu widmen.

Es müssen wohl die ersten beiden Studiensemester gewesen sein, in denen ich aus Angst vor einem Schlaganfall jeden Tag mindestens eine Knoblauchzehe in Kombination mit ein paar Schlucken Milch zu mir nahm. Der Schlaganfall blieb aus und der Knoblauch irgendwann wieder unangetastet.

Natürlich kam es in all den Jahren auch vor, dass ich wirklich krank war. Kinderkrankheiten aller Art, Virusgrippe, Pfeiffersches Drüsenfieber suchten mich heim und ich musste mich Operationen von Blinddarm, Mandeln, Innenmeniskus unterziehen. All dies füllte meine offizielle Krankenakte und ich verhielt mich aus meiner Sicht wie ein Patient, für den es sich nicht gehörte, Ärzten und Pflegepersonal unnötige Umstände zu machen. Wohl kaum einer der professionellen Akteure dürfte bemerkt haben, mit welcher Art von Gesundheitsproblemen ich tatsächlich zu kämpfen hatte. Zum Beispiel mit dem Hirntumor, der sich Ende der Neunzigerjahre abermals in meinen Gedanken eingenistet hatte und mir hartnäckig weismachen wollte, dass in der Schaltzentrale meines Kopfes etwas wäre, was nicht dort hingehörte. Monatelang trug ich diesen schweren Gedanken mit mir umher, drängte ihn mal in den Hintergrund, mal ließ ich ihn in all seiner Düsternis zu, aber nie derart, dass ich daraus eine Handlung abgeleitet hätte. Erst als ich gar nicht mehr weiterwusste, trottete ich bangen Herzens zu der Praxis des einzigen niedergelassenen Arztes in meinem damaligen Wohnort und setzte mich ins überfüllte Wartezimmer. Der Arzt genoss einen hervorragenden Ruf, man sagte, er nähme sich für seine Patienten viel Zeit und betrachte sie ganzheitlich.

Als ich endlich aufgerufen wurde und ins Behandlungszimmer trat, empfand ich sofort eine wohlige Sympathie für den schlaksigen, blonden Mann, der sich nun meinem Allgemeinzustand widmete. Was mich zu ihm geführt habe? Nun, ich hätte Knieschmerzen, vor allem beim Bergabgehen.

Mit ernster Miene prüfte der Arzt meine Reflexe und bat mich, ohne Hose auf der Patientenliege Platz zu nehmen. Nach dem Vermessen meiner Beine meinte er: »Kein Wunder, dass Sie Schmerzen haben. Ihr linkes Bein ist anderthalb Zentimeter länger als das rechte. Ich werde Ihnen Einlagen verschreiben, die wirken manchmal Wunder.« Ehe ich mich versah, stand ich wieder vor der Arztpraxis und fragte mich, warum ich es nicht geschafft hatte, dem Mann den wahren Grund meines Erscheinens zu nennen. Knieschmerzen hatte ich zwar auch, aber wegen solchen Belanglosigkeiten brauchte ich doch keinen Arzt.

Am nächsten Tag überwand ich meine doch erhebliche Scham und saß nach einer erneuten Geduldsprobe im Wartezimmer wieder dem freundlichen Arzt gegenüber, der mich vom Vortag noch kennen musste. »Ich haben Ihnen gestern nicht alles gesagt«, stammelte ich und bemühte mich darum, meine gewiss an den Haaren herbeigezogenen Ängste wenigstens in akzeptable Worte zu verpacken. Der Arzt schaute mich noch besorgter als zuletzt an. Dann fasste er mit großen und kompetenten Medizinerhänden nach meinem Kopf und klopfte ihn sehr gründlich an allen möglichen Stellen ab. »Nichts Tumorverdächtiges«, sagte er, »aber ich denke, allein um Sie zu beruhigen, sollten wir einmal nachsehen lassen. Ich schreibe Ihnen eine Überweisung zum CT.«

Zu Hause legte ich die Überweisung in meine Schreibtischschublade. Ab und an sah ich nach ihr und stellte mir dabei vor, wie es wohl wäre, in einer Röhre zu liegen und hinterher von einem unwahrscheinlich empathischen Weißkittel mitgeteilt zu bekommen, wie lange man noch zu leben hätte. Nach einem knappen Jahr warf ich die Überweisung ins Altpapier.

Der Tiefpunkt folgte zwei Jahre später, als ich an einem anderen Wohnort vor einem alternden Urologen mein Geschlecht entblößte und von diesem nach einigen Sekunden schweigenden Abtastens den vernichtenden Satz »Da ist aber nichts« an den Kopf geschmettert bekam. Nicht, dass ich meine Hodenkrebsphobie gern bestätigt gesehen hätte, aber wenn man sich schon bis auf die Knochen blamiert, hätte man wenigstens gern eine Unterhose an.

Nicht, dass ich meine Hodenkrebsphobie gern bestätigt gesehen hätte, aber wenn man sich schon bis auf die Knochen blamiert, hätte man wenigstens gern eine Unterhose an.

Die genannten Ereignisse, deren Auflistung keinesfalls Anspruch auf Vollständigkeit erhebt, ließen mich zu einem Schluss kommen, der möglicherweise falsch, ganz sicher jedoch nachteilig für meine weitere Gesundheitsfürsorge gewesen sein dürfte: Ich war ein Hypochonder. Vielleicht tat ich meiner sensiblen Wahrnehmung der eigenen Befindlichkeit und der damit verbundenen Sorge mit dieser Selbsteinschätzung unrecht, aber es entlastete doch ungemein, der eigenen Angst den Gedanken entgegenzusetzen, dass man sich die Gefahr ohnehin bloß einbilde. Zwar blieb ich nicht frei von Ängsten, richtete sie nach Familiengründung auch auf Frau und Kinder, ganz der Selbstlosigkeit folgend, die für Eltern typisch ist, doch letztlich hatte ich auf jedwede Sorge die Antwort parat, dass sie nur meiner übertriebenen Empfindsamkeit entsprang.

Als ein alter Schulkamerad sich als Hausarzt niederließ und ich mit der Absicht, ihm das Wartezimmer zu füllen, zu seinem Patienten wurde, schenkte ich ihm bereits in den ersten Anamnesegesprächen die Diagnose gleich dazu: »Ich bin etwas hypochondrisch veranlagt.« Mit anderen Worten: kerngesund.

Da ich mich ein wenig fürchtete, vor meinem neuen Hausarzt als Weichei daherzukommen, suchte ich ihn nur in solchen Fällen auf, in denen an meiner Erkrankung kein Zweifel bestehen konnte. Bei einer eitrigen Angina etwa oder bei einer Sportverletzung. Die Dinge, die mich tatsächlich sorgten, erwähnte ich dabei bestenfalls im Nebensatz. Zum Beispiel dieses seltsame Knacken, das ich seit einigen Jahren unten rechts in meinem Hals verspürte, wenn ich schluckte. Dieses Knacken war früher nicht dagewesen. Es kam aus heiterem Himmel und es blieb. Das Knacken war definitiv keine Einbildung, ich fühlte und hörte es zugleich. Selbstverständlich brachte ich es direkt mit meiner Hypochondrie in Verbindung und musste mich daher durchaus überwinden, den Doktor zu fragen, ob er diesbezüglich eine Vermutung hätte. Freilich hatte er die. Dieses Knacken – mein Hausarzt bezeichnete es, damit es besser zur Fachliteratur passte, als trockenen Husten – war eine geradezu typische Nebenwirkung meines Blutdruckmedikaments. Also verschrieb er mir ein anderes, dann würde der trockene Husten schon verschwinden.

Doch das Knacken blieb. Als ich ein halbes Jahr später wegen einer anderen Sache den Arzt aufsuchen musste, erwähnte ich es beiläufig, aber doch so bestimmt, dass der Hausarzt mich zum Hals-Nasen-Ohren-Arzt überwies. Der wiederum zeigte sich außerordentlich interessiert an meiner

Stressbelastung und wollte wissen, in welchen Situationen denn das Knacken auftrete. Offensichtlich wollte er mich auf die Psycho-Schiene schieben, eine Strategie, die dadurch noch Nahrung bekam, dass er beim Blick in meinen Hals nichts Verdächtiges fand. Ja, wenn man unbedingt wolle, könne man noch einen Breischluck machen, aber eigentlich halte er es nicht für nötig. Ich bekam trotzdem meine Überweisung und saß ein paar Wochen später beim Radiologen.

Der Breischluck. Wenn es wenigstens Brei gewesen wäre. Es gab so leckere, liebliche Breie auf dieser Welt. Aber dieser hier war weder lecker noch lieblich, sondern eine sämige Kontrastflüssigkeit, die ich mir stets in genau dem Moment hinunterwürgen musste, in denen der kauzige Radiologe das Wort »Schluck« sagte. Ansonsten sprach der Radiologe nichts mit mir. Immer nur: »Schluck.« »Schluck.« »Schluck.« Irgendwann durfte ich wieder im Wartezimmer Platz nehmen, wo ich in einer der bereitliegenden Zeitschriften den Bericht über einen ehemaligen Profifußballer las, der während eines Prominentenkicks einen Herzstillstand erlitten hatte und wiederbelebt werden musste. Dann doch lieber Breischluck. »Herr Schmidt, bitte ...«

Ich betrat wieder den Röntgenraum, wo man mir jetzt die Ergebnisse mitteilen würde. »Stellen Sie sich noch einmal hierher und wenn ich ›Schluck‹ sage, schlucken Sie bitte.« Ich gehorchte. »Schluck.« »Schluck.« »Schluck.« Die Kontrastflüssigkeit widerte mich an. Immer schwerer fiel es mir, große Schlucke davon zu nehmen. Also war ich großzügig mit mir und nahm kleinere. In der Auswertung bekam ich hinterher gesagt, es sei alles in Ordnung.

»Warum haben Sie mich dann noch einmal hineinbestellt?«

»Ich dachte zunächst«, meinte der kauzige Radiologe, »ich sähe eine ganz kleine Tasche. Das hat sich aber bei genauerer Hinsicht nicht bestätigt.« So war das also. Eine kleine Tasche. Harmloser konnte man den Tod nicht umschreiben. Aber bei genauerer Hin-

Harmloser konnte man den Tod nicht umschreiben.

sicht war die Tasche ja weg. Kein Wunder, wenn der Patient so kleine Schlucke nimmt. Ach was, ich war ja Hypochonder, es würde schon seine Ordnung haben.

Nicht, dass ich permanent über meinen Gesundheitszustand nachdenken würde. Dazu habe ich gottlob gar keine Zeit. Und überhaupt ist mir bei aller Hypochondrie ja doch bewusst, dass alles am Ende ohnehin tödlich enden wird. Aber ist es nicht der eigentliche Sinn eines jeden Lebens, dem Tod aus dem Weg zu gehen? Das Leben ist der Gegenspieler des Todes und solange ich lebe, möchte ich nicht tot sein. Ich weiß nicht, wie es anderen in dieser Angelegenheit geht, aber für meine Person kann ich das recht eindeutig behaupten. Und kleine Taschen, aus denen irgendwann größere Taschen werden, die mehr Platz benötigen, können diesbezüglich durchaus ein Problem darstellen.

Den Arzt habe ich in dieser Knacksache nicht mehr aufgesucht. Ich begegne ihm manchmal in anderen Zusammenhängen. Wenn es die Gelegenheit erlaubt, erwähne ich alle paar Jahre mal, dass es da unten im Hals noch knackt. Der Arzt ist sich sicher, dass das nichts Schlimmes sein kann. Wenn es etwas

Schlimmes wäre, so meint der Arzt, dann wäre es schon längst schlimmer geworden. Und das ist es nicht. Es knackt halt nur. Knack. Knack. Knack. Mein Gott, dann soll es eben knacken. Die Uhr tickt ja auch. Manchmal laut, manchmal leise. Und manchmal ist es später, als man denkt.

Von Klebeband, Leichen und Antennen

Plötzlich war sie da: kreisrund, etwa drei Millimeter groß und ebenso hoch. Und sie fühlte sich ziemlich unangenehm an, da an der Außenseite meines rechten Daumens.

Ich entdeckte sie morgens im Bad, als ich mir gerade meine Haare kämmte und mich selbst inklusive meiner Hände im Spiegel sah. Igitt, dachte ich und bekam prompt eine Gänsehaut, wie eklig – das muss doch echt nicht sein!

Doch es war so – ich hatte eindeutig eine Warze.

Auf dem Weg ins Büro fummelte ich die ganze Zeit daran herum: Nervös, wie ich war, drückte und befühlte ich sie ununterbrochen. Eins war klar: Ich musste das Ding so schnell wie möglich loswerden!

Ein Arztbesuch also? Kam nicht infrage. Nicht wegen einer simplen Warze. Außerdem lag einfach zu viel Arbeit auf meinem Schreibtisch. Also beschloss ich, das Warzenproblem selbst zu lösen, indem ich nach Feierabend das Internet befragte.

Mit einem Glas Rotwein und ein paar Käse-Kräckern machte ich es mir am Schreibtisch gemütlich und fütterte die Suchmaschine mit dem unappetitlichen Stichwort.

Als Erstes las ich natürlich die Definition bei Wikipedia:

»Warzen (lateinisch Verrucae) sind häufige, unter Umständen ansteckende, kleine, scharf begrenzte und in der Regel gutartige Epithel-Geschwulste der oberen Hautschicht (Epidermis). Meistens sind sie leicht erhaben, manchmal flach. Sie sind zumeist auf eine Infektion mit einem der mehr als hundert verschiedenen ›Low-risk-Typen‹ von humanen Papillomviren aus der Familie der Papillomaviridae (unbehüllte, doppelstängige DNA-Viren) zurückzuführen.«

Humane Papillomviren, soso. Ansteckend, wie unschön! Noch mehr von diesen hässlichen Dingern wollte ich auf gar keinen Fall!

Ansteckend, wie unschön!

Dank der großartigen Online-Enzyklopädie erfuhr ich außerdem, dass es vulgäre Warzen oder auch Stachelwarzen gibt, nicht zu vergessen Fußsohlenwarzen, Feigwarzen, Dellwarzen, Flachwarzen, Pinselwarzen und Alterswarzen – letztere konnte ich mit an Sicherheit grenzender Wahrscheinlichkeit ausschließen, denn ich war noch deutlich unter fünfzig.

Doch allein die Fotos der verschiedenen Warzentypen brachten mich dazu, die Schüssel mit den Käse-Kräckern angewidert wegzuschieben! Zum Glück hatte ich nichts mehr davon im Mund, als ich weiterlas und erfuhr, dass man Feigwarzen gern auch am Anus bekommt. Wie bekam ich bloß diese Bilder wieder aus dem Kopf?

Ich betrachtete meine Warze und stellte erleichtert fest, dass ich mit diesem kleinen, regelmäßig ausgebildeten, fast schon niedlichen Exemplar in der Fotogalerie der Warzenschrecklichkeiten auf keinen Fall einen der vorderen Plätze erreichen würde. Denn ich hatte – was für ein Glück – wohl nur eine ganz ordinäre »vulgäre Warze«.

Im nächsten Textabschnitt wurde es dann richtig interessant, denn er behandelte die alles entscheidende Frage: Wie wird man die Dinger wieder los? Da gibt es verschiedene Möglichkeiten. Warzen werden vereist, verätzt, mit elektrischem Strom bekämpft oder chirurgisch entfernt – genauer gesagt rausgelöffelt. Orks – zum Glück hatte ich die Schüssel mit den Kräckern außer Sichtweite gestellt! Fast bekam ich Mitleid mit meiner Warze! Aber auch nur fast ...

Weil ich das Ding ja selbst bekämpfen wollte, scrollte ich weiter zum Punkt Hausmittel: Klebeband soll zum Beispiel helfen, vielleicht auch Knoblauch – beides allerdings wissenschaftlich nicht belegt, vor allem der Knoblauch nicht.

Ich durchwühlte meinen Schreibtisch und fand Klebeband, einen gewöhnlichen Tesafilm sowie dickeres Paketklebeband. Damit stand die Wahl meines Hausmittels fest. Leider war auf Wikipedia kein Hinweis zu finden, wie man dieses Klebeband im Kampf gegen die Warze nun konkret einsetzt. Und so bemühte ich abermals die Suchmaschine, dieses Mal mit der Wortkombination »Klebeband Warze entfernen«. Auf einer medizinischen Sammelseite wurde ich schließlich fündig: Ziel der Klebeband-Maßnahme sei es, die Warze luftdicht abzukleben und gleichzeitig leichten Druck auf die betroffene Hautstelle auszuüben.

Aberglaube? Das wäre normalerweise mein erster Gedanke gewesen. Doch heute fand ich, dass das nicht mal übermäßig absurd klang: Das Klebeband könnte so den Heilungsprozess unterstützen und die infizierten Hautstellen würden abgetötet und abtransportiert – von ganz allein.

Coole Sache, da kann ich mir den Arztbesuch wirklich sparen, dachte ich, während ich mir aus beigefarbenem Paketklebeband ein Antiwarzen-Pflaster bastelte. Na ja, einen Schönheitspreis würde meine Konstruktion wohl kaum gewinnen, eher kritische Blicke meiner Kollegen, aber Hauptsache, es half. Wenigstens wusste ich jetzt auch, warum Paketklebeband in praktischem Hautbeige verkauft wird.

Wenigstens wusste ich jetzt auch, warum Paketklebeband in praktischem Hautbeige verkauft wird.

Da fiel mir ein, was mir eine Freundin einmal erzählt hatte: Nämlich, Warzen könnte man besprechen oder wegstreicheln. Ich hatte sie damals ausgelacht. Warzen vollzulabern oder zärtlich zu umhegen, das hatte ich seinerzeit eher im Reich der Mythen und Legenden verortet. Andererseits waren die Warzen jener Freundin nach einer Weile tatsächlich verschwunden. Hatte die Sache etwa wirklich funktioniert?

Ich wollte es genauer wissen und änderte die Suchwortkombination in »Warze besprechen«. Es öffnete sich ein Universum der Unglaublichkeiten! Ich klickte einen der unzähligen Links an und fand mich in einer Parallelwelt wieder. Genauer gesagt: in einem Warzenforum. Was es nicht alles gab ...

Neugierig las ich den ersten Tipp:

»Mache in einen Baumwollfaden so viele Knoten, wie du Warzen hast. Diesen Faden wirfst du dann bei Vollmond hinter dich. Wenn der Faden verfault, sind die Warzen weg. Wichtig: Sprich mit niemandem darüber und schaue auch nicht mehr nach dem Bindfaden.«

Logik war wohl nicht die Sache der Warzenforumsbesucher. Dafür hatten sie auch poetische Verse im Angebot, um die Warzen zu besprechen:

»Lege deine Hand auf die Warze und sage dreimal: ›Was ich sehe, das vergehe. Was ich streiche, das erweiche – Warze weiche.‹ Nach dem dritten Mal sage dann noch: ›So wahr es Gottvaters Wille ist!‹«

Ganz zauberhaft auch diese Variante:

»Warze, Warze weiche,
reit auf einer Leiche,
auf dem Fluss der Zeit davon.
Im Namen des Vaters (pusten),
des Sohnes (pusten)
und des Heiligen Geistes (pusten).«

Ich hatte zwar schon einige Zombiefilme gesehen, aber einen, in dem Warzen nachts einen Friedhof stürmen, um eine Leiche zu stehlen, auf der sie dann auf dem Fluss der Zeit davonreiten - das war mir neu. Unklar blieb allerdings, was diese spezielle Form der Leichenschändung mit christlicher Dreifaltigkeit zu tun hatte. Wie auch immer - für mich war das wohl nichts. Auch zur Zielgruppe der Bücher, die »seelische Heilung« versprachen, oder der Warzenbesprecherin, die ihre Dienstleistungen nur einmal im Monat - kurz vor Vollmond - anbot, gehörte ich eher nicht. Dennoch las ich aufmerksam ihr Inserat. Aha, sie behandelt ohnehin am liebsten Kinder, weil Erwachsene immer so gestresst sind, hohe Ansprüche haben und wenig Geduld.

Doch die Gute kannte mich nicht! Bewies ich nicht gerade eine schier übermenschliche Geduld? Denn ich verbrachte noch weitere Stunden mit meiner Recherche.

Irgendwann stieß ich auf ein Forum, in dem sogar Sprüche zur Heilung von Aids und Krebs geteilt wurden - neben diversen Erfolgsgeschichten. Da wurde zum Beispiel von einer kleinen Anna berichtet, deren Leukämie von einer »weißen Hexe« geheilt worden sein soll – mit entsprechenden Heilsprüchen und Elixieren. Ob das jemand ernsthaft glaubte? Die Verfasserin des Postings schwor natürlich Stein und Bein, dass sich alles genau so zugetragen hatte.

Und auch zum Thema Warzen entdeckte ich noch neue Theorien. Ich erfuhr, dass sie nichts anderes sind als die »Rache der Toten«. Sofort dachte ich an Tante Elisabeth, die ich als Kind immer regelrecht verflucht hatte, weil sie mir Röcke aus kratziger Wolle strickte, die ich dann auch noch anziehen musste, wenn wir sie besuchten. Ob meine Warze ihre späte Rache war?

Ich füllte mein Rotweinglas erneut und nahm einen großen Schluck, bevor ich mich aufs nächste Level der Erkenntnis begab: Ich entdeckte die große Warzenverschwörung. Laut dieser Theorie sind Warzen eine Art Krebs, der von verschiedenen dubiosen Mächten im  **Ich entdeckte die große Warzenverschwörung.** Kampf gegen die Menschheit eingesetzt wird. Er entsteht durch Chemikalien, mit denen der entsprechende Mensch systematisch vergiftet wird. Wenn man mit der Warze zum Arzt geht, weiß der Halbgott im weißen Kittel bereits Bescheid, dass diese Person von diesen uns alle beherrschenden Kräften bekämpft wird – und kann ihr während der Warzenentfernung heimlich einen kleinen Sender implantieren, mit dessen Hilfe künftig jeder Schritt überwacht werden kann.

Ich staunte. Und trank einen weiteren Schluck Wein.

Garantiert war es dieser Schluck, der dann den kleinen Schelm in mir anstachelte: Warum eigentlich nur lesen, was andere posten? Warum nicht auch selbst kreativ werden? Und so meldete ich mich unter dem Namen »Lissi Crowley 666« in diesem Forum an, um aktiv mitzudiskutieren.

Als ich die Qual der Wahl hatte, ob ich meine Warzengeschichte unter der Rubrik »Grenzwissenschaften und Paranormales« oder doch eher in der klassischen Rubrik »Heilung« veröffentlichen sollte, entschied ich mich für die erste Möglichkeit – wenn schon schräg, dann richtig!

Ich eröffnete also einen neuen Strang und haute folgende Geschichte raus:

»Warzen und Antennen – jetzt kommt die Wahrheit ans Licht! Hey, Leute, ihr werdet nicht glauben, was mir heute passiert ist: Ich bin seit nunmehr zwei Jahren bei einer Hexe wegen verschiedener Warzen in Behandlung – doch sie kommt gegen die bösen Zauber nicht an, die mich befallen haben, ich werde meine Warzen einfach nicht los. Da ich unter anderem eine Dornwarze an der Fußsohle hatte, die mich bei jedem Schritt schmerzte, bin ich nun zum Schulmediziner gegangen, der diese Warze unter örtlicher Betäubung aus meinem Fuß geschält hat. Und jetzt kommt der Hammer: Als er die entfernte Warze in eine Schüssel warf, hörte ich ein metallisches Geräusch. Der Arzt wollte ganz offensichtlich verhindern, dass ich einen Blick darauf warf, doch beim Rausgehen aus dem OP gelang es mir trotzdem und ich erkannte eine winzige Antenne! Die Warze war also die Stelle, an der die Antenne aus meinem Körper gewachsen ist!!!!!«

Ich drückte auf »Senden« und rechnete fest damit, umgehend aus diesem Forum geworfen zu werden – doch weit gefehlt: Während der nächsten Stunden entspann sich ein regelrechter Wettbewerb, wer nach meiner die krasseste Antennen-Arzt-Geschichte zu bieten hatte. Eine Userin mit dem schönen Nickname »Engelstaub« berichtete zum Beispiel, dass ein Frisör ihr beim Haareschneiden zufällig einen kleinen Sender aus der Kopfhaut entfernt hatte – woraufhin sie sich gleich viel freier in ihren Entscheidungen fühlte! Bei »Sucher der Tiefe« war es die Nachbarin, die sich selbst eine kleine Antenne aus dem Unterarm geschnitten hatte, weil sie die warmen Strömungen und das Prickeln des Senders nicht mehr ertragen hatte. »Lillifee« hingegen nahm meine Geschichte dankbar auf und wollte sie gleich am nächsten Tag mit ihrem Schamanen besprechen – schließlich fühlte sie sich auch schon seit Jahren so »fremdgesteuert«. Lediglich der User »Walgesang« meldete leise Zweifel an, denn er hatte noch nie gehört, dass sich jemand nach der Entdeckung einer solchen Antenne noch frei bewegen konnte – alle ihm bekannten Personen, bei denen das geschehen war, seien schließlich verschwunden und bis heute wisse auch niemand, wohin.

Um vier Uhr morgens kapitulierte ich und meldete mich wieder von diesem Forum ab. Schließlich musste ich in ein paar Stunden zur Arbeit gehen. Ich hoffte, dass sich meine Kopfschmerzen – vom Wein und der Warzenverschwörung – in Grenzen halten würden, und nahm mir vor, morgens als Erstes einen Arzttermin auszumachen. Das mit dem Vereisen hatte doch gar nicht so übel geklungen.

Ein schlechtes Gewissen ist wie ein Nadelkissen

Montag

Ein Lächeln huschte über mein Gesicht, als ich mich am Morgen aus meinem Bett wälzte. Aufstehen, Frühstück, Arbeit mit Kaffeebesprechung und süßen Stückchen, deftiges Abendessen und dann das Highlight: Chillen mit Feierabendbier und Fernseher. Keine schlechten Aussichten also.

Nach einer schnellen Dusche saß ich ruckzuck am Frühstückstisch - eine große Tasse Kaffee genießen und dabei die Nachrichten auf dem Tablet checken. Dazu zwei Schoko-Croissants. Aus der Küche, wo sich meine Frau Kerstin gerade ihrer Arbeit widmete, drang das Klappern von Geschirr. Die Kinder waren bereits auf dem Weg zur Schule. Kurz - der perfekte Morgenmoment. Bis ich die misstrauisch klingende Stimme meiner Gattin vernahm.

»Sag mal, Schatz, du denkst noch an den Check-up?«

»Sag mal, Schatz, du denkst noch an den Check-up?«

»Klar«, antwortete ich schnell und blätterte weiter zu den Boulevardnachrichten. »Check-up. Reine Formsache.« Während ich Kerstin meine »ungeteilte Aufmerksamkeit« schenkte, sogen meine Augen die aktuellen Sportergebnisse auf. Erst beim was-weiß-ich-wievielten Ausruf meines Namens wurde ich wieder aufmerksam. »Volker!« Meine Frau stand plötzlich mit funkelnden Augen vor mir, ganz so, als hätte ich zwei Wochen am Stück vergessen, ihre Geranien zu gießen.

»Natürlich, der Check-up«, nahm ich den Faden lässig wieder auf. »Leg mir einfach den Schlüssel hin.«

»Schlüssel? Welchen Schlüssel?«

»Na, den für deinen Wagen«, erwiderte ich verwirrt. Ich fand regelmäßige Reifenprofiltests, Lichtprüfungen und Bremsenuntersuchungen durchaus wichtig. Sonst konnte ja wer weiß was passieren!

Meine Liebste atmete tief ein. So wie sie es immer tat, wenn ihr etwas furchtbar auf die Nerven ging. »Du sollst einen Termin bei Leo ausmachen, Volker. Für deinen Zwei-Jahres-Check-up. So wie ich vor zwei Wochen.«

»Klar«, gab ich mit simulierter Erinnerung zurück. Verflixt. Bei Leo Rüb? Meinem alten Freund – und Hausarzt. Leo war wirklich okay, wenn er nicht gerade Arzt spielte.

»Ich rufe vom Büro aus an«, versprach ich und machte mich eilig auf den Weg.

Dort angekommen, brauchte ich erst mal einen Kaffee. Mit viel Milch und noch mehr Zucker. Dass ein Kollege gerade an diesem Tag Donuts spendierte, war die perfekte Ergänzung. Entspannt setzte ich mich an meinen Platz, während sich Szenen aus dem letzten Check-up-Gespräch unausweichlich in mein Bewusstsein schoben. Spontan entwich mir ein tiefer Seufzer. Eigentlich war ich ja topfit. Abgesehen von den Treppen, die mich immer ein bisschen außer Puste geraten ließen. Dr. Leo Rüb hingegen teilte diese Meinung nicht hundertprozentig mit mir. Vor meinem inneren Auge erschien sein bekümmertes

Gesicht und ich hörte ihn etwas von Ausdauertraining sagen. So ein Blödsinn. Ich war doch kein Leistungssportler.

Um mich zu beruhigen, schnappte ich mir ein Stückchen Schokolade aus meiner geheimen Schublade und las meine restlichen E-Mails. Es schien ein ruhiger Tag zu werden. Wenn man mal davon absah, dass sich in meine erste Büro-Entspannungsphase sofort das wissende Lächeln meines Leibdoktors drängte. Instinktiv schloss ich die Schublade mit meinem Nervenfutter und kam ins Grübeln. Im Grunde war so ein Check-up beim Hausarzt ein bisschen so wie der TÜV, halt nur für Menschen. Außerdem dauerte es sicher noch ewig, bis ich einen Termin bekam. Kurzentschlossen griff ich zum Telefon.

»Praxis Dr. Rüb, mein Name ist Nonka.«

»Guten Tag, Frau Nonka«, begann ich zögerlich. »Bätz am Apparat, ich möchte einen Termin ausmachen wegen dem …«

»… Zwei-Jahres-Check«, ergänzte sie eine Spur zu fröhlich. »Ihre Frau hat uns schon informiert.«

Das war ja mal wieder typisch für Kerstin! Abgesehen davon: Das konnte ja heiter werden, wenn sich die Sprechstundenhilfe schon jetzt auf mich freute. Meine Laune sank und über meinem Kopf formte sich eine unsichtbare Gewitterwolke. Ohne dass ich mich dagegen wehren konnte, verpasste mir die Nonka einen Termin.

»Diesen Freitag?«, wiederholte ich ungläubig.

»Passt Ihnen 9.30 Uhr nicht?«, hakte sie irritiert nach.

Hastig versicherte ich, dass 9.30 Uhr prima war, während die Gewitterwolke die Züge meiner Gattin annahm.

»Wunderbar«, entgegnete sie. »Und kommen Sie bitte nüchtern.«

»Unter der Woche trinke ich nie vor dem Mittagessen«, scherzte ich.

Frau Nonka lachte – ganz im Gegensatz zu mir. Kaum dass ich aufgelegt hatte, meinte ich die ersten Tropfen aus meinem persönlichen Gewitter abzubekommen. Wie gelähmt dachte ich an all die Erniedrigungen, die ich schon bald über mich ergehen lassen musste. Blutabnahme, Gewichtskontrolle, Lungenfunktionstest. Und das alles unter Leos hochkritischen Blicken.

Irgendwie schlapp machte ich mich auf den Weg zur Kaffeemaschine, um dort die wichtigste Entscheidung des Tages zu treffen. Cappuccino, Latte macchiato oder Schokoccino. Die Vorfreude kribbelte in meinen Fingern. Bis ich die Schachtel mit den Teebeuteln sah.

Irgendwie schlapp machte ich mich auf den Weg zur Kaffeemaschine, um dort die wichtigste Entscheidung des Tages zu treffen. Cappuccino, Latte macchiato oder Schokoccino.

Ich schluckte. Nun gut. Es konnte ja wohl nicht so schwer sein, mal für ein paar Tage ein gesundes Leben zu führen. Nur bis zum Check-up! Mit einer Tasse Entspannungstee in den Händen und einem wild entschlossenen Blick machte ich mich auf den Rückweg an meinen Schreibtisch.

Das Gedränge in der Kantine sprach für sich. Schnitzel mit Pommes stand mit geschwungener Schrift auf der Tafel am Eingang. Kraftlos balancierte ich das leere Tablett vor meinem pensionierten Waschbrettbauch und studierte die Menükarte. Beim bloßen Gedanken an das Schnitzel lief mir das Wasser im Munde zusammen. Bis mir Leos Stimme in meinem Kopf den Appetit verdarb: »Wie steht es bei uns denn mit Gemüse und Salat?« Dieser Rüb konnte einem aber auch alles vermiesen! Peinlich berührt verzog sich mein knurrender Magen in eine Ecke zwischen Darm und Milz. Ich studierte erneut die Menükarte. Und entdeckte das, was ich sonst immer gewissenhaft ignorierte: das vegetarische Gericht des Tages. Und schon war ich an der Reihe. Ich überraschte mich selbst, als ich mich »Einmal Gemüselasagne, bitte« sagen hörte. Dazu bestellte ich statt der üblichen Cola ein Glas Wasser. Eine Minute später saß ich am Platz und stocherte lustlos mit der Gabel in der grün-gelben Pampe herum. Was tat man nicht alles für einen gesunden Körper? Leo würde sich wundern.

Als ich an diesem Tag das Büro verließ, fühlte ich mich irgendwie schwach. Aber ich war auch stolz auf mich. Schließlich hatte ich allen Versuchungen widerstanden und sowohl Süßigkeiten als auch Kaffee und sogar Schnitzel verschmäht.

Als ich gedankenversunken die Haustür öffnete, schlug mir der Duft von frisch gebackener Pizza entgegen. Auf der Stelle war meine Welt wieder in Ordnung. Jedenfalls für einen kurzen Moment.

»Die ist für die Kinder«, erklärte Kerstin eine Spur zu streng, »wir beide essen Salat.«

Kennen Sie dieses Gefühl, wenn man beim Schach den Gegner bedrängen will und einem zu spät klar wird, dass man die feindliche Dame übersehen hat? Mit hängenden Schultern fügte ich mich meinem Schicksal. In dieser Nacht

konnte ich vor Hunger kaum schlafen, weil ich in meinen Alb-
träumen von fliegenden Pizzas und pampigen Salattellern
verfolgt wurde.

Dienstag
Grundsätzlich waren Dienstage ja besser als Montage. Es sei
denn, man steckte mitten in einer Zwangsdiät. Unglücklich saß
ich an diesem Tag im Büro, natürlich bei Tee und Mineralwasser.
Ach, das klingt gar nicht so schlimm? Dann vergleichen Sie mal
den Geschmack von gezuckertem Kaffee mit dem Bitterkraut-
tee, den meine Frau ausgesucht hat. Allein der Gedanke daran
lässt meine Zunge verschrumpeln wie eine ausgetrocknete
Schnecke in der Wüste. Vom vegetarischen Gericht des Tages,
das wohl eine Art entfernter Verwandter des Blumenkohls sein
musste, ganz zu schweigen.

Zu Hause wurde es nicht viel besser. »Du hast noch eine
Stunde bis zum Essen«, begrüßte mich meine Frau. »Wie wäre
es, wenn du mit unserer Ältesten noch ein bisschen läufst?«

»Nur eine Stunde? Ist das nicht ein bisschen kurz?«, rutschte
es mir heraus. Schließlich war ich in meiner Studentenzeit ein
ziemlich leidenschaftlicher Jogger gewesen. Meine Liebste
zuckte mit den Schultern und ging zurück in die Küche, während ich meine alten Laufschuhe suchte.

Auch in dieser Nacht fand ich kaum Schlaf. Schwer zu sagen,
ob es an meinem leeren Magen lag oder an den schmerzenden
Beinen. Vielleicht war auch mein Selbstwertgefühl schuld, das
an diesem Abend irreparablen Schaden genommen hatte. Es ist
eben nicht leicht zu verkraften, wenn eine Dreizehnjährige alle

vierzig Meter stehen bleibt und mitleidig fragt: »Soll ich langsamer machen, Papa?«

Während Kerstin selig vor sich hinschlummerte, dröhnte mein Kopf und mein Seitenstechen schien gerade einen neuen Langzeitrekord aufstellen zu wollen. Noch so ein Tag und ich war wirklich reif für den Arzt – wegen einer Überdosis gesunden Lebens. Dann konnte ich mir den Rollator unseres greisen Nachbarn ausleihen, um zu Leo zu kommen.

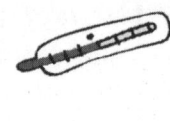

Noch so ein Tag und ich war wirklich reif für den Arzt – wegen einer Überdosis gesunden Lebens.

Mittwoch

Der Mittwoch war genau wie der Dienstag. Nur viel schlimmer, wegen der endlosen Vorträge der Gesundheitsfanatiker unter meinen Kollegen. Vom Vitamingehalt ihrer Lieblings-Smoothies bis zum Nährwert von Quinoa. War es schon so weit gekommen, dass ich zu denen gehörte?

In der Kantine gab es knackigen Salat. Zumindest hatte es ihn gegeben, denn als ich kam, war er leider ausverkauft. So blieben nur die Sojawürstchen. Die ich in einem Anflug innerer Stärke verweigerte und mir dabei vorkam wie ein echter Rebell. Na ja – ein Rebell, der unzufrieden auf einem trockenen Mehrkornbrötchen herumkaute ...

Donnerstag

Wie ich diesen Donnerstag überlebte? Keine Ahnung. Ich war so hungrig wie niemals zuvor. Mit fiebriger Stirn und zitternden

Lippen war ich einer der Ersten am Büfett. Klar, dass es an diesem Tag die leckersten Dressings gab. Nur sah ich ihn beinahe vor mir, den Leodoktor. Wie er mich kopfschüttelnd dabei beobachtete, wie ich nach Schinkenwürfelchen und Joghurtdressing griff. Kleinlaut packte ich nur ein paar Salatblätter auf meinen Teller und – für den Geschmack – ein paar Zitronenscheibchen dazu. Ich fühlte mich wie ein Märtyrer.

Als ich nach Hause kam, stand der Crosstrainer im Wohnzimmer. Bis gestern hatte er noch in der Waschküche seinen Zweck als Design-Wäscheständer erfüllt. Aber was machte man nicht alles für seine Gesundheit?

Freitag

Endlich war es so weit. Ich fühlte mich alles andere als fit und war hungrig wie ein Wolf. Nicht gerade die besten Voraussetzungen für meinen persönlichen Showdown mit dem Grantelrübendoktor. Aber egal, denn eines wusste ich sicher: Bei dem, was ich hinter mir hatte, konnte ich mich durchaus sehen lassen. Vor allem, wenn ich einem Mann gegenüberstand, der deutlich mehr auf die Waage brachte als ich. So wie unser Leo. Da konnten wir gern mal eine Partie Cholesterinwertpoker zocken. Und wenn ich diesen Formsache-Check hinter mir hatte, dann konnte ich wieder in mein altes Leben zurück. Ohne schlechtes Gewissen. Jedenfalls für die nächsten zwei Jahre.

Im Sprechzimmer begrüßte mich eine abermals viel zu gut gelaunte Frau Nonka. Heiter erklärte sie mir die verschiedenen Foltermaßnahmen, die für mich bereitstanden. »Und wenn wir Ihr Gewicht und Ihre Körpergröße gemessen haben, dann analysieren wir Ihr Blut und Ihren Urin. Anschließend machen wir noch den Lungenfunktionstest und dann kommen Sie schon direkt zum Herrn Doktor.«

Zufrieden nickte ich. Sollte er nur kommen, der Leo. Ich wog wahrscheinlich nur noch halb so viel wie der. In meinem Innern rissen die Wolken auf und die Sonne ließ sich blicken. Meine Beine schienen ihren Muskelkater zu verdrängen und selbst mein Kopf verscheuchte die hämmernden Schmerzen. Weil ich es jetzt wirklich wissen wollte. Selbstsicher schritt ich ins Wartezimmer und blätterte unbeschwert in einem der Magazine.

Meine Hochstimmung hielt an, bis mich  Leo zu sich rufen ließ, mit besorgter Miene über meine Ergebnisse gebeugt. Schon beim Eintreten wusste ich, dass etwas nicht stimmte. Mist, der Leo hatte abgenommen. Und nicht nur ein bisschen. Richtig gut sah er aus. Dann hörte ich ihn sagen: »Hallo Volker, wir haben uns ja ewig nicht gesehen.« Er wartete meine Antwort gar nicht ab. »Deine Gesund-heitsprobleme müssen wir langfristig angehen. Dauerhafte Ernährungsumstellung und ein entsprechendes Bewegungs-programm.« Etwas zerbrach in mir, als er lächelnd hinzufügte: »Ich habe das ja alles schon mit Kerstin abgesprochen.«

500 mg Zuwendung, rezeptfrei

Seit jeher sprach alles dafür, dass Apotheker genau der richtige Beruf für mich ist. Als Kind faszinierten mich die vielen bunten, akkurat geordneten Schächtelchen in den Regalen. Als Jugendlicher interessierte ich mich überdurchschnittlich für Chemie und Biologie. Mein Pharmaziestudium liebte ich. In meinen frühen Berufsjahren stürzte ich mich dann begeistert auf jede Art der Weiterbildung, denn ich wollte in meinem Beruf bestmöglich sein. Doch dass umfangreiches Wissen im Leben oft nicht genug ist, musste mir erst klar werden.

Es begann eines Tages, als ich allein in der Apotheke Waldesruh stand und eine Kundin zur Tür hereinkam. Ich war relativ neu dort und mochte den kleinen, altmodischen Laden und seinen betagten Besitzer. Dennoch war ich zu jener Zeit auf der Suche nach einer anderen Stelle. Ich hielt die Apotheke Waldesruh für zu ländlich und perspektivlos.

»Ist Herr Klöblich denn nicht da?«, fragte die steinalte Frau verzweifelt, nachdem sie sich umgesehen hatte. Ihr Mund spitzte sich zu einem runzligen Ring.

Antifaltencreme, Knoblauch-Ginkgo-Kapseln, Ibuprofen-Salbe, spuckte mein Streber-Hirn völlig automatisch aus.

»Nein, er hat heute einen Tag frei. Aber dafür bin ich ja hier. Wie kann ich Ihnen helfen?«, antwortete ich geschäftsmäßig. Meine Finger schwebten bereits über der Tastatur, um ihre Kundendatei aufzurufen. »Ihr Name?«

Hoffentlich werde ich sie schnell wieder los, dachte ich. In den drei Monaten, in denen ich nun schon in dieser kleinen Stadt arbeitete, war die Frau mehrmals wöchentlich aufgetaucht.

Und jedes Mal hatte die Greisin meinen Chef halbe Ewigkeiten mit irgendeinem Wehwehchen aufgehalten. Trockene Mundschleimhaut, verfärbter Stuhl, ein Ziehen in der Wade – das Übliche.

Carmellose-Spray, Enterokokken-Kapseln, Diclofenac-Salbe.

»Er hat frei?«, fragte sie fassungslos nach. »Aber Herr Klöblich hat doch nie frei!« Ihr Entsetzen ließ sie leicht schwanken und sie hielt sich am Verkaufstresen fest.

»Eben. Also wurde es höchste Zeit für ihn, ein wenig zu entspannen. Jetzt bin ich da, deswegen kann er ab und zu blaumachen«, erklärte ich.

Skeptisch musterte sie mich mit ihren kleinen, schon etwas trüben Äuglein. »Aber Sie sind doch keine zwanzig Jahre alt! Was sind Sie? Der Praktikant?«

»Ich habe ein abgeschlossenes Studium der Pharmazie und bin 29«, antwortete ich ungehalten. Zur Unterstreichung meiner Kompetenz schob ich einen Stapel Rezepte von links nach rechts. »Wenn Sie mir jetzt einfach Ihren Namen verraten würden? Ich kann Ihnen sicher genauso gut weiterhelfen wie Herr Klöblich.«

Vielleicht sogar besser, denn meine Ausbildung hat nicht in der Steinzeit stattgefunden, fügte ich in Gedanken hinzu.

An der Miene der Alten konnte ich ablesen, dass sie mir nicht traute. Unsicher sah sie zwischen der Kundenbetreuungsecke und mir hin und her.

»Mein rechtes Auge brennt«, informierte sie mich schließlich mit rauer Stimme.

Euphrasia, Polyvidon, Hyaluronsäure. **Euphrasia, Polyvidon, Hyaluronsäure.**

Ich lehnte mich ein wenig über den Tresen zu ihr hinüber, um feststellen zu können, ob eine Rötung vorlag.

Offensichtlich erschrocken trat sie einen wackeligen Schritt zurück.

»Auf den ersten Blick würde ich sagen, dass keine Reizung vorliegt. Alles normal«, versuchte ich sie zu beruhigen, denn von einer schlimmen Entzündung konnte ganz bestimmt nicht die Rede sein.

»Sind Sie Augenarzt, junger Mann?«, fragte sie schnippisch. »Wann ist Herr Klöblich wieder da?«

»Morgen. Aber der ist auch kein Augenarzt. Warum nehmen Sie nicht einfach homöopathische Tropfen mit? Die sind wohltuend für die Bindehaut.«

»Neumodisches Zeug!«, krächzte die Frau. Ihre Züge wurden zunehmend härter. Während sie beim Hereinkommen nur alt ausgesehen hatte, wirkte sie nun auch böse – wie eine Hexe.

Ich fragte mich, wieso der Chef stets so viel Zeit in sie investierte. Noch dazu war sie nicht die Einzige von diesen kauzigen Alten, die hier dauernd hereinschneiten und ihm seine Kapazitäten stahlen. Er war einfach zu gutmütig. Eigentlich sollte er sie abwimmeln und sich lieber dem Versandhandel widmen, den er gerade aufzubauen versuchte. Das war zeitgemäß und brachte Geld. Wie wollte er mit den hypochondrischen Symptomen dieser Senioren seinen Laden auf Vordermann bringen?

»Homöopathie gibt es seit zweihundert Jahren. Ich denke, Sie können also davon ausgehen, dass Sie nicht als Probandin gelten, wenn Sie die jetzt nehmen.« Ich holte ein Fläschchen aus dem Regal und hielt es ihr ungeduldig hin.

»Sie halten sich wohl für besonders witzig, Bürschlein!«, schimpfte sie. »Frisch von der Uni und denkt, er hätte die Weisheit mit dem Löffel gegessen!« Unwirsch schüttelte sie den Kopf.

Thiopental, Etomidat, Propofol.

Ich atmete tief durch und versuchte mich zu beherrschen.

Das ist nur eine einsame alte Frau, sagte ich mir in Gedanken vor und erzwang ein Lächeln.

»Die kosten 9,50 Euro.«

»Also schön. Aber was ist mit Blutdruckmessen? Herr Klöblich macht das immer. Ich habe Traumwerte. Wollen Sie mal sehen?«

Auf gar keinen Fall! Soll sie doch zum Hausarzt gehen, wenn sie sich langweilt. Der bekommt das wenigstens bezahlt.

»Vielleicht ein anderes Mal«, winkte ich ab. »Passen die Augentropfen in Ihre Tasche?«

Mein Stolz, wie gekonnt ich die Alte abgefertigt hatte, hielt genau drei Tage an. Drei Tage, in denen ich mir unglaublich geschäftstüchtig, erwachsen und schlau vorkam. Drei Tage, in denen ich glaubte, ein guter Apotheker zu sein.

Doch dann kam die Kundin wieder.

»Oh, dem Himmel sei Dank! Sie sind da«, grüßte die Frau im Hereinkommen. Es war sonnenklar, dass sie nicht mich meinte, denn sie strahlte meinen  **»Was ist das für ein Unsinn mit den freien Tagen? Macht Ihnen Ihr Beruf keinen Spaß mehr?«**

Chef glücklich an. Das ließ sie gleich um zehn Jahre jünger wirken. »Was ist das für ein Unsinn mit den freien Tagen? Macht Ihnen Ihr Beruf keinen Spaß mehr?«

Wie unverschämt sich diese Alten oft aufführen, dachte ich. Als wären sie der Nabel der Welt.

Ich schaute angestrengt in den Computer und gab vor, die Bestellliste durchzugehen.

»Ach, Sie haben recht, Frau Schnabel! Was für eine Schnapsidee!«, antwortete mein Chef lachend. »Was will ich zu Hause, wenn ich hier so bezaubernde Stammkundschaft verpasse?«

Sie kicherte, was mich verstohlen über den Rand des Bildschirms linsen ließ. Flirtete er etwa mit ihr? Tatsächlich, er zwinkerte ihr zu.

»Wie ist es Ihnen mit der darmregulierenden Teemischung ergangen, Frau Schnabel? Konnten Sie irgendeine Wirkung feststellen?« Mittlerweile war er um den Tresen herum zu ihr geeilt, nahm sie am Arm und führte sie zur Kundenbetreuungsecke.

»Ach, Herr Klöblich, ich muss gestehen, den habe ich noch gar nicht probiert. Ich hatte ein paar richtig gute Tage und deshalb momentan keinen Bedarf. Ich hoffe, Sie sind nicht böse auf mich.«

»Wie könnte ich böse sein, wenn Sie sich wohlfühlen? Und wie geht es Ihnen heute? Sie sehen auf alle Fälle prima aus. Wollen wir Wetten abschließen, wie Ihre Blutdruckwerte ausfallen werden?«

Schnell gab ich »Schnabel« in unsere Kundendatei ein und warf einen Blick auf die dort gespeicherten Informationen. Werte, auf die jeder Junge neidisch sein konnte, eine

Gewichtstabelle, eine etwas ältere Zusammenstellung für eine Reiseapotheke, aktuell diverse Tees, Stärkungsmittel und Cremes. Keine Dauermedikation oder Erkrankungen. Dachte ich es mir doch: fit wie ein Turnschuh.

»125 zu 85, sage ich«, tippte die Kundin und nannte damit den Blutdruckwert der letzten Messung.

»Gut, ich unterbiete. 120 zu 79. Wer näher dran ist, darf sich ein Bonbon aus dem Glas dort drüben nehmen.«

Also das schlägt dem Fass den Boden aus, ärgerte ich mich. Hier türmt sich die Büroarbeit und er spielt den Entertainer. Resolut erhob ich mich. Wenn er es nicht allein schaffte, die Alte loszuwerden, dann musste ich ihm eben Hilfestellung geben.

»Herr Klöblich, da wartet eine Angelegenheit, die keinen Aufschub duldet«, sagte ich und deutete vage Richtung Labor, in dem Rezepturarzneimittel zubereitet wurden.

Die Miene der betagten Kundin verfinsterte sich schlagartig. Bisher hatte sie mich kaum beachtet, aber jetzt fixierte sie mich mit sengendem Blick.

»Was könnte wichtiger sein als Frau Schnabels Blutdruck?«, antwortete er gelassen und rückte ihr einen Stuhl zurecht.

»Kümmelzäpfchen für das Mädchen mit den Koliken«, warf ich ins Rennen.

Sie schnaubte, während sie sich setze. »Herr Klöblich, wo haben Sie denn diesen Jungen aufgegabelt? Ist noch ein bisschen grün hinter den Ohren, was? Letztens hat er mir total wirkungslose Augentropfen aufgeschwatzt. Ich habe sie gekauft, weil ich ihn ja nicht vor den Kopf stoßen wollte.«

»Das war sehr nett von Ihnen«, erwiderte mein Chef und streifte ihr die Blutdruckmanschette über den Arm.

Ich fasste es nicht. Er verteidigte meine Apotheker-Ehre nicht?

Da musste ich wohl erfindungsreicher sein.

Verstohlen zog ich unter dem Tisch mein Handy aus der Hosentasche und wählte unsere Geschäftsnummer. Wenig später läutete es.

»Telefon«, vermeldete ich.

»So machen Sie sich doch bitte nützlich und gehen dran«, bat Herr Klöblich.

Genervt hob ich den Hörer ab. »Apotheke Waldesruh«, meldete ich mich und lauschte in die Stille. »Ja, er ist da. Soll ich ihn an den Apparat holen?«, gab ich vor, zu jemandem zu sagen. Dann hielt ich den Hörer in Richtung Herrn Klöblich. »Für Sie, Chef. Scheint dringend zu sein.«

Es war absurd. Was für ein armseliges Manöver war das? Wenn er gleich dranging, gab es keinen Gesprächspartner, denn ich konnte ja nicht das Handy zücken und mit ihm reden, ohne mich total lächerlich zu machen. Ich war wohl der mieseste Stratege von allen.  **Ich war wohl der mieseste Stratege von allen.**

»Sagen Sie, ich rufe zurück. Ich habe gerade einen wichtigen Termin«, antwortete mein Chef und startete den Blutdruckmessvorgang bei Frau Schnabel. Brummend pumpte sich die Manschette voll Luft.

Artig wiederholte ich seine Worte und legte wütend auf.

Würde ich eben abwarten, bis die lästige Kundin fort war, um dann Tacheles mit meinem Arbeitgeber zu reden. Ich musste ihm klarmachen, dass er mit ihr und ihresgleichen seine Zeit verschwendete.

»Wer hat angerufen?«, wollte er wissen.

Total überrumpelt starrte ich das Telefon an.

»Haben Sie die Nummer notiert?«, fragte er.

Das hatte ich natürlich nicht. Wie auch?

Die Alte keckerte laut. »Na, Herr Klöblich, machen Sie sich nichts draus. Der wird schon noch!«

Mein Chef lachte mit.

Verächtlich wendete ich mich wieder dem Bildschirm zu und mischte mich nicht mehr ein, solange die Kundin in der Apotheke war.

Als sie nach geschlagenen 25 Minuten, in denen ich mit vier anderen Kunden weitaus lukrativere Geschäfte gemacht hatte, endlich den Laden verließ, baute ich mich vor meinem Chef auf.

»Mir ist klar, was Sie sagen wollen«, kam er mir zuvor. »Lassen Sie es.«

»Aber ...«

»Wenn Sie denken, Sie müssten mir einen Vortrag darüber halten, wie unwirtschaftlich mein Verhalten ist, kann ich Sie beruhigen: Ich weiß das.«

»25 Minuten, Herr Klöblich! Und das alle paar Tage. Im vergangenen Kalenderjahr hat sie insgesamt 61,40 Euro Umsatz eingebracht.«

»Glauben Sie, das interessiert mich? Frau Schnabel ist seit beinahe drei Jahrzehnten Witwe. Ihr Sohn wohnt in Mexiko, wohin sie früher hin und wieder geflogen ist. Aber jetzt traut sie sich das nicht mehr zu. Vor einem halben Jahr ist auch noch ihr Hund gestorben. Also hat sie niemanden mehr. Deshalb sucht sie sich ihre kleinen zwischenmenschlichen Fixpunkte im endlosen Alltag. ›Leider‹ fehlt ihr körperlich nichts, was eine Rechtfertigung liefert, regelmäßig hierher zu uns zu kommen. Vermutlich würden Sie, werter Herr Kollege, ihre Besuche gutheißen, wenn Sie zum Beispiel Krebs hätte. Hat sie aber nicht. So bleibt ihr Verlangen nach ein wenig menschlicher Zuwendung ohne wirtschaftliche Rentabilität. Doch ich bin nun einmal nicht Apotheker geworden, um reich zu werden, sondern weil ich helfen will. Nennen Sie mich einen Narren, aber ich werde Menschen wie Frau Schnabel auch dann noch meine Zeit schenken, wenn es in einem Kaff wie dem unseren schlauer wäre, sich ganz auf den Versandhandel zu verlegen. Und jetzt gehen Sie und stellen die Kümmelzäpfchen her – die sind nämlich genauso fürn Arsch wie übertriebener Geschäftssinn.«

Für eine innige Kundenbeziehung zu Frau Schnabel war der Zug nach diesem Weckruf durch meinen Mentor in Sachen Menschlichkeit bereits abgefahren. Außerdem wollte sie sowieso nur vom Chef höchstpersönlich bedient werden.

Aber bald wurde der achtzigjährige Herr Reuter mein ganz persönlicher Stammkunde am Blutdruckmessgerät. Während wir regelmäßig seine Werte kontrollierten, berichtete er mir, was er gegessen hatte und wie sich das auf den Zustand seiner leicht entzündlichen Hautpartien auswirkte. Und ich hätte es mir früher nicht vorstellen können, aber wenn er mir von seinen Mundwinkelrhagaden erzählte und mich dabei voll Vertrauen anschaute, machte mich das zum richtig guten Apotheker.

KAPITEL 2

Wartezimmer

»Ich hoffe, Sie haben ein bisschen Zeit mitgebracht ...«

Das Wartezimmer ist der Raum, in dem Ärzte ihre Safari-Fotos zur Schau stellen, die Zeit sich definitiv ausdehnt und eventuell noch Gesunde sich endgültig mit irgendwas infizieren.

10 Gründe, niemals zum Arzt zu gehen

1. Die Wahrscheinlichkeit, dass Sie sich bereits im Wartebereich mit einer um ein Vielfaches unangenehmeren Erkrankung als der bereits vorhandenen anstecken, ist signifikant erhöht.

2. Die körperliche und nervliche Anstrengung, die mit dem Erreichen der Praxis verbunden ist, kostet Sie einen weiteren Tag Bettruhe.

3. Durch die Verordnung des Arztes werden Sie (gefühlt!) einen Tag früher wieder fit. Somit gleicht es sich aus und Sie können sich den Gang von vornherein sparen.

4. Wer weiß, wann Netflix wieder abgeschafft wird, da verplempern Sie doch nicht vier kostbare Serienstunden, indem Sie (vergleiche Punkt 1) neben einem an eitriger Bindehautentzündung, tuberkulösem Bluthusten oder Krätze erkrankten Mitmenschen sitzen und die Sarcoptes scabiei, oder auch Krätzmilben, zählen, die die Gelegenheit nutzen, zahlreich auf Sie umzusiedeln.

5. Schildern Sie Ihre Symptome lieber den netten Mitarbeitern in der Apotheke Ihres Vertrauens. Dort bekommen Sie den gleichen Rat und noch Taschentücher und Traubenzucker gratis dazu.

6. Schalten Sie Ihren gesunden Menschenverstand ein und schreiten Sie zur Selbstmedikation. Sie werden doch wohl noch in der Lage sein, ein paar harmlose, frei verkäufliche Medikamente einzunehmen! Verdoppeln Sie dazu kate-

gorisch die im Beipackzettel empfohlene Dosierung - schließlich sind Sie ja auch doppelt so krank wie sonst.

7. Kleinere Schnittwunden nähen Sie mit einem Wodka im Blut und dem vor der Einnahme darin eingelegten Nylonfaden aus der Bastelkiste schneller als jeder Assistenzarzt in der Notaufnahme - für den es ebenfalls das erste Mal ist ... Nur bekommen Sie dort keinen Wodka.

8. Sollten Sie wirklich einmal ernsthaft darüber nachdenken, welchen Facharzt Sie wegen welcher Symptome an welcher Körperstelle wann und wie schnell aufsuchen könnten, trinken Sie dabei drei bis vier Gläser Klosterfrau Melissengeist. Danach werden Sie von einer spirituellen Klarheit bemächtigt, die Ihnen zu weisen Entscheidungen verhilft, auch wenn es vielleicht eine kurze Weile dauert, bis Sie Ihr Sofa wiedergefunden haben. Was war noch mal die Frage?

9. Hühnersuppe und Batterien für die Fernbedienung gibt es nicht auf Rezept. Und Erkältungsmittel, mit denen Sie sich völlig legal in einen Ephedrinrausch beamen können? Siehe Punkt 5. Sie schaffen das.

10. Sie kennen den Begriff Placeboeffekt? Komplett wirkstofffreie Tabletten aus Laktosekomprimat oder Haushaltszuckerstreukügelchen wirken, weil Sie wollen, dass sie genau das tun. Haben Sie noch Tic Tac? Die weißen? Bei stärkeren Beschwerden sollten Sie gleich zwei nehmen, mit ausreichend Flüssigkeit, wohlgemerkt. Zu Risiken und Nebenwirkungen lesen Sie die Inhaltsangaben und fragen Sie nicht Ihren Arzt oder Apotheker. Aber passen Sie ein wenig auf beim Führen schwerer Maschinen im Zusammenhang mit der Einnahme solch starker Medikamente.

Die Rettung

»Herr Friedrichs, bitte schon mal vor Raum zwei Platz nehmen und Frau Stelter bitte in Raum acht«, krähte eine weibliche Stimme aus dem Lautsprecher über der Tür. Ich rutschte auf meinem Stuhl hin und her, denn wo Leute waren, konnte ich nicht still sitzen. Alle beharrten immer auf ihrer beschissenen Einzigartigkeit, dabei lebten sie als kleine Lifestyle-Zombies in einem Haufen bunter Curver-Boxen, beschriftet und sortiert. Dass ich selbst auch nicht anders war, bemerkte ich aber immer erst dann, wenn ich mit anderen Menschen gemeinsam in einem Zimmer saß. Dann gruselte es mich, weil wir gern so viel sein wollten, aber nur so wenig sein konnten.

Familienväter, Mütter, Einzelkinder oder Lebenskünstler. Wiederholungstäter, Nichtraucher oder Bedenkenträger. Arbeitnehmer, Arbeitgeber oder Leistungsverweigerer. Wir durften schwul sein, hetero oder alles zusammen. Linksträger oder Schürzenjäger, Pazifisten oder Anarchisten. Akademiker oder Zahntech-

Linksträger oder Schürzenjäger, Pazifisten oder Anarchisten.

niker, Abendländer oder Morgenständer. Für alles gab es eine eigene Beschriftung auf der Curver-Box. Wir konnten high sein oder zwei sein, wir durften in jeder Hinsicht das Gefühl haben, wählen zu können, welche der vielen Kisten wir wollten.

Ich selbst stapelte meine Boxen in verschiedene Farben, beschriftete sie vorn mit Edding, und wenn all die anderen Leute nicht wären, könnte ich glauben, dass sich daraus ein Ganzes ergäbe, etwas, das mich ausmachte. Nur mich. Samsung oder iPhone, Hippie oder Hipster, Einbauküche oder Kinderwunsch, Wellness oder Weltreise – das konnte ich mir alles selbst aussuchen. Genau wie die anderen auch. Aber was wir uns aussuchten, war noch niemals so egal wie heute.

High Heels betraten das Wartezimmer, flüsterten »Guten Morgen« und setzten sich neben Vans. Lila Halstuch griff sich den *Stern*, Undercut spielte auf dem Handy. Der hatte es gut, dachte ich, der war Kassenpatient und durfte im Wartezimmer die Runde *Ninja Fruit* wenigstens zu Ende spielen, bevor er aufgerufen wurde.

Tätowierung am Hals saß mir gegenüber. Sie war hübsch und schaute mich an. Kreuzanhänger am Hals saß weiter links, wirkte verklemmt und schaute auf den Boden.

Ich ging auf die Toilette, und als ich wiederkam, saß Bauchfrei auf meinem Platz. Ich wollte mich gern neben Tätowierung am Hals setzen und nahm mir den *Spiegel* vom Zeitschriftenstapel, denn ich wollte nicht, dass sie mich für *Bild am Sonntag* hielt, wobei ich wusste, dass das mittlerweile auch keinen Unterschied mehr machte. Außerdem wollte ich kein Gespräch anfangen müssen, auch wenn ich gern mit ihr geredet hätte. So richtig tätowiert, dachte ich, war man heute zwar erst, wenn man gar nicht tätowiert war, aber Tätowierung am Hals war wenigstens nicht Tätowierung am Bein oder auf dem Unterarm, sie war Kompass und nicht chinesisches Schriftzeichen oder der geschwungene Schriftzug: *La vida de la familia*.

»Darf ich?«

»Klar.«

Ich setzte mich.

Sie hatte Tunnels, aber die waren weniger als acht Millimeter groß, damit die Ohrlöcher später auch wieder zusammenwachsen würden, und sie war Septum mit Ball-Closure-Ring. Das war besser als Nostril, denn Nostril war Arzthelferin. Septum aber war Philosophiestudentin.

Ich schaute sie eine Weile aus den Augenwinkeln an, dann aber sah ich, wie sie ihre Hände aus den Jackentaschen zog und plötzlich auch French Nails war. Außerdem, das sah ich jetzt erst, war sie auch *Frei.Wild*-Button am Kragen. Die Postmoderne hat uns endgültig bei den Eiern, dachte ich. Alles ist Text und Prätext – das ist aber auch nur für die interessant, die lesen können. Das haben die damals nicht zu Ende gedacht. Und jetzt saßen wir hier herum mit unserer Randomkultur, jeder war alles und alles war scheißegal.

Auch French Nails schaute mich aus den Augenwinkeln an, dann wagte sie den Anfang.

»Warum bist du hier?«

Ich antworte nicht direkt – die Enttäuschung war zu groß, dass aus Tätowierung am Hals so schnell French Nails geworden war und dass ich mit diesem Zufallsmix aus Zeug jetzt gar nichts mehr anfangen konnte. Außerdem mochte ich kaum glauben, dass jemand tatsächlich so eine Frage stellte. Schließlich fragte ich sie auch nicht: »Und? Scheidenpilz?«

Schließlich fragte ich sie auch nicht: »Und? Scheidenpilz?«

»Also, ich werde heute noch mal geimpft«, erzählte sie weiter. »Gegen Gelbfieber. Ich fliege in drei Wochen mit meiner besten Freundin nach Bolivien, und darum.«

»Aha«, sagte ich. Was sollte man auch sagen, wenn jemand nur deswegen etwas fragte, damit er von sich selbst erzählen konnte. French Nails wollte dann aber doch noch wissen, weswegen ich hier war, und schaute mich weiter erwartungsvoll an.

»Schilddrüsenkarzinom«, sagte ich. »Mit etwas Glück habe ich noch zwei Monate.«

Selbstverständlich war das gelogen. Eigentlich fehlte mir gar nichts. Ich hatte heute Morgen nur keine Lust gehabt, zur Arbeit zu gehen. Das wollte ich French Nails jedoch nicht sagen. Außerdem wäre Krebs ja durchaus möglich gewesen, wenn man schon zum Arzt ging. Und ich fand, das sollte man wissen, bevor man so eine Frage stellte.

»Oh«, sagt sie.

Jetzt war sie betroffen, wurde jedoch viel zu schnell von der Stimme aus dem Lautsprecher erlöst, stand wortlos auf und nahm vor Raum drei Platz.

Wenigstens sind wir alle Patienten, dachte ich. Und zwar immer und von Geburt an. Denn selbst wenn wir noch nichts hatten, hatten wir doch eines: Angst vor dem, was wir in Zukunft noch bekommen könnten. Wir waren also schon Patienten, bevor wir überhaupt wussten, weswegen. Wenigstens das war noch eine verlässliche Größe. Und so hassten wir den Sport, gingen aber zweimal die Woche laufen. Wir liebten Schokolade und wir liebten auch Fritten, aber wir aßen Salat. Rauchen war toll, aber es machte uns krank und später auch tot, also ließen wir es sein. Auch Alkohol war wunderbar – wenn es gesellschaftlich nicht so geächtet wäre, ich glaube, ich wäre jeden Tag um elf schon besoffen. Aber auch hier rief die Angst von Weitem, dass man das so nicht machen sollte. Und ausgerechnet im Wartezimmer lagen waschkörbeweise Zeitschriften und Magazine aus, die mich erst darüber informierten, welche Krankheiten ich noch bekommen konnte, die ich bislang ja noch gar nicht bedacht hatte. Und jetzt las ich gleich nach, was ich tun musste, um sie nicht zu bekommen. Das kam alles mit auf die Liste, auch darauf hatte ich in Zukunft zu achten, denn offenbar hieß Leben, so lange wie möglich durchzuhalten, und wenn ich schon sterben musste, dann Hauptsache gesund. Wir waren lebenslang Patienten, weil wir alle von Angst getrieben wurden, aber fest daran glaubten, wir hätten es selbst in der Hand, was aus uns werden würde.

Die Analfissur stand jetzt auf und setzte sich vor Raum drei, die Gelbfieberimpfung räumte den Platz und wurde zur Eucharistie empfangen, um schon bald die Hostie des Impfschutzes intravenös zu empfangen. Halsschmerzen kamen ins Wartezimmer und setzten sich neben mich, aber schon bald wurde auch ich aufgefordert, in Raum zwei zu warten.

»Tut das weh?«

»Nein.«

»Und das?«

»Auch nicht.«

Mein Hausarzt war ein gewissenhafter Mann, und so klopfte er und schaute und horchte und tat, was Ärzte taten, wenn sie eine Berufung hatten.

»Ich kann nichts feststellen«, sagte er nach einer Reihe weiterer Untersuchungen und er schien keine Erklärung dafür zu haben. »Soweit ich das sehen kann, sind Sie kerngesund.«

»Das kann gar nicht sein«, sagte ich. »Sind Sie sich da ganz sicher?«

»Na ja, weil Sie es sind, kann ich ja noch mal nachschauen«, sagte er. »Vielleicht finde ich ja noch einen  **Ich hatte eine bildschöne Vorhaut und für Krebs war ich nicht so der Typ.** Tumor oder eine Phimose. Hätten Sie gern etwas Bestimmtes?«

Ich überlegte. Phimose würde sicher nicht reichen, um den Rest der Woche zu Hause zu bleiben und Krebs war wohl ein bisschen zu viel des Guten. Außerdem konnte ich mir beides nicht so recht für mich vorstellen – ich hatte eine bildschöne Vorhaut und für Krebs war ich nicht so der Typ. Es gab Erkrankungen, bei denen ich mir sicher war, dass ich sie niemals bekommen würde. Die passten einfach nicht zu mir. Neurodermitis zum Beispiel – das war nichts für Leute wie mich. Auch Akne oder Warzenbildung ... Ich möchte meinen, den gesamten Komplex »Hautunreinheiten« für mich ausschließen zu können. Das war eher etwas für verschwitze Versicherungsfachangestellte, gedrungene Arbeitssklaven, die in ihrer Freizeit zum Ausgleich Death Metal hörten. Neurodermitis – das kriegte man, wenn man dauerhaft unter dem Skrotum des Geschäftsführers wohnte. So einer war ich nicht.

Auch Herzinfarkt oder Schlaganfall waren meine Sache nicht – ich rauchte ja nicht und trieb regelmäßig Sport. Wie ich schon sagte, die Überlebensregeln kannte ich, und ich befolgte sie. Außerdem waren Herz-Kreislauf-Angelegenheiten nur etwas für Karrieristen und Menschen, die gestresst durch die Welt gingen. All das kam für mich also auch nicht infrage.

»Ich hatte da jetzt keine konkreten Vorstellungen«, antwortete ich schließlich, als ich die Liste möglicher Todesursachen durchhatte und fand, dass irgendwie so gar keine von denen zu mir passte, außer vielleicht Busunglück. Das war aber streng genommen keine Krankheit.

»Ich schreibe Sie mal für den Rest der Woche krank«, sagte mein Arzt jetzt und schaute dabei wissend und persönlich enttäuscht von meiner fehlenden Arbeitsmoral über den Rand seiner Brille. »Reicht das?«

»Ja, sicher«, sagte ich. »Aber was habe ich denn?«

»Das können Sie sich aussuchen.«

»Na, aber irgendetwas müssen Sie da jetzt doch reinschreiben.«

»Wir haben alle unsere Geheimnisse«, sagte er, »gute Besserung.« Damit stand er auf und reichte mir die Hand.

Ich konnte mir also eine Krankheit aussuchen, wunderte ich mich, als ich auf die Straße trat, und doch konnte ich mir keine Krankheiten vorstellen, die zu mir passten. Die Vorstellung, eine Wahl zu haben, war offenbar ein fehlgeleitetes Glücksversprechen. Denn ehrlicherweise hatte ich gar keine Wahl – die Krankheit findet dich und nicht umgekehrt. Um eine Wahl zu haben, hätte ich mich zwar für eine Krankheit entscheiden können, die mich später einmal aus dem Leben reißen sollte, und dann hätte ich lediglich konsequent darauf zuarbeiten müssen. Einmal die Leberzirrhose bitte und dann beginne ich gleich morgen früh mit dem asozialen Konsum von Doppelkorn. Doch dazu war ich zu feige. Und selbst wenn ich dazu nicht zu feige gewesen wäre, wäre das ja auch noch lange keine Garantie, dass ich bekommen würde, was ich bestellt hätte. Am Ende würde es dann doch Lungenkrebs werden, obwohl ich nie geraucht hatte.

Wer wusste das schon? Und das hieß wieder, wenigstens unsere Krankheiten waren echt. Da gab es nichts auszusuchen. Nur als Patient gab es ein Leben ganz ohne

Wenigstens unsere Krankheiten waren echt.

Lifestyle-Dreck. Raus aus den Curver-Boxen und rein in die Dialyse! Darum hatten wir dann auch das absurde Gefühl, aus dem Leben geworfen zu werden, wenn es uns endlich traf. Das ist 'ne Bank, dachte ich, darauf können wir uns verlassen: Es wird passieren. Irgendetwas wird uns immer irgendwann passieren. Früher oder später. Und obwohl wir uns alle Mühe geben und so tun, als könnten wir es vermeiden, haben wir nichts in der Hand. Das fand ich unfassbar beruhigend.

Also ging ich in den Biergarten und setzte mich zu Schilddrüsenüberfunktion mit Nickelbrille – sie war wenigstens nicht Sonnenbrille im Haar, denn Sonnenbrille im Haar war BWL-Studentin, Nickelbrille war Theaterpädagogin. Ich bestellte ein Bier. Ach, und bringen Sie auch einen Aschenbecher, bitte.

Die Wartezimmer-Connection

8.05 Uhr

Die junge Mutter ist untröstlich, dass sie es nicht rechtzeitig geschafft hat. Punkt acht ist Punkt acht, nicht fünf nach. Zeit ist schließlich Geld, und die von Medizinern ganz besonders.

Aber was kann sie dafür, dass der Junior kurz vor knapp noch mal schnell Pipi musste? In dieser Hinsicht sind Fünfjährige einfach unberechenbar. Ob ihr das gefällt oder nicht. Und er braucht nun mal eine neue Brille. Ob ihm das gefällt oder nicht.

Die Dame mit der Igelfrisur schaut demonstrativ auf die Uhr, bevor sie die Krankenkassenkarte entgegennimmt. »Sie haben hoffentlich Zeit mitgebracht«, kommentiert sie knapp.

»Komm, Timmi«, seufzt die Mutter und zerrt den Knaben in Richtung Wartezimmer. Ewig wird das hier ja wohl kaum dauern. Schließlich haben sie den frühestmöglichen Termin.

8.06 Uhr

Als ob das Wartezimmer noch nicht voll genug wäre! Die pensionierte Oberstudienrätin verdreht ganz undamenhaft die Augen, als die zwei Neuankömmlinge hereinkommen.

»Ich wette, wir sind um zehn noch hier«, brummt ihr Gatte, der Richter im Ruhestand – übrigens nicht  **»Ich wette, wir sind um zehn noch hier.«** zum ersten Mal. Er neigt ohnehin dazu, sich zu wiederholen. Sie dagegen neigt zu Hornhautverkrümmung, weswegen beide hier sitzen. »Kommen Sie unbedingt in Begleitung«, hat es geheißen, als sie den Termin vereinbart hat. »Wir müssen Sie tropfen, danach sind Sie nicht verkehrstüchtig.«

Und nun sitzt sie hier, in diesem winzigen Wartezimmer, das sowieso schon ziemlich voll war und jetzt übervoll ist.

Hoffentlich fängt das Kind nicht auch noch an zu quengeln! Nach Jahrzehnten im Schuldienst hat sie die Nase gestrichen voll von Minderjährigen.

Zum Glück hat sie immer Ohrenstöpsel in der Tasche. Und einen spannenden Krimi.

8.12 Uhr

Eigentlich müsste der Jurastudent in einer todlangweiligen Erbrecht-Vorlesung sitzen, aber seine neue Freundin hat ihn so nett gebeten, sie zum Augenarzt zu begleiten, dass er unmöglich Nein sagen konnte. Schließlich befinden sie sich noch in Phase A der Beziehung – die, in der er völlig verrückt nach ihr ist und ihr deshalb jeden Wunsch erfüllt, damit sie anschließend seine erfüllt ...

8.20 Uhr

Warum tut sich hier eigentlich nichts? Der Topmanager mit der Stirnglatze ist am Ende seiner Geduld. Er hat schließlich nicht den ganzen Tag Zeit!

Na großartig, und jetzt hat der Zwerg auch noch Durst! Zum Glück scheint seine Mutter ganz gut organisiert zu sein. In ihrer riesigen Umhängetasche ist Platz für Saft, Kekse, ein Bilderbuch – vermutlich sogar für ein Schaukelpferd.

Genervt zieht er sein Smartphone hervor und checkt seine Mails.

»Dad, chill mal«, raunt die junge Frau neben ihm. Sie hat sich nur zu gern bereit erklärt, ihn zum Augenarzt zu begleiten. Alles ist besser als Schule! Und darauf, den stets souveränen Übervater einmal fahruntüchtig und hilflos zu erleben, freut sie sich schon seit Tagen.

8.47 Uhr
Jetzt hat sie Timmi die Geschichte vom Bär, der nicht schwimmen konnte, schon dreimal vorgelesen, so langsam kommt sie ihr selbst zu den Ohren raus.

Und vor allem kommt ihr die ganze Situation so langsam merkwürdig vor. Offenbar hatten alle, die hier warten, einen Achtuhrtermin. Aber noch wurde niemand in den Behandlungsraum gerufen. Ob der Arzt überhaupt schon da ist? Womöglich sitzt er noch gemütlich daheim in seiner Designerküche und schlürft einen Latte macchiato.

Ob der Arzt überhaupt schon da ist? Womöglich sitzt er noch gemütlich daheim in seiner Designerküche und schlürft einen Latte macchiato.

»Mama, wie lange dauert das denn noch?«

»Ich geh mal raus und frage nach, mein Schatz.«

Doch noch bevor sie aufstehen kann, kommt die humorlose Igeldame vom Empfang herein und verkündet, dass sie die Patienten jetzt tropfen müsse. Zur Pupillenerweiterung. »Das ist nötig für die Untersuchung.«

»Und wann findet diese Untersuchung statt?«, will der Manager wissen.

»Erst müssen die Tropfen mal wirken«, wird er abgebügelt.

9.13 Uhr

Die Tropfen wirken. Leider! Alles ist unscharf und an Lesen ist nicht mehr zu denken. Längst hat die Studienrätin ihren Krimi weggesteckt. Hätte sie ihre Ohrenstöpsel nicht dabei, bliebe ihr nichts anderes übrig, als dem zu lauschen, was der Knabe vorgelesen bekommt. Und das wäre wirklich entwürdigend!

9.44 Uhr

Der Manager hat wirklich Geduld bewiesen. Aber genug ist genug!

»Führ mich zum Empfang«, zischt er seiner Tochter zu und hakt sich bei ihr unter.

»Sag nicht, dass du aufs Klo musst!«, stöhnt die auf. Schließlich ist sie keine Altenpflegerin.

»Sei nicht albern. Ich will bloß mit dem Drachen am Empfang reden.«

9.47 Uhr

Der großkotzige Typ mit der Stirnglatze wirkt ziemlich kleinlaut, als er zurückkommt, findet der Jurastudent. Vermutlich wollte er sich beschweren und hat von der Tussi am Empfang einen auf den Deckel bekommen. Der Student beglückwünscht sich selbst, dem Glatzenmann nicht zuvorgekommen zu sein. Fast wäre er selbst vorhin hinausgestürmt und hätte Rabatz gemacht, aber er vermutet stark, dass seine Freundin eher auf sensible Typen steht als auf Choleriker. Also hat er sich zusammengerissen. Gute Entscheidung.

Aber warum dauert das hier so ewig? Irgendwas ist da doch faul!

10.35 Uhr

Es passiert etwas, womit schon niemand mehr gerechnet hat: Die Tür geht auf und die Igelfrau vom Empfang erscheint. Aber nicht, um den ersten Patienten ins Behandlungszimmer zu bitten, sondern um die Hände in die Seiten zu stemmen und angriffslustig in die Runde zu schauen. Was natürlich nur die Hälfte der Anwesenden wahrnimmt, die anderen erkennen dank der Tropfen nur Schemen.

»Es gab einen Unfall. Der Doktor ist bei einer Notoperation. Das kann dauern. Seien Sie froh, dass es Ihnen besser geht als dem armen Schwein auf dem OP-Tisch, das vielleicht sein Augenlicht verliert. Im Vergleich dazu ist ein bisschen Wartezeit doch wirklich das kleinere Übel.«

Und weg ist sie wieder.

11.02 Uhr

»Die Bären-Geschichte ist langweilig«, verkündet der Fünfjährige. »Erzähl mir eine andere.«

»Ich habe nur dieses eine Buch dabei, mein Schatz«, erwidert seine Mutter kraftlos.

»Ich könnte ihm ein Märchen erzählen«, mischt sich die Freundin des Jurastudenten ein und rutscht zu ihm rüber. Zum ersten Mal im Leben ist der Student eifersüchtig auf einen Fünfjährigen.

11.27 Uhr

Der Manager hat Durst. Und Hunger. Und ist genervt. Am liebsten würde er hier abhauen.

Der Manager hat Durst. Und Hunger. Und ist genervt.

Aber die blöde Augenuntersuchung muss nun mal sein, das sieht er ja ein. Und der Vormittag ist eh im Eimer. Also hält er lieber hier aus, als noch mal wiederkommen zu müssen.

»Ich hab keine Kekse mehr«, beklagt sich der Zwerg.

»Daran kann ich jetzt nichts ändern«, versucht seine Mutter ihn zu beschwichtigen.

»Du kannst ihm doch was holen gehen«, raunt der Manager seiner Tochter zu. Die schaut ihn an, als hätte er gerade Chinesisch gesprochen. Er steckt ihr einen Zwanziger zu. »Belegte Brötchen, Sandwiches, Schokoriegel, irgendwas!« Er zückt sein Portemonnaie noch einmal und tauscht etwas umständlich - halbblind, wie er ist - den Schein gegen einen Fünfziger: »Am besten gleich für alle. Und was zu trinken. Kaffee, Wasser, Apfelsaft - so viel du tragen kannst.«

»Das schafft sie doch niemals allein«, mischt sich der Richter im Ruhestand ein. »Ich komm mal lieber mit.«

11.59 Uhr

Die Tochter des Managers und der Richter im Ruhestand werden mit lautem Hallo begrüßt, als sie - beladen wie die Packesel - zurückkehren. Rasch räumt die Mutter des Fünfjährigen den Tisch frei, auf dem die obligatorischen Zeitschriften auslagen, und dann folgt ein allgemeines Wartezimmerstühlerücken, bis alle einen gemütlichen Kreis um den Mittagstisch bilden.

»Lecker«, verkündet der Fünfjährige und der Manager gibt ihm uneingeschränkt recht.

»Tut der gut«, sagt die pensionierte Oberstudienrätin und genießt ihren Kaffee.

»Das war eine super Idee«, lobt die Freundin des Studenten den Manager, der sich darüber in unangemessenem Maße freut. Schließlich ist es sein Job, permanent super Ideen auszuspucken.

12.11 Uhr

»Wie lange wirken diese blöden Tropfen überhaupt?«, will der Richter im Ruhestand wissen. Er weiß, wie unleidlich seine Gattin werden kann, wenn sie zum Warten verdammt ist, ohne dabei lesen zu können.

»Auf jeden Fall mehrere Stunden«, antwortet der Jurastudent wie aus der Pistole geschossen. »Ich hab das gerade gegoogelt. Und eben habe ich mal diese Praxis gecheckt. Wie es scheint, ist Warten wegen angeblicher Not-OPs hier Standard.«

Der Manager wird hellhörig. »Wie meinen Sie das?«

»Nun, wie es aussieht, hat der gute Doc eine Art ... Motivationsproblem. Immer wenn er es nicht pünktlich in die Praxis schafft oder auf der Pritsche in Untersuchungsraum eins seinen Rausch ausschläft, wird ein Notfall vorgeschoben. Jedenfalls gibt es hier mehrere Berichte über ähnliche Fälle. Kann ich bitte noch ein Käsebrötchen haben?«

12.13 Uhr

»Zur Toilette geht es da lang!«, ruft die Igelfrau vom Empfang dem Richter im Ruhestand hinterher, doch der lässt sich nicht bremsen. Dicht gefolgt von der Tochter des Managers reißt er die Tür zu Behandlungszimmer eins auf.

»Treffer, versenkt«, ruft die Tochter des Managers.

»In flagranti«, ergänzt der Richter im Ruhestand. »In flagranti!«

12.42 Uhr

»Fassen wir zusammen: Wir haben jetzt drei Augenarzt-Praxen in der engeren Wahl«, sagt der Manager. »Alle mit Top-Bewertung, in zentraler Lage und mit geringen Wartezeiten. Wie gehen wir weiter vor?«

»Anrufen«, kommandiert die pensionierte Oberstudienrätin. »Und fragen, wann sie vier direkt aufeinanderfolgende Untersuchungstermine vergeben können.«

»Du willst uns alle gemeinsam anmelden?«, fragt die Mutter des Fünfjährigen überrascht.

»Natürlich. Oder glaubst du, ich will mich schon wieder an andere Mitpatienten gewöhnen?«

Oder glaubst du, ich will mich schon wieder an andere Mitpatienten gewöhnen?

»In diesen Praxen gibt es übrigens auch Wasserspender und Kaffeeautomaten«, liest der Student begeistert vor.

»Na ja, so lange werden wir hoffentlich nicht wieder warten müssen«, erwidert die Mutter des Fünfjährigen. »Aber wenn, dann spielen wir Blinde Kuh!«

Ehrlich wartet am längsten

Im Wartezimmer stapeln sich die Leute. Kein Wunder: Mein Gynäkologe versteht sein Handwerk. Jung, attraktiv und nett ist er obendrein. So etwas spricht sich herum. Die Sprechstundenhilfe neigt allerdings zur starken Untertreibung. Als ich heute früh kurzfristig einen Termin vereinbart habe, hat sie lediglich etwas von »ein bisschen Zeit mitbringen« gesagt. Das hier sieht jedoch nach mindestens zwei Stunden Wartezeit aus!

Am liebsten würde ich gleich wieder gehen – zumal auf meinem Schreibtisch jede Menge Arbeit auf mich wartet. Aber das kommt nicht infrage: Wenn ich nicht gleich untersucht werde, drehe ich durch! Denn meine Regel ist ausgeblieben. Außerdem ist mir ständig schwummerig. Der Schwangerschaftstest war zwar negativ, aber übers Wochenende habe ich mir die schlimmsten Szenarien ausgemalt (Infektion? Diabetes? Vorzeitige Wechseljahre? Tumor?) und mich langsam, aber sicher in eine regelrechte Panik hineingesteigert.

Mit anderen Worten: Ich brauche diesen Arzttermin dringender als jede andere hier!

Ich pflanze mich neben eine Mutter mit Teenagertochter. »Na, der allererste Frauenarztbesuch?«, frage ich sanft. Das Mädchen mit dem braven Flechtzopf funkelt erst mich, dann die eigene Mutter verächtlich an. Auch eine Antwort.

Ihre Mama erklärt freimütig: »Ihre Tage kommen nicht. Dabei ist sie schon 16. Ich möchte wissen, ob bei ihr alles in Ordnung ist.«

»Vielleicht ist sie ja schwanger?«, entfährt es mir, worauf sich der Teint der Mutter rot färbt und der des Mädchens grünlich.

»Das kann überhaupt nicht sein!«, poltert die Mama los. »Wofür halten Sie mein Kind? Für ein frühreifes Flittchen?«

Prompt springt das Mädchen auf und rennt in Richtung Toilette. Die Mutter hinterher.

Okay – diese zwei haben unseren gemeinsamen Gynäkologen definitiv nötiger als ich.

Ich schnappe mir eine Illustrierte und belausche das Gespräch zweier Frauen um die dreißig. Die Erste trägt einen Kugelbauch, die zweite einen wonnig lächelnden Säugling.

»Supersüß, Ihr Baby«, schwärmt die Schwangere, »so was hab ich auch bald zu Hause.«

»Schön. Ich leider auch bald wieder«, entgegnet die junge Mutter, tätschelt ihrem Kind über das Köpfchen und atmet tief durch. »Tun Sie sich was Gutes und nehmen Sie nach der Geburt Kondome. Immer. Von wegen: Stillen verhütet!«

> »Tun Sie sich was Gutes und nehmen Sie nach der Geburt Kondome. Immer.«

Die Hochschwangere bekommt große Augen: »Wie wollen Sie das denn schaffen mit zwei Babys im Haus?«

»Das geht schon«, mische ich mich ein. »Putzfrau suchen, den Vater zur langen Elternzeit überreden, Haushalt und Karriere liebevoll vernachlässigen und schlafen, wann immer die Kinder das tun. Ich muss es wissen, ich hab Zwillinge.«

»Zwillinge?«, echot die junge Mutter, der die Augen fast aus dem Kopf fallen. »Waren Schwangerschaft und Geburt nicht der Horror?«

»Na klar«, erwidere ich und ziehe die Mundwinkel nach unten. »Ich habe gereihert ohne Ende, bin aufgequollen wie ein

Hefeteig und hatte ab dem fünften Monat Wehen. Aber dieser Arzt« – ich weise in Richtung Behandlungszimmertür – »wollte mich einfach nicht krankschreiben.« Eine glatte (Not-)Lüge.

Die junge Mutter schnaubt. »So ist der drauf? Das gefällt mir aber gar nicht! Ich habe nämlich vor, ihn bald um eine Haushaltshilfe zu bitten, wenn die Schwangerschaft beschwerlich wird. Das steht mir schließlich zu!«, erklärt sie.

»Tja. Auf diese Verschreibung können Sie hier lange warten«, behaupte ich. »Dieser Gynäkologe hält uns Mütter für sooo stark. Frau Dr. Mair in der Parkstadt ist viel großzügiger mit den Verordnungen, hab ich mir sagen lassen.«

Das wirkt sofort. Meine Gesprächspartnerin erhebt sich, packt ihr Baby in den Kinderwagen und schiebt ab. Ich kann mir ein Grinsen gerade so verkneifen.

»Bei mir lief bislang alles wunderbar«, meldet die Hochschwangere sich nun zu Wort. »Der Doktor sagte, alles ist in Ordnung. Noch drei, vier Wochen, dann darf mein Kleines raus. Dann bin ich endlich Mama ...« Sie streichelt liebevoll über ihre Babykugel.

»Ist es schon sehr beschwerlich?«, will ich wissen.

Sie schüttelt den Kopf. »Es zieht zwar inzwischen alles stark nach unten und mein Bauch wird manchmal hart. Und mein Kreislauf ... bei dieser Hitze ... Sie kennen das ja sicher.«

Klar, das Ziehen und Hartwerden sind die Senkwehen. Also alles, wie es sein soll. Doch das behalte ich für mich. Stattdessen schaue ich sie ernst an und greife dann nach ihrem Handgelenk, um gleich darauf scharf einzuatmen. »Oje, Ihr Puls rast ja!«, rufe ich. »Und dazu Ihre Symptome ... Sieht ganz nach einer beginnenden Schwangerschaftsvergiftung aus!«

Sie wird blass. »Wirklich? Gut, dass ich hier bin! Der Doktor wird mir sicher helfen können.«

»Ich will Ihnen ja keine Angst machen«, unke ich, »aber er kann da wenig tun. Er muss Sie sofort in die Klinik überweisen. Sie brauchen eine intensive Überwachung. Je früher, desto besser.«

Wie von der Tarantel gestochen erhebt sich die Kugelbauchfrau und macht sich auf den direkten Weg in die Entbindungsklinik.

Wieder eine weniger.

Übrig sind jetzt nur noch zwei ältere Damen (beide in Zeitschriften versunken und hoffentlich schwerhörig) und eine junge Frau, vermutlich Studentin, mit Stöpsel im Ohr.

Als die Sprechstundenhilfe eine der Seniorinnen aufruft, stellt die Studentin ihre Musik aus und blickt auf. Mein Kommando. Ich hole mir ein neues Magazin und setze mich anschließend wie zufällig neben sie.

»Sind Sie schwanger?«, falle ich direkt mit der Tür ins Haus.

»Hoffentlich nicht, das wär 'ne Katastrophe. Uns ist gestern das Gummi geplatzt«, raunt sie mir zu. »Jetzt brauche ich die Pille danach.«

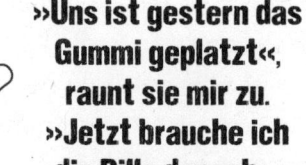

»Uns ist gestern das Gummi geplatzt«, raunt sie mir zu. »Jetzt brauche ich die Pille danach.«

»Wie alt sind Sie? 22?«, frage ich. »Dann müssen Sie Ihre Pille danach selbst bezahlen. Das heißt, ein Gespräch mit dem Doc und sein Rezept können Sie sich sparen, die Wartezeit auch. Schließlich kommt es jetzt auf jede Stunde an. Gehen Sie am besten direkt in die Apotheke und holen Sie sich das Ding.«

Was soll ich sagen? Sie folgt meinem Rat umgehend.

Kaum ist sie weg, betritt ein Paar das Wartezimmer, dicht gefolgt von einer Frau um die fünfzig.

Das Paar ist ein leichter Fall. Sie üben seit zwei Jahren für ein Baby, ohne Erfolg. Jetzt wollen sie eine Kinderwunschbehandlung. Ich verrate ihnen, dass es in der Nachbarstadt eine Schwerpunktpraxis mit besonders hoher Baby-Take-Home-Rate gibt. Die beiden strahlen erst mich und dann einander an. Ohne zu zögern, beschließen sie, dort sofort ihr Glück zu versuchen und unseren Gyn außen vor zu lassen.

Bleibt die Dame, die gleich nach ihnen gekommen ist. Sie klagt über Hitzewallungen. Ich warne sie vor den Nebenwirkungen von Hormontherapien und empfehle ihr stattdessen Mönchspfeffer und Hormonyoga. Ihr gefallen diese Empfehlungen so gut, dass sie ihren Termin tatsächlich absagt und geht.

Durch die offene Tür höre ich die Mutter und ihre Teenie-Tochter vorbeipoltern.

»Mich so anzulügen!«, keift die Mutter. »Seit vier Monaten schwanger sein und einen auf unschuldig machen! Wann hättest du es mir gesagt? Während der Presswehen?«

»Du hättest eh nur gewollt, dass ich abtreibe!«, gibt die Tochter pampig zurück. »André und ich werden heiraten und viel bessere Eltern sein als Papa und du!«

Die Sprechstundenhilfe flitzt über den Flur und verschließt die Tür. Ende der Vorstellung. Schade.

Jetzt sind wir nur noch zu zweit im Wartezimmer – die ältere Dame, die noch immer Zeitung liest, und ich. Wunderbar: Gleich bin ich dran.

Da fliegt die Tür auf und drei Mittdreißigerinnen kommen Arm in Arm hereingeschlendert.

»Wie schön, dass du uns einen gemeinsamen Termin organisiert hast, Ilona«, freut sich die erste. »Allein ist die Krebsvorsorge immer so langweilig.«

Mist. Bei der Vorsorge lässt sich der Doc immer viel Zeit. Gut für die jeweilige Patientin – schlecht für alle anderen, die noch warten. Hmmm.

Das Trio setzt sich und beginnt, lautstark seine Leidensgeschichten vor uns anderen auszubreiten.

»Wenn ich meine Regel habe, blute ich immer wie abgestochen«, verkündet die Hellblonde. »Und dieses Brustspannen und Kopfweh! Nicht zum Aushalten. Im nächsten Leben werde ich ein Mann!«

Die Rothaarige stimmt zu: »Und dann das Kinderkriegen! Erst Übelkeit, dann Schwangerschaftsstreifen, Hämorrhoiden und Krampfadern. Danach Presswehen und Dammschnitt, zu guter Letzt Brustentzündung und Hängebusen. Vater werden dagegen: fünf Minuten Spaß und neun Monate später ein Baby. Wie ungerecht!«

»Ich finde Frausein toll«, widerspricht die Brünette. »Bist du mies drauf oder willst du, dass alle dich in Ruhe lassen, hast du immer eine Ausrede. Erst ist es die Regel, dann die Schwangerschaft, danach die Stilldemenz und schließlich der Wechsel. Du darfst fett werden, musst im Job keinen Blumentopf gewinnen und kannst alle paar Wochen hemmungslos herumzicken. Alles nur, weil du ein Mädchen bist.«

»Du darfst fett werden, musst im Job keinen Blumentopf gewinnen und kannst alle paar Wochen hemmungslos herumzicken.«

Mädchen wart ihr drei vielleicht zur Jahrtausendwende, denke ich und grinse in mich hinein. Fragt sich bloß, wie ich sie ausbooten kann. Ich mustere das mitteilungsfreudige Trio: geglättetes Haar, perfektes Make-up, dümmlicher Zug um die Münder ...

Bingo! Das müsste funktionieren.

Ich schlendere erneut zum Zeitschriftenstapel. Bewusst langsam. Dabei wird mir mal wieder schwindelig, aber anders als sonst unterdrücke ich es nicht, sondern gebe dem Gefühl nach, torkele auf den nächsten Stuhl zu, der sich rein zufällig direkt neben der Blonden befindet, und lasse mich darauf sinken. Natürlich nicht, ohne theatralisch mein Haupt zu schütteln.

Dann kratze ich mir die Kopfhaut. Einmal. Zweimal. Anschließend mustere ich ausgiebig eine harmlose Schuppe, die auf meinen Schoß gefallen ist. Dabei stelle ich mir vor, sie hätte einen Haufen Beine. Betrachte sie angeekelt. Mache unüberhörbar »Oh!« und zerquetsche die imaginäre Laus zwischen meinen Fingern.

Die Brünette begreift zuerst. Sie kratzt sich am Kopf und tuschelt dann der Rothaarigen etwas ins Ohr. Die wiederum gibt es an die Blonde weiter. Und zack, verlässt das Trio fluchtartig das Wartezimmer.

Ich freue mich wie ein Schnitzel. Hab ich es doch geahnt! Die drei fürchten sich nicht nur vor Läusen, sondern wissen auch nicht, dass diese weder hüpfen noch fliegen können.

Bleiben – mal wieder – die ältere Dame und ich. Sie hat ihre Zeitung ausgelesen und sieht mich prüfend an.

»Wieso jagen Sie all die jungen Frauen aus dem Wartezimmer?«, fragt sie unverblümt. »Werden Sie auch mich vertreiben, eine Rentnerin auf dem Weg zur Brustkrebsnachsorge? Und wenn ja, warum?«

In ihrem Blick ist nichts Naives. Ich überlege kurz, alles zu gestehen. Dann ziehe ich meinen Joker. »Sie dürfen rein, keine Angst«, meine ich. »Doch die jungen Frauen ... wissen Sie, der Herr Doktor flirtet zu gern.« Und dann gebe ich zum Besten, wie der Doc mich einmal angegraben hat, während ich mit gespreizten Beinen auf dem Gynäkologenstuhl lag. »Er hat meine Figur kommentiert und ein paar extrem unangemessene Bemerkungen darüber gemacht, dass ich doch bestimmt keinerlei Probleme beim Sex hätte. Das wollte ich den anderen Patientinnen ersparen.«

»Ernsthaft?« Die Seniorin beäugt mich zweifelnd. Kein Wunder: Ich bin jetzt 43 und über meine Figur hat schon lange niemand mehr ein Wort verloren. Trotzdem ist es genau so passiert! Okay, es war bei einem anderen Arzt. Und ich war knackige 25. Aber egal. Erfunden ist es nicht.

»Wenn ich es doch sage!«, bekräftige ich kein bisschen schuldbewusst. »Und dann kam die Krönung: Er hat doch glatt seinen Schlafzimmerblick aufgesetzt und mich gefragt, ob ich mit ihm ausgehen würde.«

»Und? Haben Sie die Einladung angenommen?«

»Natürlich nicht!«, erwidere ich empört.

»Schade«, meint die Seniorin und lächelt versonnen. »Dabei ist der doch schnuckelig!«

Ich hör wohl nicht richtig! Fieberhaft überlege ich, wie ich darauf schlagfertig antworten kann, da fliegt die Tür auf und die Sprechstundenhilfe informiert uns darüber, dass der Herr Doktor zu einem nicht transportfähigen Notfall musste.

Immerhin gibt es eine Vertretung. Und die arbeitet offenbar sehr zügig. Zehn Minuten später bin ich dran. Ich hinterlasse ein leeres Wartezimmer.

Zehn Minuten später bin ich dran. Ich hinterlasse ein leeres Wartezimmer.

PS: Die Diagnose heißt: Chlamydien. Eine Geschlechtskrankheit. Mein Mann schwört, mir treu zu sein. Ich bespitzle ihn trotzdem. Verdammt, wir hatten uns doch fest versprochen, immer ehrlich zu sein! Lügen sind mir einfach zuwider ...

Almas Test

Kaum hat sich die Tür zum Untersuchungszimmer hinter Alma geschlossen, da beginnt auch schon mein Kopfkino, mich zu quälen. Ich sehe sie als Schulkind allein auf dem Pausenhof stehen, abseits der vergnügt herumtollenden Kinder. Keiner nimmt Notiz von ihr. Mein Kind auf dem Spielplatz, umgeben von anderen, die lauthals über sie lachen und mit den Fingern auf sie zeigen. Das Bild einer jugendlichen Alma erscheint vor mir, einsam in einem Zimmer voller unzähliger Puzzlestücke, während das Leben draußen vorüberzieht ...

»Wie lange müssen wir denn noch warten?«, quengelt einer der beiden Jungs, die es innerhalb weniger Minuten geschafft haben, das Wartezimmer der Gemeinschaftspraxis für Kinderpsychologie in ein Tollhaus zu verwandeln. Sein jüngerer Bruder – ich schätze ihn auf etwa fünf, genau wie Alma – prüft derweil die stabilen Kartonseiten eines Bilderbuchs auf ihre Reißfestigkeit.

»Lars-Sören, das Buch gehört dir nicht«, tadelt seine Mutter halbherzig.

Beinahe demonstrativ teilt sich die Kinderliteratur in diesem Augenblick in zwei Teile.

Die Mutter scheint wenig überrascht. »Siehst du? Jetzt ist es kaputt.«

Besagter Lars-Sören setzt einen Gesichtsausdruck auf, der ihn nicht sonderlich intelligent wirken lässt.

Besagter Lars-Sören setzt einen Gesichtsausdruck auf, der ihn nicht sonderlich intelligent wirken lässt.

Ich fühle mich fehl am Platz. Was will ich überhaupt hier? Klarheit? Aber was, wenn sich mein Verdacht bestätigt?

»Wissen Sie, wir wollen unseren Lars-Sören früher einschulen lassen. Weil er hochbegabt ist«, erklärt meine Wartegenossin nicht ohne Stolz.

Ich nicke.

»Lars-Sören, buchstabiere doch mal Hypothese!«

Wie auf Knopfdruck legt der Musterschüler los: »Ha - Ypsilon - Peh - Oh - Te - Ha - Eh - Es - Eh.«

»Kann doch jeder«, tönt sein Bruder und schubst den Buchstabierer.

Ich denke an Alma, die eher nie wieder ein Wort reden würde, als sich so aufzuführen. Alma, die oft stundenlang malt oder puzzelt. Die sich im Kindergarten von Spielgruppen am liebsten fernhält und im Sitzkreis meist durch Geistesabwesenheit auffällt. Alma, die vielleicht autistisch ist ...

Gerade als Lars-Sören anfängt, lauthals zu brüllen, öffnet sich die Tür und eine freundlich dreinblickende Mittvierzigerin ruft ihn auf. Seine Mutter und sein Bruder folgen ihm. Ich bin froh, endlich allein zu sein. Aber noch lieber wäre ich jetzt bei Alma. Leider hat mich ihre Psychologin nach dem Vorgespräch gebeten, das Untersuchungszimmer zu verlassen. Ich beneide die Mutter des hochbegabten Schreihalses.

Und ich beneide meinen Mann um seine Gelassenheit. Von Anfang an hat er meine Sorgen abgetan. Er findet Almas Randverhalten kein bisschen besorgniserregend. Stattdessen sieht er in unserer Tochter eher einen kleinen Einstein. Schließlich hat sie neulich von selbst angefangen zu lesen. Das Rechnen im Zahlenraum bis zehn hat sie ohnehin schon längst verinnerlicht, weshalb wir bei den Übungsheften schon von Vorschule auf erste Klasse gewechselt sind.

Fast wäre es meinem Mann gelungen, mich zu beruhigen, wären da nicht die anderen gewesen. Die Mit-Mütter, Freunde, Verwandten und Kindergärtnerinnen.

Zuerst war es nur das, was sie mir nicht sagten. Das, was ich spüren konnte, wenn Gespräche plötzlich abrupt verstummten, sobald ich dazukam. Und vor allem diese Blicke.

Dann sprach mich eine Kindergartenmutter an: »Sag mal, hast du Alma eigentlich schon mal auf Autismus untersuchen lassen? Ich will ja nichts sagen, aber komisch ist sie ja schon manchmal.«

Als mir dann auch noch die Erzieherin riet, Alma vorsichtshalber testen zu lassen, war ich am Boden zerstört. Und so verwirrt, dass ich einmal sogar meine halbvolle Kaffeetasse, die ich verzweifelt gesucht hatte, im Kühlschrank wiederfand. Dass Alma so darüber lachte, war das einzige Highlight dieses Tages. An dem ich wenig später diesen Untersuchungstermin vereinbart habe.

Und nun sind wir also hier. Ich in diesem fensterlosen Wartezimmer, Alma im Untersuchungsraum, wo sie gerade ein »Fragespiel« macht, hinter dem sich in Wahrheit ein Autismus-Spektrum-Quotienten-Test von Baron-Cohen verbirgt.

»Damit können wir den Schweregrad der Störung messen«, hat die Psychologin im Vorgespräch gesagt und dann hinzugefügt: »Falls denn eine vorliegt.«

Doch daran habe ich inzwischen keinerlei Zweifel mehr. Vor meinem geistigen Auge sehe ich meine Tochter als Erwachsene. Vereinsamt und depressiv. Eine Statistik, die ich erst gestern gelesen habe, kommt mir in den Sinn – es gibt mindestens doppelt so viele Suizidfälle unter Autisten wie unter Nicht-Autisten. Allein der Gedanke daran raubt mir die Luft zum Atmen. Ich versuche, mich mit den ausliegenden Zeitschriften abzulenken. Es gelingt nicht.

Allein der Gedanke daran raubt mir die Luft zum Atmen.

Ich halte es nicht mehr aus. Die Nervosität schlägt mir auf die Blase. Auf dem Weg zur Toilette komme ich an einem der Untersuchungszimmer vorbei. Es ist nicht das, in dem sich gerade das Schicksal meiner Tochter entscheidet, sondern das eines anderen Kindes.

»Buchstabiere bitte mal das Wort Grundschule«, sagt eine Frauenstimme.

Worauf Lars-Sören lautstark antwortet: »Ha – Ypsilon – Peh – Oh ...«

Von wegen hochbegabt, denke ich kopfschüttelnd. Doch dann tut er mir sofort leid: Lars-Sören kann schließlich nichts für seine schlechte Erziehung. Genauso wenig wie Alma für ihren Autismus.

Wobei ich nach tagelanger Recherche im Internet noch immer nicht weiß, ob es sich dabei um eine Entwicklungsstörung handelt oder nicht. Manche Forscher vertreten auch den Standpunkt, Autisten seien einfach nur Menschen, deren Gehirn und Sinne irgendwie anders funktionieren. Außerdem ist der klassische Autismus nicht gerade einfach zu diagnostizieren in diesem Alter. Tatsache ist aber, dass die Anzahl der betroffenen Kinder jährlich steigt. Und meine Alma ist wohl eins davon.

Auch wenn es in unserer Familie bisher keine Fälle von Lernschwierigkeiten oder ADHS gibt – beim Stichwort »zwanghafte Störungen« denke ich sofort an die immer gleiche Parade der Kuscheltiere über Almas Bett, von denen jedes immer haargenau an der richtigen Stelle sitzen muss.

Nach einer geschlagenen Stunde höre ich endlich, wie die Tür von Almas Untersuchungszimmer geöffnet wird. Und dann Schritte. Doch die eilen am Wartezimmer vorbei.

Das Flüstern auf dem Flur klingt reichlich aufgeregt, dennoch kann ich nicht viel verstehen. Möglicherweise auch wegen Lars-Sören und seinem Bruder, die gerade lautstark über die Zahlen zwischen eins und zehn diskutieren. Einzig der Satz »Kannst du dir das bitte mal anschauen?« kommt bei mir an. Sofort beschleunigt sich mein Puls. Das bestätigt meine schlimmsten Befürchtungen! Offensichtlich ist die Diagnose so fatal, dass Almas Psychologin eine zweite Meinung braucht. Ich höre schon die Stimmen vor dem Kindergarten: »Ich habe es ja gleich gewusst.«

Es dauert eine gefühlte Ewigkeit, bis sich die Tür zum Wartezimmer öffnet. Herein kommen beide Ärztinnen, dicht gefolgt von meiner Tochter. Doch anstatt der erwarteten Trauermienen sehe ich lächelnde Gesichter.

»Also, wissen Sie, Ihre Alma ist ein absolutes Psychologenwunschkind. So eine Konzentrationsfähigkeit haben wir beide schon lange nicht mehr gesehen. Kein Wunder, dass sie manchmal nichts von ihrer Umgebung mitbekommt«, schwärmt die Psychologin, mit der ich vorhin über meinen Verdacht gesprochen habe. »Alma ist ein überaus intelligentes Kind. Ihr ist es meistens zu langweilig, weswegen sie dann abschweift. Sie sollten sich überlegen, ob Sie Alma nicht vorzeitig einschulen lassen.«

»Aber«, setze ich an, »ich habe mir schon solche Sorgen gemacht. Schließlich ist Alma immer so abwesend und in Gedanken versunken.«

Meine Tochter legt den Kopf schief und grinst. »Also ich habe den Kaffee nicht in den Kühl-  **»Also ich habe den Kaffee nicht in den Kühlschrank gestellt neulich. Das warst du.«** schrank gestellt neulich. Das warst du.«

Einmal klonen – und dann der Nächste, bitte

»Wo ist denn Lisa?«

Der hohe Blutdruck (privat versichert) stampft mit seinem Gehstock auf. Dass meine Kollegin heute frei hat, passt ihm offensichtlich nicht in den Kram.

»Aber sie nimmt mir immer das Blut ab!«

Ich erkläre sanft, aber bestimmt, dass das heute wohl ich übernehmen werde.

»Können Sie das denn? Sind Sie überhaupt gelernte Sprechstundenhilfe, Sie Küken?«

Ich könnte jetzt erwidern, dass es »Medizinische Fachangestellte« heißt, dass ich fast zehn Jahre Berufserfahrung vorweisen kann und in der Stadt sogar Praxismanagerin einer großen radiologischen Gemeinschaftspraxis war, aber das würde den hohen Blutdruck wohl kaum beeindrucken.

Das Telefon erspart mir weitere Diskussionen.

»Haben Sie schon meine Werte?«, will das große Blutbild vom vergangenen Freitag wissen und ist ganz enttäuscht, als ich ihr mitteile, dass die Befunde noch nicht da sind.

»Anfang nächster Woche, hat es aber geheißen ...«

Es ist Montagmorgen, zehn Minuten nach acht. In anderen Büros werden gerade die Jalousien hochgezogen, die Pflanzen gewässert, der Kaffee aufgesetzt. Hier dagegen tobt schon der Bär. Sogar im wahrsten Sinne des Wortes, denn gerade öffnet sich die Tür von Behandlungszimmer eins und Dr. Urs taucht auf, dicht gefolgt von der Adipositas mit der frischen Dauerwelle.

»Sophie, vereinbaren Sie mit der Patientin doch bitte einen Termin zur Diabetesberatung«, sagt er und verschwindet umgehend in Behandlungszimmer zwei.

»Ich hab doch gar keinen Zucker«, beklagt sich die Adipositas. »Das ist Diskriminierung! Nur weil man kein Skelett ist, muss man sich noch längst nicht so demütigen lassen!«

Ich habe ihre Werte gesehen. Sie steuert geradewegs auf einen Diabetes zu. Und wenn ich mir die Kekspackung, die aus ihrer Tasche lugt, so anschaue, wäre eine Beratung gewiss keine Zeitverschwendung.

Mit dem Zauberwort Prophylaxe gelingt es mir, sie zu beruhigen. Kommunikative Fähigkeiten und professioneller Umgang mit Menschen gehören schließlich zu meinen Kernkompetenzen – jedenfalls laut meiner Bewerbungsmappe. Doch ich wage zu bezweifeln, dass die Adipositas zu dem vereinbarten Termin auftauchen wird. Nicht, wenn ihr Weg an der Konditorei vorbeiführt ...

Doch ich wage zu bezweifeln, dass die Adipositas zu dem vereinbarten Termin auftauchen wird. Nicht, wenn ihr Weg an der Konditorei vorbeiführt ...

Schrilles Gebrülle reißt mich aus meinen Gedanken.

»Felix blutet!«, teilt mir eine verzweifelte Mutter mit. Völlig überflüssigerweise, denn das ist nun wirklich kaum zu übersehen.

Der Schnitt ist nicht halb so schlimm, wie er auf den ersten Blick schien. Vermutlich muss er nicht mal genäht werden, aber das muss der Arzt entscheiden. Ich säubere die Wunde und versuche, sowohl die hysterische Mutter als auch den krakeelenden Knaben zu beruhigen. Beides funktioniert nur mittelgut.

Ich bin sehr erleichtert, als Dr. Urs mich erlöst und ich wieder zu meinem Platz zurückkehren kann, um mit der Arbeit fortzufahren, die ich mir für heute eigentlich vorgenommen habe: Abrechnungen schreiben. Kasse und privat. Außerdem müsste Material bestellt werden. Dringend sogar.

»Wie lange wollen Sie mich denn noch warten lassen?«

Der hohe Blutdruck ist wieder da. Beziehungsweise: Er war wohl nie weg. Ich dachte, er wäre vorhin beleidigt abgezischt, um sich morgen von Lisa Blut nehmen zu lassen. Dabei hat er die ganze Zeit im Wartezimmer darauf gewartet, dass ich ihn aufrufe.

Ich rede mich damit heraus, dass es einen Notfall gab, dessen Gebrüll schließlich unüberhörbar gewesen ist. So folgt mir der hohe Blutdruck halbwegs besänftigt ins Labor ...

Als ich zurückkomme, hat sich vor meinem Tresen eine Warteschlange gebildet, die bis zum Eingang reicht, und das Telefon klingelt ununterbrochen.

Ich muss die Abrechnungen wohl oder übel erst mal Abrechnungen sein lassen und stattdessen Karteikarten rauslegen, Krankenkassenkarten scannen, Wartezeitprognosen stellen. Ich werde angehustet und angeblafft.

Endlich komme ich dazu, ans Telefon zu gehen.

»Sind die Befunde jetzt da?«

Das große Blutbild. Will die jetzt stündlich anrufen?

Ich behaupte, mal eben im Computer nachzuschauen, und lege den Hörer beiseite. Zwei Abrechnungen später informiere ich sie darüber, dass die Laborwerte frühestens gegen Nachmittag erwartet werden. Das verschafft mir vielleicht für ein paar Stunden Ruhe.

Das interne Telefon summt.

»Sophie, bitte einmal EKG in Zimmer eins«, sagt Dr. Urs.

Die junge Patientin ist nervös, aber nicht nervig. Damit hat sie bei mir sofort einen Stein im Brett. Ich erkläre ruhig, was ich tue, und dass sie nichts spüren wird. Je jünger, desto mehr Angst haben sie vor Schmerzen. Spritzen, Blutabnahmen, alles wird zum Drama. Wer schon ein paar Geburten, Knochenbrüche oder Koliken hinter sich hat, ist meist weniger zimperlich.

Wer schon ein paar Geburten, Knochenbrüche oder Koliken hinter sich hat, ist meist weniger zimperlich.

Als ich fertig bin, wartet eine Aktentasche mit Dutt und Kostüm.

»Wir haben da einen großartigen neuen Blutverdünner, wenn ich den mal eben vorstellen dürfte …«

Wenn man etwas an einem chaotischen Montagmorgen nicht gebrauchen kann, dann ist das eine Pharmavertreterin.

»Ich warte gern«, sagt sie und lächelt mich an. Was für ein Job – nirgendwo willkommen zu sein, überall genervtes Seufzen zu provozieren … Andererseits: In einer Viertelstunde darf sie hier wieder raus, zurück in ihr Auto. Vermutlich lauscht sie auf dem Weg zur nächsten Praxis einem Hörbuch. Fast beneidenswert.

Ob sie ein bisschen Wartezeit mitgebracht habe, will ich wissen und mache mich dann auf den Weg ins Verbandszimmer, um die Liege zu desinfizieren, die der kleine Felix vorhin voll-geblutet hat.

Auf dem Rückweg trete ich um ein Haar in eine gigantische Pfütze frisch Erbrochenes. Daneben steht ein zittriges Männchen. Der Prostatakrebs verträgt seine Chemo nicht. Ich führe ihn in eine ruhige Ecke und gebe ihm ein Glas Wasser, dann wische ich die Sauerei weg.

Die Pharmafrau wartet noch immer auf Dr. Urs und beobachtet leicht angewidert mein Tun.

Als ich fertig bin, stelle ich fest, dass es schon halb zwölf ist. Vor einer Viertelstunde hätte die Malariaimpfung da sein sollen. Ich rufe an, um nachzufragen. Niemand da. Vermutlich unterwegs.

Kaum habe ich aufgelegt, klingelt das Telefon schon wieder. Es ist das große Blutbild. Am liebsten würde ich fragen, was an dem Wort »Nachmittag« so schwer zu verstehen ist. Aber ich bleibe höflich und empathisch.

Dr. Urs taucht auf, unterschreibt hastig ein paar Rezepte, Überweisungen und Atteste, während er die Pharmafrau beiläufig abfertigt.

»Sie sehen ja, was hier heute los ist.«

Sie hätte vielleicht doch noch einen weiteren Blusenkopf öffnen sollen. Aber auch ohne Tricks wie diesem gelingt es ihr,  **Sie hätte vielleicht doch noch einen weiteren Blusenkopf öffnen sollen.** die wichtigsten Infos zum neuen Blutverdünner loszuwerden. Beharrlich lächeln und sich einfach nicht abwimmeln lassen, das kann man nirgendwo lernen. Das muss man wohl einfach draufhaben.

Da kümmere ich mich doch lieber um die Abrechnungen. Und den Terminplan. Und die Materialbestellungen. Die Praxis-Website. Das Qualitätsmanagement. Die Laborproben. Den Schriftverkehr. Die Rechnungen. Den Terminplan. Die Diabetes-Schulungen. Die Blutabnahmen. Die blutenden Kleinkinder. Die kotzenden Krebspatienten. Die ungeduldigen Anrufer.

Manchmal wünschte ich mir, man könnte sich klonen lassen.

Aber eigentlich genügt auch der Gedanke daran, dass Lisa morgen wieder da ist.

»Der Nächste, bitte«, rufe ich.

KAPITEL 3

Diagnose

»Herr Doktor, ich hab da was am Po«

Diagnosen sind das, was Patienten nicht hören wollen, sondern am liebsten selbst stellen würden. Wobei sie damit manchmal gar nicht so unrecht hätten ...

Und, welches Patienten-Gewächs sind Sie?

Oder: Warum Ärzte sich oft als Gärtner fühlen

Tausende von Patienten im Jahr, tausendfach echte Leiden, tausendfach Einbildung und Schauspielkunst – und bisweilen auch der Tod. Wie Ärzte, Apothekerinnen und Pflegepersonal das überleben? Distanz hilft. Und so betrachtet manch ein Gesundheitsberufler seine Patienten irgendwann wie ein Gärtner seine Pflanzen. Hier ein bisschen düngen, da ein wenig schneiden – lässt einer die Blätter, äh, den Kopf hängen, ist es dumm gelaufen. Ein bisschen Schwund ist immer. Nur nichts persönlich nehmen.

Fünf Gewächse finden sich in Praxen und Kliniken besonders häufig. Welcher Gattung und Art gehören Sie an?

Die Deutsche Eiche (Quercus robur)
Motto: »Mich haut nix um!«
Aufrecht und stabil wie eine Stieleiche, so sind diese Menschen. In jüngeren Jahren findet man sie nur dann in Gesellschaft von Medizinern, wenn ein Baby oder ein Backenzahn dringend raus muss. Das bisschen Fieber? Geht von allein weg. Vorsorgeuntersuchungen? Zeitverschwendung. Hat die Deutsche Eiche nicht das stabilste Holz, spendet sie nicht den angenehmsten Schatten und ist sie nicht quasi unverwüstlich?

Ähm, nein. Denn leider neigen Deutsche Eichen dazu, ihr gutes Grundmaterial überzustrapazieren. Da wird mit Bier und fettem Essen gedüngt, mit Zigaretten geräuchert, Ausschlafen und Sonnenschutz – wozu? Gegen Schmerzen helfen Pillen oder gleich ein Schnaps. Kann gut gehen, muss aber nicht.

Ab der Lebensmitte sitzen viele Deutsche Eichen dann doch häufiger im Wartezimmer – weil nicht mehr zu ignorierende Beschwerden oder besorgte bessere Hälften sie dorthin zwingen. Dann offenbart sich der Ärztin und dem Pflegeteam nicht selten, dass sich hinter der stabilen Fassade ein Sensibelchen verbirgt: Bei der Blutentnahme sackt der Kreislauf weg, beim kleinsten Piks schreit die Patientin Zeter und Mordio. Noch schlimmer kommt es allerdings, wenn die Eichen der Praxis ganz fernbleiben. Manche menschlichen Vertreter dieser Gattung sterben nämlich genau wie Bäume: Sie fallen um wie vom Blitz gefällt, und zwar deutlich vor ihrer Zeit.

Das Drüsige Springkraut (Impatiens glandulifera)
Motto: »Hallöchen, ich bin's schon wieder!«

Wer ein Springkraut in der Blüte sieht, denkt erst mal: Wie schön und zart! Nicht umsonst wird diese Wildpflanze auch Bauernorchidee genannt. Menschen, die ihm gleichen, hinterlassen denselben Eindruck. Wie sie da, gebeugt unter der Last ihrer Symptome, im Wartezimmer oder in der Notaufnahme sitzen, weckt in jedem Arzt und jeder Schwester den Beschützerinstinkt.

Bis sie erneut anklopfen. Und dann noch einmal. Und schon wieder. Dabei plagt ein Springkraut meist nichts Ernstes. Hier ein Männerschnupfen, da ein Halskratzen ... Mit drei Tagen Erholung wäre die Sache erledigt. Doch der lateinische Name verrät es: »impatiens« heißt »ungeduldig« und ein Springkraut wartet nicht einfach, bis seine Selbstheilungskräfte die Sache in den Griff bekommen.

Ist der Infekt dann ausgestanden, dauert es keine zwei Wochen und Springkraut sitzt erneut im Wartezimmer. »Hallöchen ...« Diese Menschen mit ihren flehenden Augen heimzuschicken, erscheint allzu gemein. So wird das Pflänzchen abgetastet, durchleuchtet, zu Experten überwiesen, krankgeschrieben, in Kuren und zur Massage geschickt. Es liegt einfach in der Natur des Springkrauts, sich auszubreiten – entweder im Wald und an Ufern oder aber in Praxen und Kliniken. Mögen alle anderen Kräuter und Gräser verdrängt werden, mögen alle anderen Menschen Grippe verschleppen oder Burn-out kriegen – das Springkraut holt sich, was es braucht. Sollte jemals eine gefährliche Krankheit bei ihm ausbrechen, wird sie blitzschnell diagnostiziert, der Arztbesuch ist ja nie weit. Die Folge: Am Ende überlebt dieses scheinbar zarte Pflänzchen Verwandte, Mitpatienten und die ganze Ärzteschar.

Kirschlorbeer und Lorbeerkirsche (Prunus laurocerasus) Motto: »Ich brauch Antibiotika«

Ob man diesen Zierstrauch nun Kirschlorbeer oder Lorbeerkirsche nennt, er ist robust und passt rein optisch in jeden Garten. Das menschliche Pendant hierzu treibt den Ärzten allerdings den Angstschweiß auf die Stirn. Denn Herr Kirschlorbeer und Frau Lorbeerkirsche sind nicht nur extrem selbstbewusst, sondern auch giftig. Und das lassen sie die Mediziner nur allzu gern spüren!

Bevor diese beiden die Praxis betreten, wissen sie schon genau, was ihnen fehlt. Erstens haben sie Klatschblätter mit Gesundheitsseiten zu Hause, zweitens besuchen sie Stammtische. »Herr Doktor, ich bräuchte ein Antibiotikum«, fordert der Kirschlorbeer, bei dem die HNO-Ärztin lediglich einen Schnupfen finden konnte. Da mag die Medizinerin noch so lang und breit darüber dozieren, dass Antibiotika gegen die auslösenden Viren null helfen, dafür aber womöglich Nebenwirkungen haben. Da kann sie noch so überzeugend Wassertrinken, Inhalieren und Nasenduschen empfehlen – alles, was der Kirschlorbeer antwortet, ist: »Papperlapapp! Bleiben Sie mir mit Ihrer Nasendusche vom Leib, dem Willi hat Penicillin geholfen und ich will das auch!«

Frau Lorbeerkirsche hört tausendmal, dass ihr Dauerhusten mit ihrem Kettenrauchen zusammenhängt und ihr Rückenschmerz mit Bewegungsmangel. Der erfahrene Arzt verschreibt eine Raucherentwöhnungskur und Krankengymnastik – doch wenn die Lorbeerkirsche nicht will, will sie nicht. Stattdessen fordert sie: ordentliche Medikamente und einen gelben Schein, aber dalli, dalli!

Wer mit diesen Menschen Tacheles redet, bekommt ihr Gift zu spüren – in Form von Beschimpfungen, Missachtung und sogar Rufmord.

Die Mimose (Mimosa pudica)
Motto: »Das vertrage ich nicht«

Wer die Mimose anfasst oder großer Hitze aussetzt, staunt: Sie klappt die Blätter ein. Menschliche Mimosen reagieren ebenfalls sehr sensibel – auf Lebensmittel oder Pollen, Stress, Medikamente oder harte Worte.

Ob männlich oder weiblich, die Mimose würde nie simulieren. Der Mediziner tut deshalb gut daran, alle Symptome ernst zu nehmen. Solch ein Mensch ist nämlich scheu, lebt gern zurückgezogen und geht nicht grundlos zum Arzt. »Stellen Sie sich nicht so an!« – »Nehmen Sie ab, dann wird das schon.« – »Alles psychosomatisch«: Solche Sätze erschüttern Mimosen nicht nur bis ins Mark, sie werden ihnen auch keinesfalls gerecht. Wer weiterforscht, warum es diesen Menschen schlecht geht, wird etwas finden – eine seltene Erkrankung, Unverträglichkeit, einen eingeklemmten Nerv oder einen Tumor. Weil die Mimose so etwas auffällig früh spürt, kann ihr Leiden zumeist kuriert oder zumindest gelindert werden. Herr oder Frau Mimose beschert dem Ärzte- und Pflegerteam die größten Erfolgserlebnisse und wird auf immer dankbar sein. Ruhm, Ehre und Nobelpreis mögen folgen.

Die Ringelblume (Calendula officinalis)
Motto: »Gemeinsam kriegen wir das weg«

Was eine echte Heilpflanze ist, pflegt eine pragmatische Haltung zum Arzt: Wenn es sinnvoll ist, hinzugehen, geht sie eben hin – sei es für eine Vorsorgeuntersuchung, um verdächtige Leberflecken entfernen zu lassen oder weil der Husten mit Wickeln, Tees und Inhalieren partout nicht weggeht. Die allermeisten Malaisen kuriert ein Heilpflanzenmensch allerdings selbst. Im Laufe der Jahre hat er den eigenen Körper zu verstehen gelernt. Mit Halskratzen, Pickeln oder Heiserkeit trifft man die Ringelblume noch lange nicht im Wartezimmer, das kriegt sie selbst in den Griff. Gegen den Rückenschmerz, weiß sie, hilft Gymnastik besser als Tabletten, leichtes Zahnweh lindert Nelkenöl. In der Praxis lässt sich die Heilpflanze ohne großes Trara untersuchen und stellt zielführende Fragen. Bevor operiert wird, holt sie eine Zweitmeinung ein. Leuchtet ihr dann ein, dass dieser Eingriff wirklich unumgänglich ist, wird sie sich an die ärztlichen Empfehlungen halten. Gift, Stacheln oder Widerhaken braucht sie nicht.

Weil sich die Heilpflanze ein Leben lang freiwillig mit Gesundheitsfragen auseinandersetzt und dabei über den Tellerrand blickt, kann manch ein Mediziner und manche Apothekerin von ihr noch etwas lernen. Jedenfalls gefährdet sie weder den Seelenfrieden noch den Erfolg der Praxis, Apotheke oder Klinik – allenfalls die eigene Gesundheit. Manch ein Vertreter dieses Typs überschätzt schon mal die eigenen Fähigkeiten als Kräuterhexe oder Medizinmann. Wenn es ganz dumm läuft, kommt der Notarzt dann zu spät.

Gewusst wie ... Heute: Gehirntumor

Machen wir uns nichts vor. Das Leben ist komplex, aber bewältigbar. Sie beherrschen PowerPoint, Onlinebanking und Streaming. Sie wissen, wie man eine App installiert (und sie wieder loswird), können einen Prinzessinnengeburtstag für 15 durchgedrehte rosa Tüllmonster stemmen, ein ELSTER-Formular ausfüllen und eine Lampe anschließen.

Was Sie aber nicht können, ist, adäquat auf die Mitteilung zu reagieren, dass Sie einen Gehirntumor haben.

Ach was, winken Sie jetzt ab? Wieso sollte ich jemals in diese Lage kommen? Meine Antwort: Warum denn nicht? Weshalb um alles auf der Welt sind Sie sich so sicher, dass Sie nicht längst einen *haben?!*

Keinerlei Symptome, sagen Sie? Sorry, wenn ich mal kurz lache. Natürlich haben Sie keine Symptome. Sonst würde doch der ganze Überraschungseffekt wegfallen. Selbstverständlich können Sie einen völlig symptomfreien Gehirntumor haben, das ist ja

Natürlich haben Sie keine Symptome. Sonst würde doch der ganze Überraschungseffekt wegfallen.

das Spannende. Einen, der nur durch eine Kette von unglaublich unglaubwürdigen Zufällen überhaupt entdeckt wird. Der unter den besten hirnklimatischen Bedingungen schon 15 Jahre gedeiht. Mäandert. Sich ausbreitet. Seine Oberfläche vergrößert. *Raumgreift!*

Stellen Sie sich also vor, Sie erwarten nach einer Routineüberprüfung Ihres Schädels wegen einer anderen Sache voller Gelassenheit ein freundliches »Alles okay«. Stattdessen hören Sie ein »Wir haben da was gefunden«.

Die gute Nachricht ist, dass Ihr Bewusstsein im Schockzustand nicht besonders kreativ ist und Ihnen als Entgegnung nur drei bis vier Ausdrücke zur Auswahl stellen wird. Die Entscheidung zwischen »Oh«, »Aha«, »Hm« oder »Oh Gott« können Sie also spontan fällen, sie beeinflusst das weitere Prozedere nicht. Nach dem kurzen, bruchstückhaft erinnerbaren Gespräch mit dem misanthropischen Radiologen versuchen Sie, es irgendwie sicher nach Hause zu schaffen. Begehen Sie dort rasch einige gefühlschaosstabilisierende Übersprunghandlungen, indem Sie beispielsweise den Hund rauslassen, die Waschmaschine ausräumen oder eine Überweisung tätigen. Irgendwann sind Sie schließlich bereit, sich einzugestehen, dass Ihre Welt trotz gebügelter Wäsche gerade aus dem Lot geraten ist, und gönnen sich einen gepflegten Zusammenbruch, der sich je nach Ihrer psychischen Grundkonstitution in Heulen, Stammeln oder totaler Gefühlskälte äußern kann. Dann sollten Sie Ihre Mutter/ Freundin/*jemanden* anrufen. Ihre Mutter/Freundin/*jemand* wird mit einem ebensolchen Zusammenbruch reagieren und zu exakt drei Verhaltensweisen raten: Ruhe bewahren, Zweitmeinung einholen, Ruhe bewahren. Rechnen Sie außerdem damit, ununterbrochen gefragt zu werden, was um Gottes Willen Sie denn jetzt zu tun gedenken.

Ihre Antwort sollte lauten: googeln. Und zwar nach den besten Gehirnchirurgen Deutschlands. Nach vier, fünf Stunden, die Ihre Kinder mit Cornflakes und Süßigkeiten vor dem

Fernseher verbringen, haben Sie sich einen ersten Überblick verschafft und Erfahrungsberichte, Fachbegriffe und Operationsmethoden studiert. Sie haben eine Handvoll Ärzte ausgewählt, von denen Menschen, die mehr Ahnung von der Materie haben als Sie, der Meinung sind, dass diese besonders viel Ahnung von der Materie haben und man sie daher sogar als Koryphäen bezeichne könne. Unabhängig von der Entfernung der entsprechenden Kliniken zu Ihrem Wohnort und sonstigen irrelevanten Kriterien entscheiden Sie sich im nächsten Schritt für die drei sympathischsten Kandidaten und vereinbaren Vorbesprechungstermine mit deren ungerührten Sekretärinnen. Keine Sorge, Ihre Familie wird wunderbar damit zurechtkommen, dass Mutti gerade von einem Ersatz-Ich ferngesteuert wird, also können Sie den Rest des Tages in dumpfer Trance vor sich hinvegetieren und eine Nacht verbringen, die es nicht wert ist, darüber zu berichten.

Bereits für das erste Gespräch müssen Sie fliegen und finden es auf dem Weg zum Flughafen fast ein wenig ärgerlich, wie reibungslos und unproblematisch die innerfamiliäre Organisation Ihres Ausflugs geklappt hat. Wenn Sie das bloß mal vorher geahnt hätten, wäre für den ein oder anderen spontanen Shoppingtrip in die Großstädte dieses Landes überhaupt kein Gehirntumor vonnöten gewesen!

Bei der Besprechung im Krankenhaus teilt Ihnen der Chirurg mit, dass nach seiner Ansicht der Abstand Ihres Tumors zum Hirnstamm lässig als eine Handbreit zu bezeichnen sei, auch wenn die MRT-Bilder höchstens sieben Millimeter implizieren. Verabreden Sie deshalb voller intuitivem Vertrauen einen Operationstermin und vermeiden Sie in der folgenden Zeit nachdrücklich, sich auszumalen, welche Gedanken, Erinnerungen oder sonstigen wichtigen Details Ihres Lebens Sie in genau dieser Handbreit Gehirnmasse abgespeichert haben könnten. Kaufen Sie sich stattdessen einen hübschen Block, um sicherheitshalber all Ihre Geheimzahlen und Passwörter zu notieren. Nutzen Sie die Zeit bis zur OP außerdem, um so zu sein, wie Sie es sich sonst nicht trauen: Sagen Sie allem und jedem unverblümt Ihre Meinung, drängeln Sie sich vor, seinen Sie unhöflich, unpünktlich, weinerlich, ungeduldig, aufbrausend und zickig. Tun Sie ein paar echt abgefahrene Dinge, denn Sie werden Ihren Hirntumor nicht mehr lange als Entschuldigung einsetzen können. Schließlich haben Sie sich die Koryphäe selbst ausgesucht.

Tun Sie ein paar echt abgefahrene Dinge, denn Sie werden Ihren Hirntumor nicht mehr lange als Entschuldigung einsetzen können.

Am Morgen der Operation werden Sie den Eindruck haben, dass es sich bei dem Eingriff um nichts weiter als die Entfernung eines verdächtigen Leberflecks handelt. Falls Sie einen gewissen VIP-Status angesichts der bedrohlichen Dimensionen Ihrer Erkrankung erwartet haben, werden Sie bitter enttäuscht werden. Sie sind in einem besseren Schullandheimzimmer untergebracht, dessen auf den Toilettendeckel aufgeschraubte rückenschonende Erhöhung es Ihnen unmöglich macht, das WC zu benutzten, weil man Sie hartnäckig für »die Wirbelsäule« hält und nicht für »den Tumor«. Sie haben sich gerade von Kopf bis Fuß mit einem Desinfektionsshampoo gewaschen, als Sie noch tropfend nass aufgefordert werden, sich zum EKG in einem Teil der Klinik einzufinden, für dessen Erreichung Sie durchaus ein Taxi in Erwägung ziehen sollten. Zusammen mit mehreren kugelbauchigen Herren höheren Alters werden Sie in einem unbeleuchteten, zugigen Gang eine Stunde darauf warten müssen, dass überhaupt jemand von Ihrer Anwesenheit Notiz nimmt. Da die EKG-Gürtel vom Umfang her eher auf beleibte Kardiologiepatienten abgestimmt sind, dauert es eine ganze Weile, bis das Gerät schließlich vernünftige Herztöne aufzeichnet. Sie finden den Rückweg zu Ihrer Station ohne Patientenbegleiter gerade so, als Ihnen eröffnet wird, dass noch ein Gespräch mit dem Anästhesisten zu absolvieren ist. Nachdem Sie also wieder in Ihre Wanderschuhe geschlüpft sind, werden Sie dort mit der Nachricht konfrontiert, dass mit Ihren Herztönen etwas nicht stimmt, dies aber die Operation am Gehirn höchstwahrscheinlich nicht negativ beeinflussen werde. Der frühmorgendliche Marathon endet in Ihrem Zimmer mit dem Empfang durch eine ärgerliche Schwester, die zu wissen verlangt, wo Sie sich so lange herumgetrieben hätten.

Die Scheißegal-Tablette, die Ihnen die Angst vor der OP nehmen soll, hat nicht den Hauch einer Chance, ihre sedierende Wirkung zu entfalten, denn als sie Ihnen gereicht wird, haben Sie die OP-Katakomben bereits erreicht. Leicht überfordert

Die Scheißegal-Tablette, die Ihnen die Angst vor der OP nehmen soll, hat nicht den Hauch einer Chance, Ihre sedierende Wirkung zu entfalten.

und noch ganz unter dem Eindruck, eben so gut wie die halbe OP selbst organisiert zu haben, finden Sie sich in einem engen

Abstellraum wieder, in dem zwei Menschen zwischen Regalen voller Schachteln und Zubehör kaum genügend Platz haben, Ihre Arme an den Haltern einer sargschmalen Liege festzuschnallen. Nachdem Sie Ihre Beine dabei erwischen, plötzlich völlig unkontrolliert vor sich hinzuzittern, werden Sie von einem der beiden Anästhesisten, deren Gesichter möglicherweise aus guten Gründen verhüllt sind, darauf angesprochen. Geben Sie unverblümt zu, ein gewisses Maß an Unwohlsein zu empfinden, der Arzt wird Ihnen im Versuch, empathisch zu sein, versichern, dass es ihm genauso ginge, besonders weil er ja wisse, wie es hier zugehe ... Dem können Sie nur hilflos zustimmen, denn der Tranquilizer kämpft gerade recht erfolgreich gegen die hektisch vom Sympathikus ausgelöste Fight-or-Flight-Reaktion an, weshalb Sie sich zu jeglicher vernünftigen Handlung außerstande sehen. Doch Ihre Aufmerksamkeit wird sogleich davon in Anspruch genommen werden, dass der zweite Arzt damit beschäftigt ist, Ihnen an fünf verschiedenen Körperstellen Venenkatheter zu legen, was sich zum einen nicht angenehm anfühlt und zum anderen die Frage aufwirft, auf welche Eventualitäten (die man Ihnen bei der Aufklärung verschwiegen hat) sich das OP-Team vorbereitet. Bevor Sie Ihr Unbehagen kundtun können, werden Sie unverhofft mit der einfachen Frage nach Ihrem Namen und der Sie in diesen Raum führenden Krankheit konfrontiert. Und noch während Sie von einer geradezu kindlichen Erleichterung überfallen werden, dass Sie in der Lage sind, Ihren Namen zu nennen, und sogleich beflissen beginnen, in Ihrem sich im Ruhemodus befindlichen Gehirn nach den korrekten Lagekoordinaten des Tumors zu kramen, fällt Ihr Blick auf eine große Flasche, deren schwarze Buchstaben auch liegend und benzodiazepinbenebelt das Wort »Propofol« ergeben. Und obwohl es zum Allgemeinwissen gehört, dass man in den letzten wachen Minuten vor einer Operation und besonders vor einer, die einen Eingriff in Ihre alleroberste Schaltzentrale bedeutet, an das Schöne in seinem Leben denken soll, wird Ihr Gehirn nur einen Namen funken: Michael Jackson. Regen Sie sich in einem solchen Fall nicht auf. Denn Sie können sich darauf verlassen, dass genau zwei Dinge eintreten: Erstens tut es erstaunlich weh, wenn das eiskalte Propofol ihre Handrückenvene entert, und zweitens werden Sie ihn ganz bestimmt erleben – diesen einen, glasklaren, windstillen Moment vor der Bewusstlosigkeit, der Ihnen das schlechte Gewissen nimmt, an Promiklatsch gedacht zu haben, statt sich auf Ihre Liebsten zu konzentrieren. Er kommt in Form eines Satzes, der urplötzlich vor Ihrem inneren Auge erscheint. »Wenn ich das hier überlebe, dann _____«, heißt er.

Das ist alles?, fragen Sie jetzt möglicherweise.

Das ist alles?, fragen Sie jetzt möglicherweise.

Nun, Sie werden erstaunt sein, was Ihr total gechillter, Über-Ich-befreiter, unkontrollierter, vom ungebändigten, triebhaften Es überschwemmter Verstand in die freie Linie einträgt. Nichts jedenfalls, das Sie *jemals* laut zugeben würden.

Wenn Sie die Augen wieder öffnen, liegen Sie mit einer Menge anderer Patienten in einem Raum, im dem es so laut piepst, blinkt und pfeift, dass Sie am liebsten noch mal einen Jackson-Cocktail hätten. Was eine dumme Entscheidung wäre, denn sonst bekämen Sie nicht live mit, wie sich auch Ihr Bewusstsein wieder anknipst.

Und das ist, unter uns gesagt, der Augenblick, von dem Sie bis jetzt nicht ahnten, dass es ihn gibt. Denn wenn Sie eine Top-Ten-Liste der schönsten Lebensmomente haben, dann erleben Sie in diesem Augenblick Ihren All-time-favourite-number-one-hit-wonder-diamond-moment-ever-und-so-weiter.

Sie spüren nämlich Ihr *Ich.*

So, als ob Sie nach einer langen Reise wieder Ihren eigenen Körper anziehen würden, nur um glücklich festzustellen, dass *alles* passt und sich nichts fremd anfühlt. Sie werden so dermaßen heilfroh sein, dass Sie *Sie* sind, dass ich mir jede weitere Vorwegnahme Ihrer Euphorie sparen kann.

Genießen Sie jedenfalls diesen recht kurzen Heureka-Moment, denn nur Minuten später werden Sie von einer offensichtlich allseits beliebten Krankenschwester unsanft auf die Seite gedreht, weil sich diese Ihre Wirbelsäulen-OP-Wunde anschauen möchte. Das DIN-A3-große Pflaster hinter Ihrem Ohr bemerkt sie dabei nicht und ist entsprechend erstaunt, was Sie hier wundlos glücklich im Aufwachraum zu suchen haben. Als Sie sie wenig später bitten, Ihre Haare zusammenzubinden, damit Sie nicht ständig auf ihnen liegen, wird Ihnen mitgeteilt, dass Sie sich das ja auch früher überlegen und die OP mit Flechtfrisur hätten in Angriff nehmen können. Während Sie noch darüber nachdenken, wie eine Antwort geklungen hätte, die ein wenig flotter rübergekommen wäre als ihr lahmes »Äh...«, hören Sie, wie ein anderer Patient die, wenn auch englischen, Worte findet, nach denen Ihr tumorloses Gehirn vergeblich gesucht hat. Mit lauter Stimme bedankt er sich beim Hinausgefahren-werden »very much« für die »fucking friendly« Art der Schwester. Trotz Ihrer Bewunderung für eine solche postoperative

Schlagfertigkeit stöhnen Sie ein bisschen, weil all der Input Ihren angebohrten Schädel doch ein wenig überzustrapazieren droht. Nachdem man Sie in Ihr Zimmer zurückgerollt hat, wird erneut Ihr Rücken inspiziert, wobei es Ihnen mit letzter Kraft gelingen sollte, dem Personal endgültig nahezubringen, dass die Operation an einer gänzlich anderen Körperstelle stattgefunden hat.

Nun werden Sie bis zum nächsten Morgen in relativer Ruhe gelassen. Möglicherweise wird Ihnen das Vertrauen des Klinikpersonals in Ihre Selbstheilungskräfte im ersten Moment befremdlich vorkommen, weshalb ich Ihnen nur raten kann, Ihre zehn Zentimeter lange Narbe, unter der die eigroße Schädelersatzplatte sich bemüht, an ihrer neuen Wirkungsstätte anzuwachsen, während des weiteren Aufenthalts generell nicht allzu wichtig zu nehmen. Wenn dem Infusionsbeutel nicht mehr der kleinste Rest  Schmerzmittel abzutrotzen ist, können Sie schließlich immer noch die Zentrale anrufen, die dann im Laufe der nächsten Stunden eine Nachtschwester schicken sollte.

Sollten Sie übrigens vergessen haben, Ihre Sportklamotten einzupacken, bereuen Sie es spätestens am nächsten Vormittag. Im Morgengrauen sind Sie bereits von der Visite aufgefordert worden, die Stirn zu runzeln und zu grinsen, was offensichtlich den Operationserfolg voll bestätigt, als Ihnen eine Schwester eilig den Blasenkatheter herausrupft, da man die Physiotherapeutin schon fröhlich auf Ihr Zimmer zuhüpfen hört. Nur Sekunden später werden Sie von ihr auf der Stelle

joggend aufgefordert, gemeinsam ein wenig über die Krankenhausgänge zu lustwandeln. Ihre Bedenken, was den Kopf, den
Kreislauf oder auch nur das Überziehen eines Slips betrifft, werden großzügig ignoriert. Frühmobilisation ist das Zauberwort,
ob man nun einen Schlüpfer dabei anhat oder nicht. Stellen Sie
sich ebenfalls darauf ein, nach erfolgtem Frühsport feststellen zu
müssen, dass man gänzlich übersehen hat, Ihnen nach 32-stün-
diger Nüchternheit ein Frühstück zur Verfügung zu stellen,
sodass Sie Ihre Joggingenergie gleich noch dazu nutzen können, um irgendwo ein wenig Nahrung aufzutreiben.

Am nächsten Tag wird Ihr in Mitleidenschaft gezogenes
Ohr seinen Betrieb komplett eingestellt haben und Sie sollten
sich durchringen, sich entsprechend mitzuteilen. Mit einer Art
Passierschein und Ihren Akten unter dem Arm werden Sie zu
Fuß in die achthundert Kilometer entfernte HNO-Abteilung
geschickt. Die Wartezeit verkürzen Sie sich mit dem heimlichen
Schmökern in Ihrer Patientenakte. Der petzerische Eintrag der
Pflegekraft über Ihre hartnäckige Weigerung, eine neue Krankenhausbettwäsche aufbringen zu lassen (weil Sie doch Ihre
eigene mitgebracht haben), hält Sie so lange beschäftigt, bis Sie
aufgerufen werden.

Der Assistenzarzt verschwendet keine Zeit damit, sich Ihre
Beschwerden schildern zu lassen, sondern beginnt routiniert
mit der Untersuchung Ihres vollkommen gesunden Rachenbe-
reichs. Kurz bevor Sie ihm an seinem Laryngoskop vorbeikot-
zen, würgen Sie die Beschreibung der Taubheit und den damit
einhergehenden Schwindel hervor. Stellen Sie sich darauf ein,
dass der Arzt Ihren Kopf sodann in beide Hände nehmen und
kräftig schüttelt wird, da er anhand der Pupillenreaktion eine

Ihnen nicht näher erläuterte Verdachtsdiagnose überprüfen möchte.

An dieser Stelle rate ich Ihnen dringend, nicht mit vollster Willenskraft gegen den Sie übermannenden Schwächeanfall zu kämpfen, sondern Dr. Arzttyp Nr. 10, Der Großkotz, Untergruppe Kotzbrocken, einfach in die Arme zu kippen und zu hoffen, dass er wenigstens in der Lage ist, Sie aufzufangen.

Mit einem ergebnislosen Konsil, dessen Diagnose (Operationsfolge, kann man nichts machen) auch der Pförtner hätte stellen können, haben Sie Ihren dritten Krankenhaustag erfolgreich überlebt.

Das für den nächsten Tag angeordnete MRT erwarten Sie mit Gelassenheit, denn die Kernspintomografie in dem modernen, patientenfreundlichen Gerät, dem Sie den Aufenthalt hier verdanken, ist auch für Klaustrophobiker überlebbar. Sie können nicht ahnen, welch monströse Vorläufer noch im Umlauf sind, deren Bekanntschaft Sie gleich machen werden. Nachdem Sie den Schock überwunden haben, dass die Dame in dem spärlich erleuchteten Behandlungsraum mit den rumpelnden Rohrpostleitungen in der Decke nicht die Reinigungskraft ist, sondern die Ärztin persönlich, werden Sie in die Röhre gefahren, wo Sie, jetzt bitte Konzentration, *nicht* vergessen sollten, nach dem Alarmknopf zu verlangen. Sie werden ihn brauchen, sobald sich Ihre Augen so weit fokussiert haben, dass Ihnen die graue Tunnelwand fünf Zentimeter über der Nasenspitze gewahr wird. Urplötzlich wird Ihnen nämlich der Sauerstoff ausgehen, während Sie zeitgleich deutlich spüren, wie sich eine hübsche, kleine Panikattacke Ihrer bemächtigt. Nicht dass Sie schon jemals eine gehabt hätten und nicht dass Sie überhaupt wissen, wie sich Angst in diesem Zusammenhang anfühlen kann, doch Ihr malträtiertes Hirn gibt Ihnen in diesem Fall genau einen einzigen, simplen Befehl. Er lautet: raus hier. Und da sich Ihr Kopf in einem Halteapparat befindet, aus dem Sie sich nicht selbstständig lösen können, drücken Sie kräftig auf den Gummiball. Auf die genervte Frage, ob Sie sich wirklich sicher seien, dieses läppische Prozedere nicht durchstehen zu können, antworten Sie mit einem knappen »Ja«, um den Sauerstoffvorrat zu schonen. Schließlich wollen Sie Ihre Befreiung bei Bewusstsein miterleben.

Auf die genervte Frage, ob Sie sich wirklich sicher seien, dieses läppische Prozedere nicht durchstehen zu können, antworten Sie mit einem knappen »Ja«, um den Sauerstoffvorrat zu schonen.

Da Flucht keine Option ist, wie Ihnen die Putzfrau unmissverständlich klarmacht, bekommen Sie gnädigerweise einen Sichtspiegel übergestülpt, der Ihnen immerhin das gute Gefühl gibt, in einem Sarg mit Guckfenster zu liegen.

Wenn Sie sich am fünften Tag selbst entlassen, um Ihre weitere Genesung in die eigenen zittrigen Hände zu nehmen, sollten Sie den Rollstuhlservice am Flughafen ungeniert in Anspruch nehmen, da es sich um die letzte Möglichkeit handelt, in den Genuss sekundären Krankheitsgewinns zu kommen, bevor das normale Alltagsleben Sie zu Hause wieder in die Finger bekommt. Pflegekrafttraumatisiert hoffen Sie, vielleicht wenigstens auf den letzten Metern vor der Heimreise noch die eine oder andere Mitleidsbekundung entgegennehmen zu können.

Dies wird Ihnen am ehesten beim Bodenpersonal gelingen, die hinter Ihrem Kopfpflaster einen Sturz vermuten und nach der knappen Mitteilung der Wahrheit angemessen bestürzt reagieren. Genießen Sie es, das tut gut und Sie sollten gar nicht erst versuchen, sich das Weinen zu verkneifen. Denn Ihr kurzzeitiges Ich-habe-es-überlebt-man-lobpreise-und-bemitleide-mich-Gefühl dauert sowieso nur exakt so lange, bis der kohlrabenschwarze Rollstuhlschieber Ihre Tränen bemerkt und Sie mit den klaren Worten »Du nicht sollst weinen! Ich schon Leute gehabt in das Stuhl, mussten drücken Worte auf Computer mit Stift in Mund!« auf den sehr, sehr demütigen Boden der Tatsachen zurückruft.

Er hat recht.

Der Chirurg hat Ihnen das Leben gerettet.

Was wollen Sie mehr?

Die falsche Seite

»Hast du daran gedacht, die Kohletabletten für die Kinder einzupacken?«

Meine Frau Henriette sah mich mit dem typischen Ausdruck an, den vermutlich alle Frauen für ihre leicht konfusen Ehemänner reserviert haben. Diese ganz besondere Mischung aus dem drohenden »Du hast es doch wohl nicht vergessen?« und dem flehenden »Du hast doch hoffentlich daran gedacht!«.

Nun, ich hatte die schwarzen Pillen tatsächlich vergessen. Ehrlich gesagt, ich konnte mich gar nicht daran erinnern, dass wir über Durchfallmedikamente gesprochen hatten. Wie sollte ich auch angesichts der Reisevorbereitungen einer fünfköpfigen Familie, die zum dreiwöchigen Badeurlaub nach **Ehrlich gesagt, ich konnte mich gar nicht daran erinnern, dass wir über Durchfallmedikamente gesprochen hatten.** Ägypten aufbricht, an jede Einzelheit denken? Ich war schon froh, dass wir keines unserer Kinder zu Hause oder im Taxi vergessen hatten. Zur Sicherheit zählte ich noch einmal nach: Karim, Lars und Antonia. Alle drei da. Sie tobten durch den Abflugbereich des Düsseldorfer Flughafens, während ich einen etwa fünf Tonnen schweren Gepäckwagen in Richtung Abflugschalter karrte. Ich versuchte möglichst souverän auszusehen, als ich den Kopf schüttelte. »Nein«, antwortete ich und schob, ehe meine Frau den Mund öffnen konnte, hastig hinterher: »Wozu auch? Ich bin als Kind schließlich auch nach Ägypten gereist. Und nie hatte ich Dünn… ich meine, gesundheitliche Probleme dieser speziellen Art.«

Das stimmte so nicht ganz. Ehrlich gesagt hatte mich meine Mutter, als ich noch klein war, während unserer Urlaube im Land am Nil des Öfteren mit akuter Magenverstimmung bei knapp dreißig Grad im Schatten pflegen müssen. Wir waren jedes Jahr dort gewesen. Kein Wunder, mein Vater stammte aus dem Reich der Pharaonen. Er hatte übrigens auch nie Kohletabletten eingepackt, soweit ich mich erinnere. Vermutlich hatte meine Mutter ihn bei solchen Gelegenheiten genauso wie Henriette mich in jenem Moment angesehen.

»Dann wirst du mit den Kindern zum Arzt gehen«, beschied sie, während ich versuchte, den schwer beladenen Wagen im Slalom an den anderen Reisenden vorbeizubugsieren.

»Die Regeln, um ohne Durchfall durch den Urlaub zu kommen, sind ganz einfach«, belehrte ich meine Frau mit der halbarabischen Gelassenheit, die mich jedes Mal wie eine Grippe überfiel, sobald ich nach Ägypten flog. »Kein ungeschältes Obst und kein offenes Eis. Und überhaupt haben die Kinder meinen Stahlmagen geerbt. Du wirst sehen, wir werden nicht ein einziges Mal zum Arzt müssen.«

Meine Frau sagte nichts darauf. Und ich vergaß die Kohletabletten und die Stunden, die ich als Kind bei Ägyptens »Tante Meier« verbracht habe. So hatte meine Mutter immer die Toilette genannt. Stammt wohl von dem französischen »Tente Mayeur«, dem Begriff für das Latrinenzelt französischer Soldaten.

An beides erinnerte ich mich erst nach einigen Tagen wieder. Zuvor hatte ich in der Hotelanlage am Mittelmeer beim Essen herzhaft zugelangt. Ich aß mich an den lokalen Köstlichkeiten satt, während sich meine Kinder mit typisch infantiler Abneigung gegen alles Fremde ausschließlich an Pommes und Ketchup hielten. Sie hatten erfolglos versucht, mich zu einem Besuch bei McDonald's zu überreden. Die Fast-Food-Kette hatte doch tatsächlich direkt gegenüber dem Hotel eine Filiale. Die drei hatten so sehnsüchtige Blicke hinübergeworfen, als wären sie Verdurstende, die an einem Brunnen vorbeimarschieren mussten. Aber ich blieb hart. In Ägypten braucht man keine amerikanischen Burger! Zum Abschluss des Tages gönnte ich mir gerade ein paar Trauben, als mich meine Frau in die Seite stieß und stirnrunzelnd auf die Früchte in meiner Hand deutete.

»Wie war das noch mit den Regeln für einen durchfallfreien Urlaub?«, fragte sie mich. »Kein ungeschältes Obst, oder?«

Kauend lächelte ich nachsichtig. »Wie soll ich denn bitte Trauben schälen? Überhaupt ist mein Magen die heimischen Bakterien gewöhnt«, gab ich zurück und schob mir eine weitere Traube in den Mund. »Probier doch auch mal.«

Henriette sah die Traube an, als hielte ich eine Zyankalikapsel zwischen den Fingern. »Bin schon satt«, meinte sie und griff bei den Pommes der Kinder zu.

»Bestens«, meinte ich und langte noch einmal zu. »Dann bleibt mehr für mich.«

Das erste Anzeichen, dass etwas nicht so recht stimmte, spürte ich im Taxi auf dem Weg in das nahe Alexandria. Wir waren dorthin unterwegs, um uns einige Sehenswürdigkeiten anzusehen. Meine Kinder saßen in Erwartung des römischen Amphitheaters einigermaßen lustlos mit meiner Frau zusammengequetscht auf der Rückbank. Als ich mich umwandte und sie ansah, erinnerte ich mich, dass ich als Kind auch nie wirklich Spaß an Ausflügen zu historischen Stätten gehabt hatte. Doch nun war ich erwachsen. Und schlauer. Meine Kinder sollten ebenso wie ich in ihrem Alter die grandiose Vergangenheit ihrer zweiten Heimat schon so früh wie möglich kennenlernen. Karim, der elfjährige Anführer der drei Teufelsbraten, hatte mir indes vorgeworfen, ich würde sie zu dem Trip zwingen, um mich im Nachhinein für die langweiligen Ausflüge meiner Kindheit zu rächen. Draußen waren es gut und gern 35 Grad, doch im Wageninneren war die Stimmung frostig wie in einem Kühlschrank. Ich wollte gerade eine auflockernde Bemerkung machen, als mein Magen rumorte. Genauer gesagt, hörte es sich so an, als hätte man damit begonnen, eine weitere Fahrrinne für den Suezkanal zu sprengen.

»Alles in Ordnung?«, fragte Henriette, während ich plötzlich nur noch an eines denken konnte. Kohletabletten. Ich nickte wortlos und versuchte, mich nicht mehr ruckartig zu bewegen. In mir brodelte es weiter und ich fühlte mich wie der Typ aus dem Film *Alien*, der von einem fiesen Weltraumungeheuer angefallen wird und anschließend mit enormem Hunger erwacht, um gleich darauf mit ansehen zu müssen, wie etwas Außerirdisches aus ihm herausbricht. Ich hatte das Gefühl, auch aus mir würde gleich etwas herausbrechen.

Die folgenden Minuten dehnten sich zu Stunden und als das Taxi endlich vor dem Eingang zum Amphitheater hielt, war ich so froh, das Toiletten-Piktogramm neben dem Kassenhäuschen zu entdecken, dass ich dem Fahrer gleich zehn Pfund Trinkgeld in die Hand drückte. In diesem Moment konnte es für mich nichts Schöneres geben, als das vom deutschen Grafiker Otto »Otl« Aicher extra für die Olympischen Spiele 1972 in München entwickelte Männchen-Symbol.

»Ich bin gleich wieder da«, erklärte ich so gelassen, wie ich konnte, während ich auf die Tür zustakste wie eine schwangere Frau, die jeden Moment ihr Kind zur Welt bringen wird. Ich möchte an dieser Stelle nichts über die Hygiene ägyptischer öffentlicher Toiletten sagen. Auch nicht darüber, dass es statt Toilettenpapier hier nur eine Spritzdüse gab, die zudem nicht optimal am hinteren Ende des Sitzes platziert war. Nur so viel: Ich war einfach froh, dass die Toilette da war, und sah über alles andere hinweg.

Über meinen Zustand hinwegsehen konnte man offenbar nicht. Zumindest meine Frau erkannte, wie es um mich stand. Und auch unser Nachwuchs schien bemerkt zu haben, dass etwas nicht stimmte, als ich mich wieder blicken ließ. Man hielt sich vor Lachen die Kinderbäuche.

»Was ist?«, fragte ich so unschuldig, dass man mir eigentlich einen Oscar hätte verleihen müssen.

»Alle haben es gehört«, meinte Henriette, was zu einem neuerlichen Ausbruch an Heiterkeit bei den Kindern führte. Ich musste mit Befremden zur Kenntnis nehmen, dass meine siebenjährige Tochter Antonia so dreckig lachen konnte wie ein Hafenarbeiter über einen schmutzigen Witz. Zur Ergänzung machte unser jüngster Sohn ein Geräusch, das an eine startende Mondrakete erinnerte.

»Die Kinder etwa auch?«, fragte ich entgeistert und dachte mit Widerwillen an meinen Toilettengang zurück.

»Alle«, meinte meine Frau und nickte in Richtung einer japanischen Reisegruppe, deren Mitglieder mich ansahen, als sei ich ein aus dem Grab gestiegener Pharao. Sie tätschelte meinen kleinen Wohlstandsbauch. »Und, Stahlmagen? Willst du gleich zum Arzt?«

Ein neuerlicher Krampf kündigte weiteres Ungemach an. Ich nickte und Henriette nickte zurück. »Wir sehen uns dann mal den Tempel an«, meinte sie. »Fahr du zu einem Arzt. Sagen wir, in einer Stunde treffen wir uns wieder hier?«

»Besser zwei«, stöhnte ich über das Rumoren in meinem Bauch hinweg.

Henriette nickte wieder und ging, die Melodie von *Working in the Coal Mine* pfeifend, zum Kassenhäuschen.

Ein, zwei Toiletten- und Spritzdüsengänge später fühlte ich mich bereit für den Besuch beim Arzt. In mir war nichts mehr, was mich daran hätte hindern können. Ein Taxi brachte mich zu einem Ärztehaus und ich hatte das Glück, tatsächlich zügig dranzukommen.

Ein, zwei Toiletten- und Spritzdüsengänge später fühlte ich mich bereit für den Besuch beim Arzt. In mir war nichts mehr, was mich daran hätte hindern können.

Nun, mein Arabisch ist passabel und mein Englisch sogar gut. Doch in keiner der beiden Sprachen wusste ich, was Durchfall hieß. Der Arzt begegnete meinen verzweifelten Versuchen, ihm mein Leiden zu schildern, mit offensichtlichem Unverständnis.

Ich versuchte es zunächst auf Englisch. »I am ill.«

Nicken.

»I have ...« In diesem Moment gingen mir die Vokabeln aus. Ich schnippte mit den Fingern, als könnte ich die Worte aus der Luft greifen. »... a disease«, manövrierte ich mich umständlich weiter in Richtung Ziel. Doch das entscheidende Wort wollte mir einfach nicht einfallen. Wie auch? In meinem Englischbuch in der Schule hatte es Lektionen zu allen möglichen Alltagssituationen gegeben. Aber ich kann mich nicht an ein Kapitel zu Durchfall erinnern. Zudem schien auch der Arzt nur ein sehr mäßiges Englisch zu sprechen. Skandalös. Ich dachte immer, alle Ärzte auf der Welt würden diese Sprache beherrschen. Tja, hätte ich mal vernünftig Arabisch gelernt, würde ich jetzt vielleicht wissen, wie ich dem Arzt meine Situation hätte schildern müssen. Aber so? Ausweglos. Ich unternahm noch ein paar verzweifelte Versuche. Aber weder »Montezuma's Revenge« noch die wortwörtliche Übersetzung in »Throughfall« führten zum Erfolg. Ich war froh, dass mein alter Englischlehrer nicht anwesend war. Der arme Mann hätte vermutlich noch in diesem Moment einen Herzinfarkt erlitten.

In meiner Verzweiflung deutete ich zuletzt auf das wortwörtliche Corpus Delicti und machte leidende Geräusche. Endlich verstand der Arzt. Zumindest nickte er eilfertig, notierte das Wort »Piles« auf einem Zettel und zeigte ihn mir. Keine Ahnung, was das heißt. Vermutlich hatte er »Pills« schreiben wollen. Pillen. Kohletabletten, übersetzte ich mir das Wort. Ich nickte zurück. Wir hatten uns verstanden. Ich war so erleichtert, dass ich mich entspannte und merkte, dass ich der guten Tante Meier gleich wieder einen Besuch abstatten musste. Der Arzt schrieb derweil den Namen eines Präparats, das ich einnehmen sollte, auf den Zettel.

»Thalatha«, sagte er auf Arabisch und hielt drei Finger in die Höhe. Drei Tabletten.

Ich nickte.

Er deutete erneut auf den betroffenen Körperteil.

Ich nickte wieder, nun ein wenig peinlich berührt. Ich wusste, wo die Quelle meines Leidens war. Das musste er mir nicht noch extra zeigen. Einen Toilettengang (Spritzdüse) und einen Apothekenbesuch später fühlte ich mich endgültig gerettet. Die Frage des sehr gut Englisch sprechenden Apothekers, ob ich wisse, wie ich das Medikament einnehmen sollte, beantwortete ich mit einem überzeugten »Of course! I know coal pills«.

Der Apotheker runzelte die Stirn und gab mir die Packung mit den Tabletten. Noch im Taxi zurück nahm ich die erste. Waren allerdings keine Kohletabletten. Vermutlich etwas Stärkeres. Schmeckten zumindest nicht schlecht, die Dinger, auch wenn sie ziemlich seltsam geformt waren.

Meine Familie wartete bereits vor dem Amphitheater. Dem Ausdruck auf den Gesichtern der Kinder nach hatten sie viel Zeit in der Anlage verbracht. Egal, ich war gerettet. Die stumme Frage meiner Frau beantwortete ich mit einem seligen Lächeln. Ich spürte bereits, wie ich zu gesunden begann. Mein Stahlmagen kam wieder auf die Beine.

Dem Ausdruck auf den Gesichtern der Kinder nach hatten sie viel Zeit in der Anlage verbracht.

Eine Nacht, zwei Tabletten und einen Besuch bei meiner neuen Lieblingstante später hatte ich eindeutige Hinweise darauf, dass ich auf dem Weg der Besserung war.

»Bemerkenswert«, meinte mein Sohn Karim. Manchmal klingt er ganz schön altklug, finde ich. Wir saßen noch beim Frühstück, während Henriette die beiden Kleinen schon mit in unser Hotelzimmer genommen hatte, um sie für den Strandbesuch einzucremen.

»Was ist denn bemerkenswert?«, fragte ich und legte mir die erste Tablette des Tages auf die Zunge.

»Dass die Dinger helfen«, meinte er und tippte etwas auf seinem Handy herum.

Furchtbar, dachte ich, dass die Kinder heute immer auf diese Geräte starren müssen.

»Was hat der Arzt noch mal aufgeschrieben?«

»Piles«, erwiderte ich und schluckte die Tablette mit einem Schluck Kaffee hinunter. »Aber er hat ›Pills‹ gemeint.«

»Das glaube ich nicht«, meinte Karim und fing an zu lachen.

Ich sah meinen Sprössling irritiert an.

»Piles«, erklärte er mir prustend, »sind Hämorrhoiden. Und der Name deiner Tabletten …«

»Die Dinger heißen Uvula«, las ich den Namen auf der Verpackung. »Wohl ein ägyptisches Präparat.«

Er schüttelte den Kopf und ich nahm ihm das Handy aus der Hand. Er hatte den Begriff eingegeben. War offenbar doch nicht der Name, sondern die Darreichungsform.

»Zäpfchen nimmt man durch die andere Seite«, fügte Karim unnötigerweise hinzu, während ich schockiert auf die

Übersetzung des Wortes blickte. Zäpfchen! Offenbar hatten sich der Arzt und ich gründlich missverstanden.

»Hat doch geholfen«, meinte ich, während ich die Packung elegant in meiner Hosentasche verschwinden ließ.

»Mami wird sich schlapp lachen«, sagte Karim und nahm mir das Handy aus den Fingern.

Ich überredete meinen ältesten Sohn, dass er seine Mutter nicht mit derlei Details zu meiner Gesundung langweilen müsste. Ich war sehr überzeugend. Besonders als ich ihm versprach, ihn und seine Geschwister an diesem Abend zu McDonald's einzuladen. Ich selbst freute mich am meisten auf einen guten Burger. Ich musste unbedingt diesen verdammten Zäpfchengeschmack aus dem Mund bekommen.

Ich musste unbedingt diesen verdammten Zäpfchengeschmack aus dem Mund bekommen.

Xaver

Mein Großvater lag im Sterben. Sein bleiches Gesicht hob sich kaum von der weißen Krankenhausbettwäsche ab, Schläuche führten von einer piepsenden Maschine unter die Bettdecke – aber im Kopf war er noch klar. Er wusste, wie es um ihn stand, denn er war selbst Arzt. Seit Generationen hatten sich die Männer meiner Familie der Medizin verschrieben, aber erst, als mein Großvater starb, verstand ich, warum. Es galt, eine weit zurückliegende Schuld abzutragen.

»Mein Ururgroßvater hat mir die Geschichte erzählt und nun sollst du sie erfahren, ehe ich gehe«, flüsterte mein Opa und obwohl seine Stimme schwach war, ließ er nicht zu, dass ich ihn unterbrach. Und so erfuhr ich zum ersten Mal in meinem 45-jährigen Leben von Xaver.

Es hatte an diesem merkwürdigen Sonntag im März begonnen. Man schrieb das Jahr 1817 und fluchte auf all die Mächtigen in den Städten und in der Regierung. Die hatten durch ihre Misswirtschaft die Bevölkerung in eine Hungersnot getrieben, wie es die katastrophale Ernte allein nie geschafft hätte. Das Alpendorf, das aus etwa zwanzig Häusern bestand und zu klein und abgelegen war, um einen Namen zu haben, traf es besonders schlimm. Vor allem von den Alten und Kindern waren in den ersten drei Monaten des neuen Jahres fast zwei Dutzend verreckt. Entweder am Hunger oder an der Kälte, denn wer nichts zu beißen hatte, der fror bis auf die Knochen. Doch das Holz war durch den nassen, kühlen Sommer nicht trocken geworden und so hatte das Dorf in diesem verfluchten März von allem zu wenig, außer vom Schnee, der alles, was zu schwach war, sich ihm zu widersetzen, unter sich begrub.

Es war ein hartes Leben und jeder musste zusehen, wie er zurechtkam. Warum also der Pfarrer dann diesen komischen Doktor bei sich aufnahm und ihn auch noch durchfütterte, verstand keiner. Vor ein paar Tagen war dieser Mensch im Dorf aufgetaucht und machte keine Anstalten, wieder zu verschwinden. Am Sonntag, nachdem die alte Kirchenglocke, die so schief klang, wie sie hing, zur Messe gerufen hatte, saß dieser Mann in seiner schwarzen Hose und dem

 **Mehr hatte der Herr Pastor dazu nicht zu sagen. Dafür einiges über den Satan und seine höllischen Versuchungen – die Predigt dauerte fast eine Stunde.**

gleichfarbigen, abgeschabten Gehrock in der ersten Reihe der Kirchenbank. Der Pfarrer stellte ihn als Doktor Brugger vor, wobei er hinzufügte: »mein Gast« – und mehr hatte der Herr Pastor dazu nicht zu sagen. Dafür einiges über den Satan und seine höllischen Versuchungen – die Predigt dauerte fast eine Stunde. Die meisten begannen nach der Hälfte zu gähnen und mit den Füßen zu scharren und die Buben fingen sich von ihren Vätern eine Kopfnuss ein, weil sie miteinander tuschelten oder Gebetsbücher herunterwarfen.

Da fiel der Xaver unter ihnen gar nicht mehr auf mit seiner Grimassenschneiderei. Der Bub war zehn Jahre alt, aber so dürr und schmächtig wie ein Achtjähriger. Eigentlich ein Wunder, dass ihn in diesem grausamen Winter nicht schon längst der Sensenmann geholt hatte. »Krischperl« hieß man solche Kinder wie das Xaverl, die zu nichts nutze waren, außer vielleicht zum Ziegenhüten. Die Viecher störten sich auch nicht an seinem Drang, ihnen zuzuzwinkern, mit den Händen vor ihrer Nase herumzufuchteln oder in einem lautlosen Lachen ruckartig den Kopf in den Nacken zu werfen. Im Gegensatz zum Guggenbauer Alfred, Xavers Vater. Wenn der seinen Sohn beim Grimassenschneiden erwischte, dann setzte es eine Watschn. Und wenn er dann immer noch nicht aufhörte, den Kasper zu spielen, kam die Rute zum Einsatz. Aber der Xaver – so klein und schmächtig wie er war – blieb stur. Er äffte die Leute nach und als er älter wurde, schrie er ihnen ab und zu Schimpfwörter hinterher, bei denen man sich wunderte, wo er die gelernt hatte. In der Schule sicher nicht, denn dahin war er nur ein Jahr gegangen. Dann hatte der Vater befunden, dass es Verschwendung sei und der Bub ihm lieber auf dem Hof zur Hand gehen sollte. Xaver hatte nichts gesagt, doch sobald der Vater sich umgedreht hatte, schnitt das Kind hinter seinem Rücken wieder Gesichter.

Doch an jenem Sonntag in der Kirche achtete keiner auf den Guggenbauer-Buben mit seinen wirren dunklen Haaren und den hellen Augen, die er während der Predigt ein paarmal heftig zusammengekniffen hatte. Stattdessen starrten alle den Doktor an. Sein Backenbart war sorgfältig gestutzt und wies ihn schon von Weitem als Städter aus. Seine polierten, ebenfalls schwarzen Schuhe schienen nicht einmal eine anständige Sohle zu besitzen, um der beißenden Kälte zu trotzen. Aber nach der Messe stand der Doktor mit dem Pfarrer draußen vor der Kirche, während Hochwürden jedem Gottesdienstbesucher »Gottes Segen« wünschte. Nur der Guggenbauer Alfred traute sich, den Fremden zu fragen, was er hier wollte.

Doch mit der Antwort des Doktors konnte keiner etwas anfangen. »Ich beschäftige mich mit dem Entstehen und der Verbreitung des Satthalses in der alpinen Bevölkerung«, sagte der und Alfred schnaubte verächtlich.

»Da müssen Sie schon woanders hin. Satt sind wir seit dem Sommer nicht mehr geworden.«

»Der Herr Medizinalrat meint einen Kropf«, schaltete sich der Pfarrer ein, aber das begriff der Alfred erst recht nicht. Jeder Dritte im Dorf hatte doch so etwas. Die Gruber Zenzi und ihr Bruder sahen sogar so aus, als hätten sie zwei Köpfe, so geschwollen waren ihre Hälse. Aber weil sie schon als Kinder so ausgesehen hatten, störte sich niemand daran. Was also sollte daran besonders sein? Auch die anderen Dorfbewohner waren verwundert. Hat der Kerl nichts anderes zu tun?, besagten ihre Mienen, aber sie hielten das Maul. Im Dorf hielt man immer das Maul, sonst handelte man sich nur Ärger ein. Jeder wusste das, nur das Xaverl tanzte wie immer aus der Reihe. Hatte er zunächst das kurze Gespräch zwischen dem Doktor und seinem Vater schweigend beobachtet, warf er jetzt mit einem Ruck den Kopf in den Nacken und streckte ihnen die Zunge heraus. Das ging dem Alfred nun doch zu weit. Der Doktor war vielleicht ein Spinner aus der Stadt, aber Respekt musste sein, daher verpasste er seinem Sohn eine schallende Ohrfeige. »Du Saubua, das machst du nicht noch einmal!«

Xavers Kopf flog nach hinten, so hart hatte der Vater zugeschlagen, aber er hörte nicht auf. Er zog die Oberlippe zu einem Grinsen hoch und fuchtelte mit den Händen wild in der Luft herum. »Hundsfott«, schleuderte er seinem Vater entgegen – am Sonntag, vor der versammelten Gemeinde! Das grobschlächtige Gesicht vom Guggenbauer wurde erst rot, dann weiß. Wortlos griff er den Xaver am rechten Ohr und schleifte den schreienden Buben mit sich nach Hause.

»Alfred, versündige dich nicht«, rief der Pfarrer ihm hinterher, doch als der Doktor den beiden nachlaufen wollte, hielt Hochwürden ihn zurück. »Hier mischt man sich nicht in Familienangelegenheiten«, warnte er und fortan hielt sich der Doktor daran. Auch nachdem er dem Xaverl am nächsten Tag mit einer geplatzten Lippe und einem kapitalen Veilchen unterm rechten Auge auf der Dorfstraße begegnete. Als der Bub den schwarz gekleideten Mediziner sah, wich er auf die andere Seite der Dorfstraße aus, die eigentlich nur mehr ein schlammiger Weg mit dreckig-gefrorenen Pfützen war. Trotzdem konnte der Doktor erkennen, dass das Kind ihm erneut eine Grimasse schnitt und dabei einen Schrei ausstieß, der dem Doktor durch Mark und Bein ging. Als er sich unwillkürlich noch einmal umdrehte, sah er, wie der Bub einen ungelenken Bocksprung machte und ihm höhnisch zuwinkte. Unwillkürlich verspürte Brugger einen Zorn auf diesen respektlosen Burschen, aber er zwang sich, weiterzugehen. Doch er empfand kein Mitleid mehr bei dem Gedanken an die Prügel, die der Knabe hatte einstecken müssen.

Seit diesem Tag wurde es immer schlimmer mit dem Xaver. Er war kaum mehr zu bändigen, schrie herum und erschreckte die alte Krämerin fast zu Tode, als er einmal ohne Vorwarnung mit beiden Händen vor ihrem Gesicht herumwedelte und ihr beinahe die Nase gebrochen hätte, wie die Alte später schwor.

Der Vater schlug immer länger und härter zu, aber auch die schlimmsten Prügel konnten seinen Sohn nicht zähmen.

Die Mutter weinte abends oft stumm in der Stube, wenn sie ihren Jungen mit kalten Umschlägen aus Kohlblättern und essigsaurer Tonerde ins Bett gebracht hatte.

»Ich bitt dich, reiz den Vater doch nicht so«, beschwor sie ihn immer wieder flüsternd, aber der Bub drehte nur ruckartig den Kopf weg und drückte sein geschwollenes Gesicht ins Kissen. Trotzdem hörte die Mutter, dass er dabei »Hundsfott« und ein noch viel schlimmeres Wort, das sie nicht einmal denken wollte, murmelte. Natürlich hatte sie ihrem Mann nichts davon erzählt, sonst hätte der Alfred den Buben am Ende totgeschlagen. Sie bekreuzigte sich und ging aus dem Zimmer.

So verging der März und im April kam statt des ersehnten Frühlings noch mehr Schnee. Nach Ostern fingen die Leute an, Angst vor dem Xaver zu haben, weil er es immer wilder mit seinen Streichen trieb. Mit seinem verzerrten Gesicht und seinem Geschrei erschien er ihnen wie einer der bösartigen Bergtrolle, von denen die alten Sagen berichteten. Die junge Liesl erschreckte der Xaver, als sie sich zufällig im Dorf begegneten und der Bub plötzlich  mit gellender Stimme »dreckige Hur'« brüllte. Die junge Frau fuhr heftig zusammen und wäre Anderl, ihr Mann, nicht dagewesen und hätte sie aufgefangen, dann wäre sie mit ihrem dicken Bauch sicher hingefallen und nicht mehr aufgekommen. Am liebsten wäre der kräftige Mann dem Xaver nach und hätte

Mit seinem verzerrten Gesicht und seinem Geschrei erschien er ihnen wie einer der bösartigen Bergtrolle, von denen die alten Sagen berichteten.

ihm den Schabernack aus dem Leib geprügelt, aber weil die Liesl zu weinen begonnen hatte und sich zitternd an ihn klammerte, war der kleine Mistkerl schon auf und davon gerannt, ehe Anderl ihn erwischen konnte.

Trotzdem sprach sich die Sache herum und am nächsten Tag hatte der Xaver ein paar neue Blutergüsse und ein verstauchtes Handgelenk. Da hielt es die Guggenbauerin nicht länger aus. Trotz der Mittagsruhe stand sie beim Pfarrer vor der Tür und verlangte den Doktor zu sprechen. Nachdem weder gute Worte noch die harsche Aufforderung, später wiederzukommen, gefruchtet hatten, führte Hochwürden die ärmlich gekleidete Frau widerwillig ins Haus. Dort prasselte im Kamin ein Feuer und es war viel wärmer als in den Stuben der Dorfbewohner. Der Arzt – wie immer in schwarzer Kluft – saß in einem Ohrensessel, auf dem Tischchen waren mehrere beschriebene Blätter ausgebreitet.

»Die Frau will Sie unbedingt sprechen und hat sich nicht abweisen lassen«, sagte der Pfarrer entschuldigend zu dem Arzt, wobei er sich aber hütete, der Guggenbauerin einen Platz anzubieten. Sie wollte auch nicht lang bleiben.

»Bitte, Herr Doktor, helfen Sie meinem Buben«, bat sie.

»Sie meint den Xaver. Der, der Ihnen neulich ein Gesicht geschnitten hat«, erläuterte der Pfarrer und zur Guggenbauerin gewandt mahnte er: »Ich warte immer noch, dass der Schlawiner deswegen beichten kommt, gell?!«

Doch die Bäuerin schien ihn gar nicht zu hören. Ihr stumpfer Blick unter schweren Lidern war auf den Arzt gerichtet. »Er ist kein schlechtes Kind, mein Xaver. Irgendetwas macht ihn krank, das spüre ich. Nur deswegen ist er so.«

»Hat er Fieber, Husten oder Auswurf?«, wollte der Doktor mit monotoner Stimme wissen.

Die Bäuerin schüttelte den Kopf.

»Isst und trinkt er?«

Die Bäuerin nickte.

»Dann kann ich nichts tun. Bedaure, aber Kinder sind nicht mein Fachgebiet. Zudem verlasse ich in Kürze das Dorf«, fertigte Brugger die Frau ab und noch ehe sie etwas erwidern konnte, hatte der Pfarrer sie sanft, aber energisch am Ellenbogen gefasst und bugsierte sie nach draußen.

»Können Sie nicht wenigstens ein Vaterunser für meinen Xaver beten?«, bat die Mutter und der Pfarrer nickte seufzend. Das würde dem Lausbuben zwar keinen Einhalt gebieten, aber er wollte die Guggenbauerin mit ihrer Leidensmiene und den groben Holzpantinen, von denen der dreckige Aprilschnee in bräunlichen Rinnsalen auf seinen Fußboden lief, loswerden.

Als der Mai kurz bevorstand, begann der Schnee zu tauen und sich in einen reißenden Bach zu verwandeln, der zu Tal schoss und die Wege zum Teil unpassierbar machte. Für Doktor Brugger ein willkommener Grund, die Gastfreundschaft des Pfarrers weiter in Anspruch zu nehmen. Schließlich war der Doktor im Dienste der Wissenschaft unterwegs und Hochwürden, der schon zu lange unter diesem primitiven Bauernvolk weilte und immer öfter das Gefühl hatte, die kargen, grauen Geröllhänge der Berge würden immer näher rücken, genoss die geistreichen Gespräche ebenso wie der Doktor das frische Wildbret von Gams und Reh, das auf geheimnisvolle Weise in die Speisekammer des Pfarrers kam, ohne dass einer darüber sprach.

Doch an einem der letzten Apriltage stand der Anderl in der Stube des Pfarrers und schrie nach dem Doktor. Seine Frau, die Liesl, lag in den Wehen, aber das Kind wollte nicht kommen. Die Hebamme war mit ihren Künsten am Ende und jetzt musste ein Arzt her. Brugger versuchte

Die Hebamme war mit ihren Künsten am Ende und jetzt musste ein Arzt her.

erneut, sich herauszureden, dass Geburten wirklich nicht sein Fachgebiet waren, aber der Anderl war aus anderem Holz geschnitzt als die Guggenbauerin. Er drohte, alles kurz und klein zu schlagen, sollte sich der Doktor weigern, der Liesl zu helfen. Also kam Brugger mit.

Doch es war zu spät. Das Kind war da, aber man konnte sehen, dass es nicht mehr lebte. Blau wie eine reife Pflaume war es und so sehr die Hebamme auch den winzigen Brustkorb rieb und zu allen Heiligen schrie – es wollte nicht atmen. Der Säugling hatte die Augen zusammengekniffen und die Fäuste geballt, als hätte er diese Welt erst gar nicht betreten wollen.

Zwei Tage später verendeten die zwei Kühe der alten Krämerin und keiner wusste, warum. Und nachdem in der Walpurgisnacht einer der Dorfburschen durch einen Sturz zu Tode gekommen war, bei dem er sich in schnurgeradem Gelände das Genick brach, ging das Getuschel los. Und auf einmal war es da, das Gerücht. Es schwirrte durchs Dorf wie der Flügelschlag eines Raben bei Nacht. Keiner wusste, wo es hergekommen war, aber jeder hörte es: Der Xaver war an allem schuld. Er hatte die Liesl mit seinen Unflätigkeiten belästigt und das Ungeborene damit wohl in solchen Schrecken versetzt, dass es noch im Leib der Mutter verstarb. Und könnte Xavers irrer Blick nicht auch das Vieh der Kramerin verhext haben? Und weiß der Herrgott, ob er nicht gar mit dem Leibhaftigen im Bunde stand, der ja bekanntermaßen in der Walpurgisnacht sein Unwesen trieb und sich unschuldige Seelen wie die des Dorfburschen holte, der sich den Hals gebrochen hatte. Denn es hatte ja keiner die Schnapsflasche gesehen. Die war dem jungen Mann beim Sturz nämlich aus der Hand gefallen und einen Abhang hinuntergerollt.

»Der Xaver war's!« – »Der Sohn vom Guggenbauer ist es gewesen.« Die Worte schwirrten wie Pfeilspitzen durch die Luft und drei Tage später beschloss das Dorf zu handeln. Es war nicht schwer, den alten Guggenbauer mit selbst gebranntem Wacholderschnaps abzufüllen, bis er am grob behauenen Tisch des Wirtshauses einfach einschlief. Seine Frau dagegen mussten drei ausgewachsene Männer festhalten, so sehr schlug sie um sich und biss den jungen Kerl, der ihr das Maul stopfen wollte, weil sie das ganze Dorf zusammenschrie, in die Hand, sodass er blutete. Sein Schlag war nicht geplant, aber er traf sie an der Schläfe und setzte sie zumindest so lang außer Gefecht, wie es brauchte, um das verhexte Balg aus seiner Kammer zu holen und nach draußen zu schleifen.

In einem verschlossenen Sarg, dessen Deckel zugenagelt war, brachten sie den Xaver seiner Mutter. »Es ist das Beste, wenn du ihn anders in Erinnerung behältst, Guggenbauerin! Glaub's mir«, raunte der Pfarrer, ehe er einen hastigen Rosenkranz sprach und danach das Haus verließ, froh, das laute Weinen der Mutter, das eher wie das Heulen eines Wolfs klang, nicht mehr hören zu müssen, während der Vater neben dem Sarg seines Sohnes stand, die Kiefer so fest zusammengepresst, dass man noch bis vor die Tür das Knirschen seiner Zähne hörte.

Das ganze Dorf kam zur Beerdigung, kondolierte den Eltern und tat, als wäre der Xaver einem tragischen Unfall zum Opfer gefallen. Der Vater schwieg. Aus Scham, weil er sturzbesoffen den Tod seines einzigen Kindes verschlafen hatte. Und die Mutter schwieg ebenfalls. Aus Angst und weil ein Teil von ihr immer noch hoffte, sie hätte alles nur geträumt und die Männer mit Dreschflegeln und Sensen wären gar nicht wirklich in ihre Stube eingedrungen, um ihren Buben zu holen. Denn sie hatte den Xaver ja nicht gesehen, wie er mit zerschmettertem Hinterkopf in seinem Sarg lag – das Gesicht blutig und nach vorn gedrückt wie bei einer kaputten Puppe. Nur der Arzt war dagewesen, weil einen der Dörfler im letzten Moment das schlechte Gewissen geplagt und er den Doktor geholt hatte, ob dem Xaver nicht noch zu helfen war. Ein Blick auf den geschundenen Körper hatte jedoch genügt, um Bescheid zu wissen. Brugger hatte sich abgewandt und in eine Pfütze übergeben.

Am Tag nach der Beerdigung verließ der Medizinalrat das Dorf, vernichtete seine Notizen zum Thema »Satthals in alpinen Regionen« und verbot sich jahrzehntelang alle Gedanken an das kleine Bergdorf. Bis er kurz vor seinem Tod im gesegneten Alter von 97 Jahren von einem französischen Arzt namens Georges Gilles de la Tourette erfuhr, der exakt die Verhaltensweisen beschrieb, die Xaver damals gezeigt hatte. Tief beschämt musste der alte Doktor erkennen, dass es sich bei den Verrücktheiten des Jungen um ein »chronisches, lebenslanges Leiden« handelte, wie der französische Mediziner feststellte.

Brugger starb, doch seine Arroganz und Ignoranz, die er in der rauen Alpenwelt an den Tag gelegt hatte, verzieh er sich bis zu seinem Tod nicht mehr. Als Arzt war Brugger gleich vergessen, zu unbedeutend waren sein Leben und sein Werk. Im Gegensatz zu seinem jungen Kollegen aus Frankreich. Nach ihm wurde die Krankheit benannt, wegen der vor vielen Jahren ein Kind sterben musste: das Tourette-Syndrom.

Mein Großvater starb, drei Tage nachdem er mir die Geschichte erzählt hatte. Er war friedlich eingeschlafen. Doch durch meine Träume geht seitdem des Öfteren ein kleiner Junge mit dunklen Haaren. Und wenn ich aufwache, höre ich manchmal in einer Zimmerecke das Echo eines geflüsterten Wortes: Hundsfott.

Mercedes Denz

Tabor Jablonski kratzte sich mit einem gelben Fingernagel über Bartstoppeln in Silbergrau und beobachtete, wie die Ärztin, vermutlich so alt wie seine Tochter Dorothee, auf ihrer Tastatur herumtippte. Mit einem Stirnrunzeln fiel ihm auf, dass er nicht mehr wusste, wie die Frau Doktor hieß. Aber das müsste er eigentlich wissen, er hatte den Namen öfter von Dorothee gehört und er war sich auch sicher, dass sich die Ärztin zur Begrüßung vorgestellt hatte.

Er blickte sich im Zimmer um, als könnte er an den weißen Wänden Halt finden. Medizinische Poster, in lebendigem Grün glänzende Zimmerpflanzen und mehrere auf dem Schreibtisch aufgestellte Bilder, vermutlich von der Familie der Ärztin, bildeten das einzige Dekor des sterilen Raumes. Während er sich umsah, schob er sich auf dem Kunstleder des Sitzes hin und her. Die Rückenlehne klebte unangenehm an seinem Hemd.

Für einen Augenblick fragte er sich, ob sie ihn vergessen hatte. Schweiß bildete sich auf seiner Stirn. Möglicherweise hätte er längst aufstehen und gehen sollen. Hatten sie sich bereits verabschiedet? Er versuchte, sich ins Gedächtnis zu rufen, ob er ihr die Hand  **Hatten sie sich bereits verabschiedet?** gegeben hatte. Das hatte er. Aber war das nicht zur Begrüßung gewesen? Er konnte sich noch gut an ihr freundliches Lächeln, die Reihen weißer Zähne und das warme Gefühl ihrer Haut an seiner erinnern.

Er schluckte trocken. Was, wenn er den Moment verpasst hatte, in dem man üblicherweise aufstand, ein letztes Mal lächelte und die Tür des Sprechzimmers hinter sich zuzog, um nach vorn zur Rezeption zu gehen? Was würde die Ärztin denken über diesen wunderlichen Mann, der einfach dasaß und sich weigerte zu gehen? Würde sie jemanden rufen? Er zog die Brauen zusammen und dachte darüber nach, ob Arztpraxen einen Sicherheitsdienst hatten. In einem Geschäft hatte ihn einmal ein solcher Mann aus dem Laden geleitet, ihn dabei hart am Ellenbogen gefasst, sodass es noch Tage später geschmerzt hatte.

Gerade hatte er sich entschieden, mit einer gemurmelten Entschuldigung aufzustehen und sich unauffällig zurückzuziehen, da erhob sich stattdessen die Ärztin. Sie schoss ihm ein schnelles Lächeln zu, als könne sie nicht anders, strich sich den Kittel glatt und verließ den Raum.

Die Tür zum Nebenzimmer ließ sie angelehnt und er konnte die gedämpften Stimmen der Ärztin, seiner Tochter und ihres Mannes Georg hören. Was sie sagten, verstand er nicht.

Ihr Lächeln hatte ihn kurz beruhigt. Möglicherweise hatte er doch keinen Fehler gemacht, niemand hatte von ihm erwartet zu gehen. Dann beschlichen ihn neue Zweifel. Was, wenn die Ärztin bloß gelächelt hatte, um ihn in Sicherheit zu wiegen? Die Kassiererin in dem Laden hatte auch versucht, ihm ein Lächeln zu zeigen, aber er hatte die Angst und Verwirrung in ihren Augen gesehen. Deswegen hatte sie auch den Sicherheitsmann gerufen. Er lehnte sich leicht zur Seite, als könnte er auf diese Weise besser hören, und bildete sich ein, die Ärztin beschwerte sich bei seiner Tochter über ihn. Warum der alte Mann nicht endlich ihr Sprechzimmer verließ.

Nach einem Moment erhob er sich und warf einen schnellen Blick durch den Türspalt. Seine Tochter machte einen erregten Eindruck, aber sie saß immer noch auf ihrem Stuhl. Kerzengerade, so wie sie immer saß. Falls er hier fehl am Platze war, würde sie doch sicherlich sofort aufstehen, zu ihm hereinkommen und ihn schelten?

Er machte einige unsichere Schritte hinüber zum Fenster. Draußen konnte er das belebte Rund des Kottbusser Tores sehen und es kam ihm vor, als würden die immer gleichen Autos dort im Kreis fahren. Ob es wohl vorkam, dass jemand derart verwirrt wurde, dass er keinen Ausgang aus dem Kreisverkehr mehr fand? Das erschien ihm nicht unwahrscheinlich. Er hätte damals den Ausgang aus dem Geschäft fast nicht mehr gefunden und wenn der Mann seinen Arm nicht derart grob gepackt hätte, wäre er froh gewesen, jemanden zu haben, der ihn nach draußen begleitete.

Schwindel erfasste ihn, weil er zu lange nach dort unten gestarrt hatte, und er streckte die Hand aus, um Halt zu finden. Fand ihn in einem der großen Pflanzenkübel und spürte das raue Material dankbar unter seinen Fingern.

Als er wieder sicherer stand, griff er vorsichtig nach einer der vielen braunen Kugeln, in denen die Pflanze mit ihrem handgelenkdicken Stamm steckte. Er rollte die Kugel einen Moment zwischen Daumen und Zeigefinger hin und her, spürte ihre Struktur, fühlte ihr geringes Gewicht. Er konnte seine Tochter wütend zischen hören. In letzter Zeit war sie häufig sehr launisch, geriet schnell in Wut. Oft hatte **Oft hatte sie wenig Geduld mit ihm und er fragte sich, ob das an ihm oder an ihr lag.**

sie wenig Geduld mit ihm und er fragte sich, ob das an ihm oder an ihr lag. Sie hatte einen neuen Job angenommen, vor knapp zwei Jahren, nachdem der Kleinste, Theo, in den Kindergarten gekommen war. Vielleicht sollte er mal mit Georg reden. Möglicherweise war diese Art von Agentur nicht gut für Dorothee.

Damals, als sie ihn nach dem Vorfall im Geschäft hatte abholen müssen, war sie direkt aus einem Meeting gekommen. Wütend hatte sie ihn zum Auto gezogen, ihre Hand genau an der Stelle, an der auch der Sicherheitsmann zugedrückt hatte. Den Fleck, der erst blau, dann braun und schließlich gelb geworden war, hatte er noch Tage später betrachten können. Es hatte ihm leidgetan, er wollte Dorothee nicht verärgern. Aber manchmal war das schwer, als würde sich täglich ändern, was sie wütend machte.

Tabor Jablonski seufzte. Mit zusammengezogenen Brauen starrte er in den grauen Berliner Himmel, über die Dächer von Kreuzberg hinweg. Möglicherweise war aber auch gar nicht seine Tochter das Problem. Vielleicht lag es an ihm. Gedankenverloren steckte er sich die Kugel aus Blähton in den Mund, zerbiss sie mit einem befriedigenden Knacken. Noch während er kaute, griff er sich die nächsten zwei. Aber statt sie in den Mund zu stecken, betrachtete er sie bloß. Er wusste, was das für kleine Dinger waren. Glaubte, es zu wissen. Wie man mit der Zunge nach einem Essensrest zwischen den Zähnen fahndet, durchsuchte er sein Gedächtnis. Er selbst hatte so etwas bereits verwendet. Aber wofür bloß? Der unangenehme Geschmack im Mund wies ihn darauf hin, dass man die Kugeln wohl lieber nicht essen sollte. Sein Mund war trocken.

Er schaute sich um, aber es gab nichts zu trinken. Für einen Augenblick verzog er missmutig das Gesicht, beim Zahnarzt gab es doch immer diese Becher, die sich automatisch auffüllten. In einer Zahnarztpraxis konnte man quasi nicht verdursten, aber hier gab es keinen solchen Becher. Sein Blick wanderte zu der Behandlungsliege. Die sah auch nicht so aus, wie er es von seinem letzten Zahnarztbesuch in Erinnerung hatte, wies keinerlei Ähnlichkeit mit einem Sessel auf.

Hinter ihm wurde die Tür aufgestoßen. Er erwartete die Ärztin, die ihm erklären würde, was er hier tat und dass er endlich gehen könnte, aber es war seine Tochter, die dort stand.

»Komm jetzt«, sagte sie barsch.

Er runzelte die Stirn. Hinter Dorothee konnte er das andere Zimmer sehen, jetzt vollkommen leer. Wo waren die Frau Doktor und Georg abgeblieben?

Ungeduldig machte seine Tochter einen Schritt nach vorn, griff nach ihm. Packte ihn am Ellenbogen, genau an der Stelle. Unbewusst zuckte er zusammen, obwohl der Fleck längst verschwunden war. Aber ihr Griff schmerzte trotzdem.

»Komm«, wiederholte sie, drängte ihn Richtung Tür. Tabor Jablonski sagte nichts, ließ sich von ihr aus der Praxis führen. Wollte sich mit erhobener Hand von der Frau an der Rezeption verabschieden, nachdem er die Ärztin nirgendwo erblicken konnte, aber Dorothee zog ihn mit einem neuerlichen Ruck auf den Hausflur hinaus. Schweigend warteten sie auf den Aufzug, schweigend fuhren sie hinunter ins Parkhaus. Dort hallten ihre Schritte merkwürdig laut. Tabor Jablonski wollte seiner Tochter so viele Fragen stellen, sie bitten, ihm zu erklären, was gerade vor sich ging. Aber er sagte nichts.

Stattdessen versuchte er, sich in Erinnerung zu rufen, was für einen Wagen sie fuhr, aber der Gedanke daran entwischte ihm. Als Kinder hatten sie oft im Bach gestanden und mit bloßen Händen Forellen gejagt. Ganz langsam und vorsichtig musste man die Finger bewegen, regungslos dastehen, damit die Fische nicht entwischten.

So fühlte er sich inzwischen oft, nur dass es Gedanken und Erinnerungen waren, die ihm entkamen, und er mit seinen alten Händen längst keine Chance mehr hatte, irgendwas im Bach zu fangen.

Als sie vor der weinroten Limousine standen, fiel es ihm wieder ein. Seine Tochter hatte ihm damals stolz den riesigen Mercedes präsentiert, S-Klasse. Tabor Jablonski war Zeit seines Lebens Volvo gefahren, deswegen war ihm das Innere des nach außen so großen Autos merkwürdig klein vorgekommen, aber er hatte nichts gesagt.

Sie stießen aus der Dunkelheit des Parkhauses in das plötzlich grelle Licht des Nachmittags. Er legte den Kopf gegen das Polster und schloss die Augen. Manchmal fühlte er sich so unglaublich müde, als könnte er im Stehen einschlafen. Als würde er am liebsten die Augen schließen und sie nicht wieder aufmachen.

Er fühlte die Bewegung des Autos hinter geschlossenen Lidern und stellte sich vor, wie Dorothee sich in den Verkehr einfädelte.

Sie fuhren eine ganze Weile nach Westen und immer wieder schloss er für ein paar Minuten die Augen und stellte sich vor, wohin sie fuhren. Wenn er sie wieder öffnete, war er zumeist überrascht, wo sie sich wirklich befanden.

An einer Ampel warf er einen Blick auf eine junge Frau neben ihnen und musste wieder an die Ärztin denken. »Ich habe ihr gar nicht auf Wiedersehen gesagt«, stellte er fest, während er immer noch aus dem Fenster sah.

»Das ist nicht schlimm«, entschied Dorothee.

»Es ist unhöflich. Sehr unhöflich, so etwas macht man einfach nicht«, sagte er, immer noch von ihr abgewandt, und schüttelte den Kopf. Er wusste nicht, wem er den Vorwurf machte, sich selbst oder der Ärztin.

Dorothee schnaubte verächtlich und er wandte sich ihr zu. Sie begegnete seinem Blick und fast konnte er ihm nicht standhalten. Sie sah schon wieder so wütend aus. Er unterdrückte den Wunsch, die Hand auszustrecken und ihr die Wange zu streicheln, als könnte er damit irgendetwas besser machen. Aber sie hatte ihm schon vor Jahren klargemacht, wie sehr sie diese Geste hasste.

»Was?«, quetschte sie schließlich heraus, dabei war er es, der sich diese Frage gestellt hatte. Er schaute sie weiter an, aber das schien es nur noch schlimmer zu machen. Ihre Augen wurden schmaler, wie sie es früher schon immer getan hatten, bei ihren legendären Wutausbrüchen, und plötzlich trat sie aufs Gas, beschleunigte, nur um kurz darauf wild am Lenkrad zu kurbeln und abrupt in zweiter Spur zu halten. Ihn wieder anzustarren. Der Motor lief immer noch, geduldig und entspannt wie eine große Katze.

»Du hast Demenz, Papa!« Er konnte das leichte Beben ihrer Oberlippe erkennen. Als sie ein Teenager gewesen war, hatte er

»Du hast Demenz, Papa!«

manchmal versucht, aus dem Zimmer zu entkommen, wenn er diese Anzeichen bemerkt hatte.

»Im fortgeschrittenen Stadium«, fuhr sie fort. Er verstand nicht, was sie sagte. Es schimmerte feucht in ihren Augen. Verwirrt zog er die dichten Augenbrauen zusammen. Weinte seine Tochter? Er wusste nicht, wann Dorothee das letzte Mal in Tränen ausgebrochen war.

Erneut packte sie ihn hart am Arm. »Hörst du? Verstehst du, was das bedeutet? Ich werde dich verlieren.« Jetzt weinte sie offen.

Er verneinte stumm, sah geradeaus durch die riesige Frontscheibe. Das war ein unbestreitbarer Vorteil dieser Autos, der Blick auf die Straße war großartig. Vehement schüttelte er erneut den Kopf. »Mir hat sie davon nichts gesagt.« Er schaute weiter nach vorn, wich dem Blick seiner Tochter aus. So blieben sie sitzen, bis Dorothee schließlich aufgab, ihre Aufmerksamkeit wieder auf die Straße richtete und sich der Wagen in Bewegung setzte.

Ein Mercedes Benz, dachte er.

Ein Mercedes Demenz.

Ein Mercedes Denz. Ein Lächeln umspielte seine Lippen und er musste sich zusammenreißen, nicht laut loszulachen.

Ohne Mütze im Wind

Das Päckchen ist da. Also fast. Zumindest halte ich schon mal diesen gelben Zettel in den Händen. »Leider war es uns nicht möglich, Ihre Sendung ...« So ein Mist. »... bei Ihrem Nachbarn hinterlassen.« Ausgerechnet bei dem!

Ich sehe nicht in den Flurspiegel und drehe um, in Richtung Haustür, Straße, Päckchen. Wie sieht es wohl aus? Steht etwas drauf? Ein Logo? Ein Bild? Meine Hände werden feucht. Was, wenn mein Nachbar ahnt, was drin ist? Ich stelle mir vor, wie er mit seinem Wuschelkopf vor die Tür tritt und mich ansieht. »Ah, es ist für Sie! Na, das hätte ich mir ja gleich denken ...« Wie sein Blick an meinem Scheitel hängenbleibt, leichtes Stirnrunzeln, bevor er seine Haare schüttelt und schon vergessen hat, dass er gerade noch einen Satz beenden wollte.

Mit schamroten Wangen drücke ich seine Klingel. Er öffnet sofort, ich blicke zu Boden, auf alles gefasst, doch dann hält er mir lediglich das Päckchen hin. Es ist braun, kein Aufdruck, kein Logo. Ich nicke zum Dank und laufe zurück in meine Wohnung. Das Päckchen trage ich mit beiden Händen vor mir her, so vorsichtig, als hätte ich ein uraltes, mysteriöses Heilmittel ersteigert, das bei jeder Berührung zu Staub zerfallen könnte. In meinem Schlafzimmer angekommen, schalte ich

Das Päckchen trage ich mit beiden Händen vor mir her, so vorsichtig, als hätte ich ein uraltes, mysteriöses Heilmittel ersteigert, das bei jeder Berührung zu Staub zerfallen könnte.

das Licht ein, das fieseste, das ich habe: meine alte Stehlampe. Sie ist fast ein Scheinwerfer und leuchtet mir ins Gesicht, als wollte sie mich verhören. Als wollte sie alles über mich wissen, mein ältestes, mein unangenehmstes Geheimnis. Ich sehe in den Spiegel. Dann neige ich den Kopf.

Seitdem ich 16 Jahre alt bin, fallen mir die Haare aus. Aber nicht so wie bei anderen Mädchen, die sich gegenseitig Härchen von den T-Shirts zupfen und einander bessere Shampoos empfehlen. Sondern richtig, so wie bei einem Mann. Es hat nur wenige Monate gedauert, dann hatte ich eine kleine, kahle Stelle auf dem Kopf. Sie war genau dort, wo andere Mädchen ihren Mittelscheitel ziehen. Und sie wuchs, seitdem ich aufgehört hatte zu wachsen. Mit jedem Monat wurde sie ein wenig größer, mit jedem Frisörtermin, jedem Mädels-Beauty-Abend und jedem Bravo-Frisur-Tipp. Anfangs ignorierte ich sie noch, beim Kämmen sah ich einfach woanders hin: auf meine dicken Locken oder die glänzenden, vollen Spitzen. Irgendwann musste ich sie mir dann aber doch anschauen, mit dem Finger darüberfahren. Sie war oval, nicht besonders groß, man konnte sie leicht übersehen, aber sie war da. Hier wuchsen nur wenige bis gar keine Haare, sie leuchtete hell. Also zog ich mir den Scheitel auf der Seite, legte dicke Strähnen darüber und vergaß sie – bis zum nächsten Schwimmbadbesuch.

Ich sehe mich noch immer dort stehen, in meinem pinkfarbenen Bikini vor dem Spiegel, ich starre mir wieder auf den Kopf: Zwischen den nassen Locken schimmert meine Kopfhaut hindurch.

Ich suche eine Hautärztin auf und glaube an eine Allergie. Bestimmt bin ich auf irgendetwas allergisch. Auf Erdbeershampoo oder Milchprodukte. Meine größte Hoffnung: dass es nichts mit Schokolade oder Gummibärchen zu tun hat.

»Du bist noch so jung – das kriegen wir in den Griff!«, sagt die Ärztin und lächelt, ihre Haare sind schulterlang, blond und fest. Ich liebe sie, denn sie findet tatsächlich ein paar Allergien, die nichts mit Schokolade oder Gummibärchen zu tun haben: auf Terpentin, Nickelsulfat, Cobalt-Chloride, Myroxylon, Toluiferum Tolubalsam und einen Duftstoffmix. In meinen Ohren klingt das wundervoll: wie Schwimmbadwellen, aus denen ich auch mit nassen Haaren unbesorgt auftauchen kann. Ich steige auf Allergie-Shampoo um. Extra sanft. Super verträglich. Ich bin so jung. Ich kriege das in den Griff. Ich schaue in den Spiegel und warte darauf, dass sich die kahle Stelle wieder füllt. Dass die Haare dorthin zurückkehren, wo nur noch sanftes Shampoo schäumt, dass sie heraussprießen aus wach geküssten Haarwurzeln.

Doch nichts passiert.

»Bei dir kann man ja die Kopfhaut sehen«, sagt eine Bekannte.

»Ich empfehle einen lockeren Seitenscheitel«, sagt der Frisör.

»So schlimm ist es gar nicht«, versichert mir eine Freundin.

Meine nächste Ärztin ist eine Frauenärztin. Rote Haare, strähnig, aber voll. »Ich verschreibe Ihnen eine andere Pille. Damit werden die Fingernägel und Haare stärker. Das kann Wunder wirken.«

Nach einem halben Jahr schlägt sie die zweite Pille vor. Wenig später die nächste. Mit 19 habe ich drei verschiedene Pillensorten ausprobiert und fünf Allergie-Shampoos getestet, mittlerweile meide ich Schwimmbäder und Seen. Stattdessen stehe ich vor dem Spiegel und fahre mir durch die Haare. Sie sind noch immer blond, noch immer lockig. Aber nicht mehr ganz so voll. Ich ziehe mir einen Mittelscheitel und starre auf meine Kopfhaut. Ich warte. Kommen sie zurück? Ist das da ein frisches Härchen? Sehe ich heute nicht ein wenig gesünder aus als gestern? Oder ist das nur das Licht?

Kommen sie zurück? Ist das da ein frisches Härchen? Sehe ich heute nicht ein wenig gesünder aus als gestern?

»Vielleicht brauchst du mehr Vitamine«, sagt eine Kommilitonin.

»Lassen Sie die Haare offen, die Kopfhaut muss atmen«, rät mir die Frisörin.

»Ein Zopf wäre bestimmt schöner«, überlegt ein Bekannter.

Ich versuche es bei einem Heilpraktiker. Er hat dunkle Locken und sagt mir, dass ich die Arme nicht verschränken sollte, das störe meinen Energiefluss. Stattdessen soll ich Bachblüten von lila Blumen zu mir nehmen und meine Haare täglich mit hundert Strichen kämmen. Ich glaube ihm nicht und versuche es trotzdem. Meine Haare werden dünner, die lichte Stelle lichter. Ich glaube, das liegt daran, dass ich dem Heilpraktiker nicht glaube. Also glaube ich ganz fest, dass ich zumindest glaube, ihm zu glauben. Doch meine Locken sind mittlerweile schlaff, die Spitzen spröde. Immer wieder verwuschle ich mir die Haare, doch sie bleiben strähnig. Nach dem Duschen leuchtet mir meine Kopfhaut im Spiegel entgegen wie der Scheinwerfer eines Motorrads. Ich stelle mir vor, wie es auf mich zurast, wie es immer näherkommt, immer lauter, immer größer wird. Wie es auf mich zuhält, genau auf mich. Schnell sehe ich weg.

Ausweisparty! Alle kramen in ihren Geldbeuteln, holen die großen Karten hervor, die man damals noch mit sich herumgetragen hat. Sie lachen über schiefe Mützen, bunte Schals, dicke Wangen, Ziegenbärte. »Wow«, sagen sie bei meinem Foto. »Voll schön.« »Krass.« »Was für Haare!« Sie lächeln, schauen mich an. Dann sehen sie auf den Tisch.

Als ich das erste Mal eine Expertin für Haarverlust aufsuche, bin ich 23 Jahre alt. Sie sagt: »In achtzig Prozent aller Fälle kann ich helfen.« Sie hat einen blonden, langen Zopf und lächelt zuversichtlich. Dann rasiert sie mir die wenigen Härchen weg, die noch auf meiner lichten Stelle wachsen. Sie müsse das Haarwachstum messen und das gehe nur vom Nullpunkt an, sagt sie. Auf dem Heimweg betrachte ich meine Spiegelung in den Schaufenstern, meinen Seitenscheitel, unter dem der Nullpunkt lauert, und als ein leichter Wind aufkommt, meine Haare anhebt und der Welt mein Geheimnis, meinen Schandfleck, meine strahlend helle Kopfhaut enthüllt, fange ich mitten auf der Straße an zu heulen. Mit nassen Wangen kaufe ich mir eine Mütze, ziehe sie mir bis in die Stirn und gehe nach Hause. Mit Mütze auf dem Kopf schaue ich Fernsehen. Ich bewundere dicke, lange Haare, kunstvoll geflochtene Frisuren, Schauspielerinnen, bei denen ein Motorradhelm nicht dafür sorgt, dass ihre Haare feucht am Kopf kleben und kahle Stellen hervorblitzen lassen. Sie setzen ihn ab und lassen die Haare fliegen. Dann setzen sie ihn wieder auf, schwingen sich aufs Rad und werfen den Motor an. Sie fahren auf mich zu, genau auf mich. Sie werden immer schneller. Immer lauter, ihr Licht wird immer größer. In diesem Licht könnte jeder sehen, was auf meinem Kopf passiert, jeder könnte mir zwischen die Haare schauen und erkennen, dass ich nicht so bin wie andere Frauen, dass ich all die Freundinnen, die mir einmal Zöpfe geflochten, all die Liebhaber, die mir einmal Strähnen hinters Ohr geschoben haben, dass ich sie alle getäuscht habe. Dass ich gar nicht echt bin, gar nicht bleibe, dass es mich jetzt schon kaum mehr gibt. Dass hier, vor diesem Fernseher, auf diesem Sofa, keine echte Frau sitzt und dass das, was von ihr geblieben ist, langsam verschwindet, Haar für Haar. Sie alle könnten es sehen. Zum Glück trage ich eine Mütze. Zum Glück bin ich allein. Allein lasse ich mich blenden, kneife die Augen zusammen, ich sehe nicht mehr in den Spiegel und hoffe auf meinen nächsten Termin, auf die blonde Ärztin, das Haarwachstum.

Die blonde Ärztin reißt die Augen auf, schüttelt den Kopf. Wartet kurz, dann sagt sie: »Dabei sind Sie noch so jung.« Sie empfiehlt mir »das volle Programm«: Regaine am Morgen, Ell Cranell am Abend. Tagsüber Kapseln und Vitaminpräparate. Ich plündere mein Studentenkonto, sprühe, trage auf, schlucke, löse auf, massiere ein. Ich sehe in den Spiegel

Ich sehe in den Spiegel und warte. Ich bin noch so jung.

und warte. Ich bin noch so jung. Ich habe so viel vor, mir kann alles passieren. Vielleicht werde ich irgendwann Romanautorin, vielleicht finde ich morgen meine große Liebe, vielleicht lande ich heute noch in einer wildfremden WG, tanze auf den Tischen und spüre, wie mir die Haare plötzlich wieder über die Schultern wachsen.

Ich lande in meinem Bett und träume, dass ich aufwache, mich aufsetze, aber meine Haare liegen bleiben, dass mein ganzes Kopfkissen voller Haare ist, dass ich Angst habe, mir an den Kopf zu fassen. Ich wache auf und fasse mir an den Kopf. Ein paar Haare sind noch da. Wie lange noch? Ich versuche zu sprühen, statt zu grübeln, einzumassieren, statt nachzudenken.

Ein befreundeter Fotograf ruft mich an. Ob ich Lust habe, mit ihm ein kleines Shooting zu machen. Er brauche jemanden mit meinem Gesicht. Er hat mich lange nicht gesehen, ich sage trotzdem zu.

Es blitzt, wir lachen viel, dann schlägt er Haarspray vor, Haargel.

»Ich hab eine Idee!«, sagt er schließlich. »Lass uns was Verrücktes mit Perücken machen!«

Als ich mit kurzer Nuttenperücke auf seinem Sofa liege, ist mir warm. Meine Kopfhaut juckt. Ich schließe die Augen und stelle mir vor, sie wäre aus Echthaar.

Beim Endokrinologen erzähle ich meine ganze Geschichte. Er nickt. Schallt meinen Hals, untersucht mein Blut. Ich habe eine Schilddrüsenunterfunktion und akuten Vitamin-D-Mangel. »Beides kann Haarausfall verursachen«, versichert er mir. Ein paar Monate lang stehe ich gern morgens auf, um meine Tabletten zu nehmen.

Ein paar Monate später würde ich morgens lieber liegen bleiben. Ich kann nachts nämlich nicht mehr schlafen. Ich liege wach, starre an die Decke und überlege, wo ich meine Haare zurückgelassen habe. In Gedanken folge ich meiner Spur von Haaren: Rückwärts klettere ich vom Bett, fühle sie unter meinen nackten Füßen, folge ihnen zum Spiegel, zur Dusche. Ich drehe den Hahn auf, das Wasser fliegt von meiner Stirn, meinen Schultern, den Fliesen zurück in den Duschkopf. Gleichzeitig erheben sich aus dem Abfluss meine toten, verfilzten Haare. Sie lösen ihre Knoten, wirbeln mit den Wasserspritzern umher, legen sich zurück an meinen Kopf und trocknen. Rückwärts radle ich zum Sport, ins Büro, mit den Fingern auf der Tastatur lösche ich alle meine Sätze. Ich beende meine Anrufe mit »Hallos« und spucke den Kaffee zurück in  **Ich beende meine Anrufe mit »Hallos« und spucke den Kaffee zurück in meine Tasse.** meine Tasse. Auf meinem Weg sammle ich meine Haare wieder ein, Härchen für Härchen, Locke für Locke. Bis ich wieder im Bett liege, meine neuen alten Haare in meiner Stirn, an meinem Hals, auf meinen Schultern spüre – und mein Wecker klingelt. Ich muss aufstehen, es führt nichts daran vorbei. Ich muss meinen Kaffee trinken, meine Sätze schreiben, vorwärts radeln und Spuren hinterlassen. Ich muss meine Haare verlieren. Die lichte Partie auf meinem Kopf ist mittlerweile handflächengroß, meine Zöpfe sind so dick wie mein kleiner Finger. Sie sehen traurig aus. Ich werde 25, 26, 27. Tagsüber verliere ich meine Haare und nachts liege ich wach, stelle mir vor, wie ich 30, 35, 40 werde. Wie ich aussehe, wenn ich heirate. Wenn ich mein erstes Kind bekomme. Wenn ich meinem Kind zum ersten Mal die Haare kämme. Ich weine, wenn ich in den Spiegel sehe. Ich schaue weg, schließe die Tür und starre auf meine Bürste, die mir zeigt, wie viele Haare ich gestern noch hatte. Ich klappe meinen Laptop auf und konsultiere Dr. Google. Er weiß alles. Er hat sogar Fotos. Weite Scheitel, helle Kopfhäute, traurige Gesichter. Er empfiehlt Sprays, Tinkturen, Kapseln. Ich habe schon alles probiert – außer dieser einen Uniklinik. Hier arbeiten die besten Experten des Landes. Die Ärzte, die alles wissen. Ich mache einen Termin. Zweieinhalb Monate warte ich darauf. Ich lächele. Endlich gehe ich aus dem Haus, fahre in eine andere Stadt, betrete ein fremdes Gebäude.

In der Praxis soll ich mich komplett ausziehen. Splitternackt stehe ich da, lasse mich untersuchen, Zentimeter für Zentimeter. Am unangenehmsten ist es mir, als die Ärztin mir auf die Kopfhaut schaut. Mein Scheitel ist eine Steppe. Unter ihren Blicken scheint sie sich auszudehnen, immer weiter, immer kahler zu werden. Mit einem Finger fährt sie darüber. Sie spricht mit niederländischem Akzent und hat die Haare zu einem lässigen Zopf geflochten.

»Mit Ihnen ist alles in Ordnung«, sagt sie zu mir. Das ist mir neu. »Haben Sie Verwandte mit Haarausfall? Die Mutter? Die Oma?«

Ich nicke. Meine Oma hatte lichtes Haar. Ihre Schwestern auch.

»Ihr Haarausfall ist erblich bedingt. Man nennt ihn ›hormonell bedingten Haarausfall‹. Da kann man nichts machen.«

Ich nicke langsam. »Sie werden nicht nachwachsen?«

»Nein.«

»Hört es irgendwann auf, weniger zu werden?«

»Das kann man nicht sagen.«

»Und es gibt gar kein Mittel dagegen?«

»In der Forschung beschäftigt man sich sehr wenig mit diesem Thema. Aktuell wird Ihnen nichts helfen.«

Ich merke kaum, wie ich aufstehe, mich bedanke, das Gebäude verlasse. Ich spüre nur die Tränen, die mir während der gesamten Heimfahrt über die Wangen laufen.

Dann bin ich zu Hause. Ich stehe vor dem Spiegel, im Licht meiner Stehlampe, mit gesenktem Kopf, und treffe eine Entscheidung: Es reicht. Keine Haut- oder Frauenärzte, keine Heilpraktiker und Endokrinologen mehr. Keine Untersuchungen 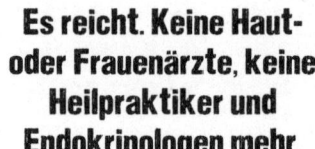 vor dem Spiegel, kein Hoffen, kein Warten, kein Träumen. Ich höre auf. Wenn ich 35 bin, werde ich eine Haarintegration tragen – und das ist okay. Ich werde wenige eigene Haare haben und mir dünne Zöpfe flechten – und auch das ist okay. Ich habe keine Hautkrankheit, keine Schmerzen, ich bin gesund, ich bin eine Frau. Ich kann Liebhaber und Freundinnen haben, ich kann echt sein, aus Haut und Härchen, ich kann über mich selbst grinsen, auf fremden WG-Partys landen, auf den Tischen tanzen, heiraten, Kinder kriegen und ihnen die Haare kämmen. Ich kann vierzig werden, 45, fünfzig. Ich kann Romanautorin sein, ein Haus kaufen und meine große Liebe genießen. Für all das brauche ich keine Haare, ich brauche nur einen freien Kopf.

Ich öffne mein Päckchen. Darin liegen eine Dose voll Schütthaar, ein Haarverdichtungsspray und Concealer für die Kopfhaut. Anfangs werde ich meine neue Kosmetik noch in der hintersten Ecke meines Badezimmerschränkchens verstecken. Aber nicht mehr lange und sie steht ganz vorn, ganz offen. Nicht mehr lange und sie ist mir absolut nicht peinlich.

Es dauert zehn Minuten und schon sehen meine Haare aus wie ganz normale Haare: dünn, aber gesund. Ich sehe in den Spiegel: nichts leuchtet, alles glänzt. Ich lächele, dann verlasse ich das Haus – und stelle mich ohne Mütze in den Wind.

Claudia, die Koniferen-Killerin

Montagmorgen, allgemeinmedizinische Praxis, überfülltes Wartezimmer, Atmosphäre trotzdem entspannt – bis jetzt. Vor mir saß Frau Petersein, ein Bild von einer Frau, unverrückbar wie ein Fels mit störrischen Sekretärinnendauerwellen.

»Guten Morgen. Was führt Sie zu mir, Frau Petersein?«

»Schwindel!«

»Und seit wann besteht dieser Schwindel?«

»Seit halb drei Uhr morgens, da drehte ich mich im Bett rum und bekam einen Schwindel. Wie noch nie! Ich dachte schon, sollst du Manfred wecken? Es folgte wieder ein wahnsinniger Schwindel. Als wenn man in eine Zentrifuge gesteckt würde. Ich dachte, mich kippt jemand aus dem Bett. Als ich mich auf die andere Seite drehte, genau dasselbe Spiel. Wieder dieser wahnsinnige Schwindel.« Das A in »wahnsinnig« betonte sie ungefähr zehnmal stärker, als nötig gewesen wäre. »Sollst du den Notarzt rufen?, fragte ich mich schon. Man kriegt dann ja Angst. So geht das nun schon seit Wochen. Das müssen wir jetzt unbedingt abklären!«

»Machen wir.«

Schwindel ist ein abend- und wälzerfüllendes Thema, nicht gerade mein Favorit für den stressigen Wochenbeginn. Trotzdem packte ich gut gelaunt und engagiert meine Routine aus, denn ich sitze gern an diesem Platz und helfe Menschen. Also untersuchte ich die Gute und stellte ihr ein paar Fragen. Ihr oberer Rücken war hart wie ein Brett, total überspannt wie sie selbst. Schnell kam ich zu Diagnose und Therapie: halswirbelsäulenbedingter Schwindel. Ich schrieb ihr ein paar Tabletten und Physiotherapie auf.

Schnell kam ich zu Diagnose und Therapie: halswirbelsäulenbedingter Schwindel.

»Zur Sicherheit sollten Sie aber noch zum HNO-Arzt gehen, um das Gleichgewichtsorgan checken zu lassen. Manchmal steckt auch ein ...«

»Da war ich schon«, redete sie mir dazwischen.

In ihrer Akte las ich nichts von Schwindel oder einer fachärztlichen Überweisung meinerseits. Ich spürte ein Hitzegefühl aufsteigen, weil ich ihr jetzt eine heikle Frage stellen musste: »Wer hat Sie denn zum HNO geschickt?«

»Der Arzt, wo ich mit Manfred im Urlaub war. Der war richtig gut, hat wirklich gleich alles veranlasst.« Es folgte ein Monolog über die Untersuchungen, die zunächst gar nicht hätten stattfinden müssen: Langzeit-EKG, Langzeit-Blutdruckmessung, HNO, Neurologe, MRT-Kopf, die ganze Absicherungsschiene der Kollegen rauf und runter. Über tausend Euro verbrannt, nur der Schwindel blieb. Das macht der so, bis ihn jemand rauswirft. Akupunktur (IGeL-Leistung) habe ihr auch nicht geholfen. Ich dachte daran, dass es in meiner Praxis keine IGeL-Abzocke gibt. Nur wenn ich nach Feierabend Atteste auf Patientenwunsch schreiben soll (»Sie kommen aus dem Fitnessstudio-Vertrag frei«), kassiere ich Beträge, bei denen sich jeder Notar vor Lachen in die Hose pinkeln würde.

»Haben Sie mir denn die Berichte der Fachärzte mitgebracht, damit ich ...«

»Habe ich zu Hause, bringe ich Ihnen vorbei. Da war aber alles in Ordnung. Und was machen wir jetzt?«, fragte sie nun mit einem Hauch Aggressivität in ihrer Baritonstimme und gestikulierte dazu gefährlich mit ihren Armen herum.

»Das klären wir beim nächsten Termin, Frau Petersein, nachdem ich die Berichte gelesen habe. Bis dahin wäre es gut, wenn Sie bei der Physiotherapie ein paar Bewegungsübungen lernen würden, damit der Schwindel in Zukunft ...«

»Von Bewegung spielt nur mein Kreislauf verrückt!« Sie presste die Kiefer aufeinander und musterte mich erbost. »Und die Kopfschmerzen werden schlimmer. Und wenn ich schon mal hier bin: Ich brauche einige Überweisungen und einen Krankenschein!«

»Haben Sie denn jetzt noch Schwindel?«

»Nein!«

»Okay, ich schreibe Sie zur Sicherheit eine Woche krank und dann ...«

... werden wir weitersehen und Sie können derweil etwas für Ihre Halswirbelsäule tun, dachte ich den Satz zu Ende, den sie mir brutal abhackte.

»Eine Woche?«, fuhr sie mich harsch an und durchbohrte mich feindselig mit ihren Blicken. »Ich bin völlig ausgebrannt und leide an Depressionen. Und Sie wollen mich nur eine lausige Woche krankschreiben?«

»Tut mir leid, Frau Petersein, ich wusste nicht, dass Sie unter Depressionen leiden. Dafür sollten wir ...«

»Ich bin jetzt nämlich 52 und kann einfach nicht mehr. Ich muss das Berufsleben langsam austrudeln lassen.«

»Ich bin jetzt nämlich 52 und kann einfach nicht mehr. Ich muss das Berufsleben langsam austrudeln lassen.«

»Darüber können wir dann bei Ihrem nächsten Termin reden. Was planbar ist, wird nämlich in dieser Praxis geplant. Mit akuten Problemen können Sie natürlich jederzeit kommen.« Jetzt wurde ich mal so richtig energisch.

»Für mich ist das akut«, sagte sie in einem Tonfall, der dazu geeignet war, Walnüsse in Staub zu verwandeln. »Und Ihre Art gefällt mir ganz und gar nicht!« Sie musterte mich zornig, keinen Versuch unternehmend, mich für ihre Probleme zu gewinnen.

Ich sehnte mich nach frischer Luft und kippte das Fenster hinter mir an.

»Tragen Sie sich denn mit der Absicht, sich aus dem Leben zu befördern?«

»Ja!«

»Okay, dann muss ich jetzt mit Ihnen anhand eines Fragebogens ein paar Punkte durchgehen, um festzustellen, ob Sie unter einer Depression leiden und wie ausgeprägt diese ist.« Ich kramte das entsprechende Formular aus dem Schreibtisch.

»Und das können Sie mal eben so nebenbei, ja? In ein paar Minuten meine Depression diagnostizieren, ja?«

»Ja«, sagte ich und ärgerte mich im selben Moment, weil ich mich gegen ihre Anmaßung verteidigte, »ich habe sogar schon klinische Studien zu Depressionen durchgeführt, also einiges an Erfahrung.«

Wir gingen den Test durch, der bis auf eine gewisse innere Anspannung, leichte Schlafstörungen und ein Morgentief nicht viel zutage förderte. Wer hat das nicht? Für die letzte Frage nach der Selbstmordgefährdung erhielt die Patientin null Punkte. Ich zählte zusammen und kam in der Summe auf einen Wert, der allenfalls einer sehr leichten Depression entsprach. Grundrauschen oder Stimmungsschwankung, nicht mehr. Ich sehe noch einmal in ihre verrückten Augen und schreibe »Verdacht auf Depression« neben den Schwindel auf den Krankenschein.

Die Hoffnung, dass ich sie jetzt loswürde, zerschlug sich aber so rasch wie ein zu Boden fallendes Ei.

»Ich brauche unbedingt noch Massagen für meine Lendenwirbelsäule«, forderte sie ungeniert. »Mein Orthopäde meint, das kann jetzt auch der Hausarzt verordnen, da er nichts mehr aufschreiben kann.«

»Welcher Orthopäde? Was haben Sie denn an der Lendenwirbelsäule?«

»Waaahnsinnige Schmerzen – wahrscheinlich die Bandscheiben.«

»Ich denke, das sollte in der Hand des Orthopäden bleiben. Denn abgesehen davon, dass mir keinerlei Unterlagen darüber vorliegen, habe ich Ihnen bereits Physiotherapie für die Halswirbelsäule verordnet.«

»Aha! Verstehe, es geht es hier also ums Geld. Schon klar. Die Schmerzen von Menschen spielen wohl keine Rolle?«

Ich sah sie genervt an und kapitulierte. Das deutsche Medizin- und Sozialsystem ist krank, aber ich bin nicht derjenige, der es in die Klinik fahren wird. Ich kann nur hin und wieder erste Hilfe leisten, schließlich bin ich Arzt und kein Kraftfahrer. Um Frau Petersein müssten sich in nächster Zeit ein Bataillon Fachärzte, der medizinische Dienst der Krankenkassen und die Rentenstelle kümmern. Ich schrieb Überweisungen, bis ich Blasen an den Fingern hatte, verwies noch einmal auf mein Terminsystem und vereinbarte mit ihr einen Check-up. Dann schob ich sie unter Verweis auf das Dutzend wartender Patienten aus dem Sprechzimmer.

Es blieb gerade genug Zeit, um fürs Erste in Claudia Peterseins imaginäre Akte zu schreiben: »Patientin ist gnadenlos anspruchsvoll und hat 'n Rad ab!« Keine Ahnung, welches Rad genau ihr fehlt, dafür sind die Psychiater zuständig.

»Patientin ist gnadenlos anspruchsvoll und hat 'n Rad ab!«

Nach ein paar Monaten und etlichen versäumten Terminen kam Frau Petersein zum Check. Dabei hatte ich schon gehofft, ich würde sie nie wiedersehen. Verstehen Sie mich bitte nicht falsch, ich komme mit 99,9 Prozent meiner Patienten bestens aus und die meisten davon verlassen auch zufrieden meine Praxis. Aber die restlichen 0,1 Prozent würde ich gern auf den Mond schießen, um meine Magenschleimhaut zu schonen und meinen Blutdruck im Normbereich zu halten.

Wie auch immer, Frau Petersein blieb mir in gewisser Weise treu und stand tatsächlich wieder auf der Matte. Die Krankschrift hatte inzwischen der Psychiater übernommen. Oder war es der Rheumatologe?

»Wie ist es Ihnen in der Zwischenzeit ergangen, Frau Petersein? Ihre Befunde sind ja alle ganz hervorragend.« In der Tat hatten weder die körperliche Untersuchung noch die Laborbefunde, die zu einem jungen Mädchen gepasst hätten, irgendwelche Auffälligkeiten ergeben.

»Schlecht ist es mir ergangen«, sagte sie mit ihrer alles durchdringenden, unangenehmen Stimme und es klang wie ein Vorwurf. »Sehr, sehr schlecht! Ich bin inzwischen mit Depression, Burn-out und Fibromyalgie krankgeschrieben. Nächste Woche muss ich zur Kur nach Bad Pyrmont.«

Aha, denke ich, Reha vor Rente – einen Versuch ist es wert. Ich sagte: »Davon weiß ich ja noch gar nichts, da mir niemand ...«

»Sie brauchen keine Berichte. Ich habe Ihnen alles mitgebracht. Sehen Sie mal ...«

Sie knallte mir ihre private Akte mit den gesammelten Befunden auf den Tisch sowie drei selbst verfasste Seiten, die von ihren Haarspitzen bis zum letzten Atom des kleinen Zehennagels ihre Beschwerden und Diagnosen aufzählten. Scheiß die Wand an, dachte ich an einen Spruch meines Sohnes, um mich ein wenig aufzumuntern. So eine hammerharte Rentenaspirantin hatte selbst ich noch nicht erlebt. Und ich habe schon eine Menge Leute mit Mitte fünfzig in den Ruhestand begleitet, die locker noch zehn Jahre hätten arbeiten können.

Während ich ihre Akte durchstöberte, textete sie mich mit Geschichten über ihre Arztbesuche zu, wer was gemeint und wer sie wohin geschickt hätte, was alles schiefgelaufen wäre und solches Zeug, das vielleicht ein Genie beim gleichzeitigen Lesen eines Textes sortiert bekommt. Ich bin allerdings kein Genie und hasse Zurufmedizin.

Frau Peterseins niedergelassener Rheumatologe hatte sie in die Charité überwiesen, weil auch er offenbar überfordert war. In der Universitätsklinik verpasste man ihr nach Ausschluss sämtlicher »normaler« rheumatischer Krankheiten die Diagnose Fibromyalgie, von der manche Kollegen behaupten, dass es sie gar nicht gibt. Sogar MTX, einen ziemlich nebenwirkungsreichen Hammer, hatten sie ihr verordnet.

Auch der Neurologe schickte Frau Petersein in die Charité. Dort wurde neben anderen aufwändigen Untersuchungen ein weiteres MRT des Kopfes veranlasst. Vermutlich wusste keiner von den Aufnahmen, wo sie mit Manfred im Urlaub war. Ich zitiere Passagen aus dem Bericht des genervten Kollegen:

Ihr Neurologe habe sie »hergeschickt, weil er keine Ahnung hat«. Der Kopfschmerz sei inzwischen »so, als ob ihr die Schädeldecke abhebe, mehrmals die Woche, total krass«. Im MRT sehe man eine »niedliche kleine Zyste, die explodieren könne«. Ich erklärte Frau P., dass die Zyste ohne Relevanz sei. Daraufhin lehnte die Patientin eine körperliche Untersuchung ab. Auch zu ihren Medikamenten machte sie keine Angaben, nur, dass sie »zu viele Schmerzmittel nehme«. Sie habe nun mal Fibromyalgie, womit sie leben müsse. Man habe ihr geraten, Job und Familie abzuschaffen ... Das weitere Prozedere kann Frau P. mit einem Arzt ihres Vertrauens besprechen!

Der Brief heiterte mich ein wenig auf. Ich erforschte langsam und ruhig ihr Gesicht und fragte mich, was hinter den ausdruckslosen Augen vorging. Was erwartete sie eigentlich von einer Frühberentung? Mit Anfang fünfzig ein eintöniges Leben ohne eine Aufgabe führen – da würde ich wirklich Depressionen bekommen. Vielleicht hatte sie geerbt, um sich in die soziale

Hängematte zu hauen. Ich fuhr mir mit der Zunge über die Lippen und fragte, obwohl ich die Antwort bereits kannte:

»Wie geht es denn nun mit Ihnen weiter, Frau Petersein?«

Um ihre Mundwinkel und auf ihrer Stirn bildeten sich harte Falten. Sie sagte: »Ich glaube nicht, dass ich nach der Reha gleich wieder arbeiten gehen kann. Einen Tag mal schmerzfrei sein, wenn mir das einer geben könnte, das wär's.«

Schwache Ausbeute, dachte ich, für ein interdisziplinäres Bemühen mit dreimal in der Woche Physiotherapie, mehreren Schmerzmitteln und begleitender Psychotherapie. Multimodales Konzept nennt man das heutzutage.

Schwache Ausbeute, dachte ich, für ein interdisziplinäres Bemühen mit dreimal in der Woche Physiotherapie, mehreren Schmerzmitteln und begleitender Psychotherapie.

»Haben Sie denn mal versucht, sich selbst zu helfen? Zum Beispiel mit Yogaübungen ...« Den dringend nötigen Ausdauersport anzusprechen, gelang mir nicht mehr.

»Nein, Herr Doktor«, fuhr sie mich mit ihrer knallharten Infanteristenstimme an, richtig giftig. Sie blähte sich auf wie ein Drachen. »Dazu fehlt mir die Zeit! Wie können Sie überhaupt beurteilen, was gut für mich ist? Das erinnert mich an Ihren Fragebogen, mit dem Sie meinten, eine Depression mal so auf die Schnelle ausschließen zu können ...« Es folgte ein Monolog über ihre Achtzigtagereise durch Instanzen, Praxen und Kliniken, harte Sätze, die auf mein Trommelfell einschlugen wie Geschosse.

Dabei schnappte ich die Namen von zwei Psychopharmaka auf, die sie von Psychiatern verordnet bekommen hatte. Ich hoffte, dass die Kollegen alle Wechselwirkungen mit MTX und den Schmerzmitteln kannten. Und ich betete, dass ihr nie etwas zustoßen möge, denn sonst würden Dutzende Ärzte gleichzeitig von Anwälten wie nasse Zeitungen in der Luft zerrissen.

Irgendwann schaltete ich ab, da kam ich sowieso nicht gegen an. Ich grübelte stattdessen über eine Hinausekelmasche nach, wohl wissend, dass ich auch nicht aus Mahagoniholz bin. Ich entschied mich für die Schwiegermutter-Strategie: einfach quasseln lassen und warten, bis die Tür von außen zugeht.

Nach dieser Tortur ließ ich mir von meiner Praxisperle erst mal einen ultrastarken, lasterhaften Kaffee brühen. In der Pause werteten wir dann den Brief des Charité-Neurologen aus und amüsierten uns köstlich über die »niedliche kleine Zyste«, würzten alles mit einer Prise Sarkasmus, um die Anspannung abzubauen.

»Scheiß die Wand an«, sagte ich, »Claudia, die Ober-Koryphäen-Killerin! Die wird mit Sicherheit jeden Uni-Professor in die Klapse treiben.«

»Oder in den Koniferenwald«, meinte Schwester Margarete. »Eine Koniferen-Killerin.«

Nö, Leute, von Claudia Petersein habe ich schon Jahre nichts mehr gehört, kommt einfach nicht mehr. Doch! Jetzt, wo ich es aufschreibe, fällt es mir wieder ein. Also, neulich, ich ging gerade am Tresen vorbei, der Kaffee dampfte schon, da sehe ich doch meine alte Freundin wieder. Aus dem Nichts, hat einfach so dagestanden.

»Frau Petersein, was machen Sie denn hier? Ich dachte, Sie hätten ...«

»Ich will mir nur kurz die Grippeimpfung abholen«, sagte sie und sah völlig gesund und entspannt aus. Die Rente war längst durch, wie ich aus einem Bericht wusste, der mich zufällig erreicht hatte. »Die Kaninchengrippe naht, das liest man doch überall.«

»Ach so«, sagte ich. »Und wann kommen Sie zum nächsten Check?«

»Den macht jetzt immer der Kardiologe, der hat nämlich festgestellt, dass ich ...«

»Frau Petersein«, unterbrach ich sie abrupt und dachte an meinen Kaffee, »ich muss nur rasch um die Ecke zu einem Notfall.« Damit verzog ich mich in einen Behandlungsraum, bis die Luft rein war. Nicht nur die Kaninchengrippe nahte, dachte ich auf der Liege sitzend, sondern auch der Winter.

KAPITEL 4

Notaufnahme

»Wo steckt denn dieser Doktor Clooney?«

In die Notaufnahme, bei Kosmopoliten- und TV-Junkies auch bekannt unter dem Begriff »Emergency Room«, kommt man, nachdem einen der Rettungswagen ausgespuckt hat. Hier entscheiden junge Ärzte, ob man ein Fall für den OP ist, für die Station oder aber die Ausnüchterungszelle.

Halbgötter in Weiß – eine unvollständige und voll unanständige, geschlechterungerechte Typologisierung

1. Der Chefarzt

Der Chefarzt hat mit dem Studium begonnen, als in Deutschland noch die letzten Trümmer beseitigt wurden. Sie können sich von ihm behandeln lassen, müssen es aber nicht. Auf seinem Schreibtisch stehen ein Glöckchen, ein Bilderrahmen mit vier Menschen in Schlaghosen und zu großen Brillen und keinerlei technisches Gerät. Man erkennt ihn am verschwenderischen rückwärtigen Faltenwurf seines Kittels, der Krawatte, dem stets fehlenden Stethoskop und der aus der Brusttasche blitzenden goldenen Klemme seines Montblanc-Füllers. Seine Erfahrung ist möglicherweise legendär, sein Anekdotenpool ganz bestimmt. Beides speist sich hauptsächlich aus den Achtzigerjahren. Als graue Eminenz wird sein Ruf besser, je älter er wird. Dies gelingt nur Chefärzten – und ganz bestimmten Käsesorten. Respekt.

2. Der Oberarzt

Es gibt ihn in den verschiedensten Größen, Typen und Ausführungen. An ihm kommen Sie nicht vorbei, wenn Sie vorhaben, das Krankenhaus wieder lebend zu verlassen. Die WHO empfiehlt im Umgang mit Oberärzten dringend »vorauseilenden Gehorsam« gepaart mit »vorübergehender

Autoritätshörigkeit« sowie »einem hohen Maß an selbstverleug-
nerischer Compliance«. Frage: Sind Sie ebenfalls betroffen von
24-Stunden-Diensten, Rund-um-die-Uhr-Rufbereitschaften und
einer hundsmiserablen Wochenend- und Ferienregelung?
Sind Sie auch allzeit ansprech-, weck- und abrufbar? Über-
müdet, frustriert, ausgelaugt, ernüchtert, desillusioniert, unzufrieden, zufrieden, unzufrieden, zufrieden, glücklich und stolz,
nacheinander, gleichzeitig, manchmal oder nie? Werden Sie
beschimpft, bekotzt, geliebt, gefeiert, angebetet, geschätzt?
Fühlen Sie sich bisweilen gerührt, meistens gereizt und absolut
immer gestresst? Herzlichen Glückwunsch, dann sind Sie entweder Oberarzt oder Mutter oder (Himmel!) beides zugleich.

3. Der Assistenzarzt
Der unbeliebteste unter den Krankenhausjobs. Versuchen
Sie gar nicht erst, den Namen Dr. Khudiadadzai korrekt aus-
zusprechen. Die Haltung der WHO zu diesem Thema ist klar
formuliert: Begegnen Sie Assistenzärzten mit »vorauseilendem
Misstrauen«, »grundlegender Skepsis« sowie »einem hohen
Maß an Selbsterhaltungstrieb«. Nachdem der Assistenzarzt die
Diagnose gestellt, den Behandlungsplan verfasst und die Medi-
kation angeordnet hat, sprechen Sie *unbedingt* mit der Oberschwester. Dies kann ihr Leben retten. Ganz besonders, wenn
der Assistenzarzt nicht mal ein Dr. med. vor seinem Namen stehen hat, diese Lusche.

4. Der Feine
Er begegnet Ihnen vor allem unter denjenigen ärztlichen
Fachrichtungen, bei denen der Umgang mit jeder Art von

menschlicher Körperflüssigkeit obsolet ist. Dies sind beispielsweise Augenärzte, Neurologen, Radiologen oder Psychiater. Der Feine vermeidet geradezu aktiv jeglichen Körperkontakt, so wie beispielsweise den Händedruck, und verschanzt sich lieber hinter imposanten, distanzschaffenden medizinischen Geräten oder empathisch gemurmelten Mhms. Ihm reicht das Wissen, trotzdem auf irgendeine Art und Weise Arzt zu sein, aber im Grunde wartet er nur darauf, dass die Cyberdiagnostik endlich salonfähig wird.

5. Der Zyniker

Für den Zyniker brauchen Sie starke Nerven, über die man allerdings im Krankheitsfall in der Regel nicht verfügt. Lassen Sie sich also nicht davon unterkriegen, wenn er Sie gereizt darauf hinweist, seine Praxis doch extra deswegen im obersten Stockwerk eines Hochhauses ohne Aufzug zu betreiben, damit greise, multimorbide Menschen wie Sie ihn gar nicht erst belästigen. Der Zyniker wird Sie auch nicht fragen, womit er Ihnen helfen kann, sondern wissen wollen, womit Sie ihm heute seine Zeit zu stehlen gedenken. Diesen Typ finden Sie in allen Fachrichtungen, kaum jedoch unter den Pathologen. Er ist jedoch ein häufiger »Patient« dieser Kollegen, denn wie wir alle wissen, ist ärztlicher Zynismus die unmittelbare Vorstufe zum Burnout und von da ist es dann auch nicht mehr weit bis zu den Bahngleisen.

6. Der Onkel, Untergruppe Herzensgute

Wenn Sie einen Onkel gefunden haben, tun Sie bitte alles, damit er Ihnen für alle Ewigkeiten wohlgesonnen bleibt.

Schleppen Sie jede Generation Ihrer Familie, inklusive Haustiere, in seine Sprechstunde. Auch wenn es sich um einen Kinderarzt handelt, er kann ja vielleicht trotzdem mal einen Blick auf Ihren Ausschlag werfen. Der Onkel als ärztliches Neutrum muss Ihnen nur ins Gesicht schauen und Sie vertrauen ihm Ihre Affäre mit dem besten Freund Ihres Mannes an und bitten ihn gleichzeitig, Ihre Brust abzutasten, auch wenn es sich, wie schon erwähnt, nur um den Kinderarzt handelt. Der Onkel ist ein schwarzes Loch, in das all Ihre Zipperlein, Sorgen und Minimalmalaisen hineingesaugt werden und auf Nimmerwiedersehen verschwinden. Dass er für diese großartige Leistung nur 14,95 Euro im Quartal abrechnen kann, stört weder ihn noch Sie.

7. Der Gebräunte

Hüten Sie sich vor Männern mit zwei Vornamen, hat eine weise Frau einmal gesagt. Und vor gebräunten Ärzten, füge ich hinzu. Denn wenn Dr. Thomas Martin Zeit hat, seinen Körper mitten im Winter karibischer Sonne auszusetzen, funktioniert ein ganzes Weltbild nicht mehr. Ärzte haben im Dienste der Menschheit blass und übernächtigt auszusehen (wenn auch ein milder Schlafzimmerblick nicht der schlechteste Türöffner ist). Aber sich selbst scheiße zu fühlen, während das blühende Leben vor einem sitzt, die Brusthaarspitzen noch sonnenblondgeküsst, die kräftigen, aber sicherlich unfassbar zarten Hände vom Segeln gestählt, die Unterarme sooo muskulös ... Hach, sehen Sie nur, die hellen Schatten von der Ray-Ban um die lagunenblauen Aug ...? Also Leute, wirklich, so kann ich nicht arbeiten!

8. Der Unsichtbare

Die meisten Menschen haben einen unsichtbaren Arzt unter ihren Behandlern. In der Regel sind diese vor allem in den Fachrichtungen Gynäkologie und Urologie zu finden. Wenn Sie Glück haben, sind diese Ärzte so unsichtbar, dass man sie bei einer polizeilichen Gegenüberstellung selbst dann nicht wiedererkennen würde, wenn sie ein Spekulum in der Hand hielten oder eine Stirnlampe trügen. Es ist ein großer Vorteil, wenn Sie zufällig einen unsichtbaren Arzt für diejenigen Behandlungen gefunden haben, bei denen es um Ihre intimsten Körperöffnungen geht.

Profitipp: Meiden Sie zusätzlich jeden Augenkontakt oder gehen Sie gleich ohne Sehhilfe zum Termin. So bleibt Ihr Gegenüber weiterhin nebulös und Sie müssen sich nicht den Kopf darüber zerbrechen, wie Sie reagieren sollten, sollten Sie Ihren Gynäkologen mal in der gemischten Sauna treffen.

9. Der Korinthenkacker, Untergruppe Besserwisser

Kommen Sie dem Korinthenkacker auf keinen Fall mit einer fertigen Diagnose, auch wenn Sie diese niet- und nagelfest auf sämtlichen Symptom-Check-Seiten im Internet verifiziert haben. Denn wenn Sie wieder draußen sind, haben Sie *das* garantiert nicht. Der Korinthenkacker lässt sich nämlich nicht belehren. Und da die von Ihnen geschilderten Symptome sowieso ungenau, übertrieben, veraltet, neumodisch oder sonst wie unkorrekt sind, lassen Sie sich am besten überraschen, welche Krankheit er für Sie bereithält. Betrachten Sie Ihre durch den Besuch beim Korinthenkacker nagelneu erworbene Krankheit wie ein Schnäppchen beim Sale von H&M: Für den regulären

Preis hätten Sie sich das Teil niemals zugelegt, aber runtergesetzt kann man schließlich auch mal ausprobieren, was man sich sonst nie (zu-)getraut hätte.

10. Der Großkotz, Untergruppe Kotzbrocken, Untergruppe Geldgeier

Der Großkotz ist relativ einfach zu identifizieren. Er reicht Ihnen zwar nur bis zum Bauchnabel, schafft es aber innerhalb von nur vier Minuten, dass Sie sich klein, hilflos und sterbenskrank fühlen. Rubbeldiekatz haben Sie deswegen in teure Behandlungen eingewilligt, die Sie sich eigentlich gar nicht leisten können und über deren Nutzen durch seriöse Wirksamkeitsstudien Sie der Großkotz gerade aktiv ins Ungewisse bevormundet hat. Zum Schluss füllt er Ihnen hinter einem Vorhang, natürlich nicht ohne sich selbst, sein galaktisches Wissen und seine überirdische Erfahrung wortreich herauszustellen, aus einem großen Glas mit Zuckerperlen ein winziges Fläschchen Globuli ab, erzählt Ihnen, wie unerklärlich übereinstimmend die Grundsubstanz mit Ihren Beschwerden sei, und warnt Sie davor, wegen der extrem hohen Potenz mehr als ein Kügelchen pro Tag einzunehmen, geschweige denn zusätzlich' daran zu riechen! Für diese zehn Minuten Gehirnwäsche berechnet der Großkotz eine einstündige Erstanamnese mit dem 3,5-fachen Satz für 183,61 Euro und bestellt Sie fürs nächste Quartal dringendst! wieder ein.

11. Der Laberer

Das Wartezimmer des Laberers ist zwar immer leer, Sie müssen dennoch fast eine Dreiviertelstunde ausharren, bis Sie endlich aufgerufen werden. Das mulmige Gefühl, das Sie beim Anblick des patientenlosen Wartezimmers überfallen hat, wird spätestens dann zum lauten inneren Warnton, wenn Sie dem Laberer gegenübersitzen. Denn bis der sich dazu entscheidet, das malade Körperteil überhaupt einmal in Augenschein zu nehmen, hat er Ihnen bereits drei ekelerregende Abbildungen aus einem Medizinbuch vorgelegt, nicht anonymisierte Nahaufnahmen anderer Patienten gezeigt, von seinen laufenden Prozessen, dem Ärger mit der Kassenärztlichen Vereinigung und der herrschenden Missgunst der Kollegen erzählt. Nach einem heimlichen Blick auf die Uhr stellen Sie fest, dass eine weitere Dreiviertelstunde vergangen ist und Sie noch immer nicht das Rezept für die ausführlich erklärte Salbenbehandlung Ihres Ausschlags in der Hand halten. Da der Laberer nicht nur mit Ihnen labert, sondern auch mit seinem PC und der einzigen Arzthelferin, die erst noch den Drucker mit frischen Rezeptvordrucken füllen muss, dauert das Ausstellen noch mal endlose zehn Minuten. Dummerweise fällt Ihnen erst jetzt siedend heiß ein, dass Sie ganz vergessen haben, eine weitere dringende Frage loszuwerden. Doch in Anbetracht Ihrer relativ beschränkten Lebenszeit beschließen Sie, diese dann vielleicht doch lieber Dr. Google zu stellen.

12. Der Handwerker

Dem Handwerker ist es schnurz wie pieps, ob er nun Ihre Gelenke, Schnittwunden und Knochen behandelt oder ob er am Wochenende Bonsais biegt, Obstbäume schneidet, das Dach neu deckt oder einen Olivenhain anlegt. Hauptsache, man kann schnell ein Ergebnis sehen und es wurde zusammengefügt, verbunden, genäht, gegipst, geschient, getapt, getackert, geklammert, verklebt, gehämmert, gebohrt und gestript, was Dummheit, Schicksal, Renovierungseifer, Zeit oder Unfall getrennt haben. Für den Handwerker ist die Behandlung seiner Patienten die wundervolle Erweiterung seines liebsten Hobbys. Deshalb ist er auch nicht zimperlich, wenn es um die Untersuchung der kaputten Körperteile geht. Er drückt, quetscht, verdreht und belastet sie bei der Untersuchung so lange, bis er ein laut und deutliches Schmerzsignal von Ihnen empfängt. Tun Sie ihm den Gefallen also möglichst rasch, denn er wird sowieso nicht lockerlassen. Das empörte »Au!« auf die Frage »Tut das weh?« ist sein Mehrwert gegenüber der Arbeit mit stummem Baumaterial. Wenn es unbedingt ein Arzt sein muss, dann schnappen Sie sich einen Handwerker. Besser, er repariert am Wochenende die Heizungsanlage und baut Ihnen einen Wintergarten, als dass Sie sich beim Golfen mit dem Feinen langweilen müssen.

13. Das gute Huhn

Das gute Huhn offenbart seine typischen, berufscharakteristischen Eigenschaften schon während der Assistenzarztzeit. Es ist beflissen, allzeit zur Stelle, kommt als Erstes, geht als Letztes, sein Wissensstand entspricht dem bereits bekannten 3,5-fachen Satz der großkotzigen Kollegen, es assistiert bei jeder sich bietenden Operation, es wälzt Literatur, es hat die richtigen Antworten, das perfekte Maß an Empathie, ist effizient, organisiert und in hohem Umfang belastbar. Kurz, das gute Huhn hat die Eier, ein verdammt brillanter Arzt zu werden. Gott sei Dank gibt es immer wieder gute Hühner, die es tatsächlich schaffen. Chapeau! Die meisten bleiben dann allerdings kükenlos. Auch irgendwie doof.

Die Karawane zieht weiter ...

Zuerst dachte ich nur, dass ich irgendwo einen Zug bekommen hätte. Kein Wunder, denn dieser Märzanfang hielt sich für einen verspäteten November mit nasskalten Schauern und Sturmböen, die an den Fensterläden rüttelten und den Hauch von Vorfrühling, der sich zaghaft angedeutet hatte, fortwehten. Ich packte mich mit einer Wärmflasche, einer Tasse Tee und einem guten Buch aufs Sofa, warf eine Ibuprofen ein und hoffte, dass die Rückenschmerzen von allein abklängen. Taten sie natürlich nicht, wie ich mir am späten Abend eingestehen musste, ganz im Gegenteil, darum griff ich zum Handy und schrieb meinem Mann eine WhatsApp-Nachricht, dann machte ich mich auf den Weg ins Krankenhaus.

Im Nachhinein kann man immer leicht reden. Hätte ich mal bloß den Gedanken, dass heute mit Altweiber einer der höchsten rheinländischen Karnevalstage gefeiert wurde, zu Ende gedacht. Hätte, hätte, Fahrradkette, aber mit Rückenschmerzen ist man ja ein bisschen benebelt im Kopf, darum setzte ich mich völlig unbedarft ins Auto und fuhr in die Notambulanz und damit der längsten Nacht meines Lebens entgegen.

Bereits auf dem kurzen Fußweg zum Eingang hätte ich aufmerken müssen. In unregelmäßigen Abständen säumten Kotzepfützen den Bürgersteig, wobei ich allein an der Konsistenz erkennen konnte, wo und wann der Urheber gegessen hatte: McDöner, vor einer halben Stunde. Pizza-Prego, zwei Stunden. Dong-Soh, ohne Glückskeks, höchstens zwanzig

Minuten. Ja, Sushi ist eine Grundlage, die an Karneval wohlüberlegt sein will.

Ja, Sushi ist eine Grundlage, die an Karneval wohlüberlegt sein will.

Die hell erleuchtete Glastür zur Ambulanz ließ in mir die Hoffnung aufflammen, dass meine Schmerzen nun bald ein Ende hätten, doch sie löste sich bereits in dem Moment wieder auf, als ich die voll besetzten Sitzreihen im Wartebereich der Anmeldung entdeckte. Zwischen einem blutverschmierten Clown, der eine frappierende Ähnlichkeit mit Pennywise aus Stephen Kings Roman *Es* aufwies, und einem lallenden Batman schlief Harry Potter sabbernd seinen Rausch aus. Daneben heulte Jack Sparrow nach seiner Mama, während Tinkerbell gegenüber würgend eine Nierenschale füllte. Schneewittchen hielt ihr dabei die Haare aus dem Gesicht, zugleich tätschelte eine Mischung aus Ninja und Schildkröte unbeholfen ihre Schulter. Ich setzte mich neben Freddy Krueger, der mit seiner Klingenhand einen Kühlakku auf sein Knie presste. Mit der anderen tippte er auf seinem Handy herum und fluchte leise vor sich hin. Ein charakteristisches Spinnennetzmuster zierte das Display. Ich rückte ein bisschen von ihm ab und versuchte, seiner Schnapsfahne zu entgehen. Die Tür zur Anmeldung öffnete sich und eine zeternde Meerjungfrau humpelte heraus, gestützt auf einen geknickt dreinblickenden schwarz gelockten Jüngling in einer mittelalterlichen Seemannskluft. Eindeutig Arielle und ihr Herzbube Eric.

»Wir hätten gewonnen«, keifte sie, »aber du musstest ja unbedingt auf meinen Schwanz treten!«

Die Ninja-Schildkröte lachte und erntete sofort Arielles vernichtenden Blick. Während Eric irgendwelche Erklärungen stammelte, wechselte die Leuchtschrift über der Tür von *Bitte warten* auf *Bitte eintreten*. Als niemand Anstalten machte, sich zu erheben, kam ich der Aufforderung nach.

Eine blasse Mittvierzigerin rieb sich hinter dem Tresen die Augenlider.

»Versichertenkarte?«

»Guten Abend, Schneider mein Name. Ich habe seit ein paar Stunden krampfartige Rückenschmerzen. Zuerst habe ich es mit Wärme und Tee versucht, später mit Ibuprofen, leider ohne Erfolg«, erklärte ich, worauf die Frau verdutzt die Brille von der Stirn zurück auf die Nase schob.

»Sie sind nüchtern?«, fragte sie, plötzlich hellwach.

»Äh, ja.«

»Keine Alkoholvergiftung und nicht gestürzt?«

»Nein, nur ganz normale Rückenschmerzen.« Ich zog meine Versichertenkarte aus dem Portemonnaie und schob sie ihr hin.

Die Begeisterung in ihren Augen hatte etwas Befremdliches. Offensichtlich war ich in dieser Nacht der erste Mensch, mit dem sie sich in ganzen Sätzen verständigen konnte. Eifrig scannte sie meine Karte ein, holte ein Formular hervor und notierte darauf meine Beschwerden. Der Drucker ratterte und spuckte ein paar Aufkleber mit meinen persönlichen Daten aus.

»Heute ist es etwas hektisch«, erklärte sie und deutete mit einem Kopfnicken zum Wartebereich. »Sie sehen ja selbst. Es könnte noch ein Weilchen dauern. In der Zwischenzeit gehen Sie bitte zum Röntgen. Rechts, die Treppe rauf und dann am

Fahrstuhl links. Nehmen Sie das mit. Danach kommen Sie wieder zu mir.«

Sie pappte einen der Aufkleber auf das Formular und drückte es mir zusammen mit den restlichen Aufklebern in die Hand.

Als ich den Raum verließ, war Harry Potter verschwunden, ebenso Freddy Krueger, Pennywise und Käpt'n Sparrow. Vermutlich waren sie bereits von ihren Angehörigen abgeholt worden. Arielle zeterte noch immer vor sich hin und ließ sich auch von Ninja-Schildkrötes Beschimpfungen, sie möge doch endlich ihre verdammte Fresse halten, nicht beeindrucken. Eric schüttelte dagegen nur schicksalsergeben den Kopf. Ich machte, dass ich zur Radiologie kam, ehe ich miterleben musste, wie noch jemand der Orthopädie etwas Zusatzarbeit verschaffte.

Auf dem Weg zur Röntgenabteilung ahnte ich, dass sie dort ebenfalls alle Hände voll zu tun hatten. Käpt'n Sparrows Stimme schallte mir bereits auf der Treppe entgegen und wurde mit jedem Schritt lauter. Offensichtlich hatte er unnötigerweise über eine Stunde im Wartebereich verbracht, ehe ihn jemand darauf aufmerksam gemacht hatte, dass  er zuerst rauf zum Röntgen musste. Nun saß er, seine falschen Dreads knetend, vor der Tür mit dem Schriftzug »Radiologie« und klagte der Welt sein Leid.

Ich drückte den Klingelknopf neben der Tür, setzte mich in einigem Abstand zu Jack in die Reihe und streckte meinen schmerzenden Rücken durch. Es könnte also noch ein Weilchen dauern. Mal sehen, wie lange dieses Weilchen sein würde.

Am liebsten hätte ich mich jetzt zu Hause in eine heiße Badewanne gelegt, aber was, wenn mir dort so ganz allein schwindelig würde? Nein, sicher war es klüger, hier zu sein. Hier waren Ärzte, hier würde man mir helfen können. Ich zückte mein Handy und schrieb meinem Mann, dass er sich keine Sorgen zu machen brauchte, ich würde gleich geröntgt werden. Kaum hatte ich es weggesteckt, näherte sich Arielles Geschrei. Diesmal schien sich ihr Ärger nicht auf Eric zu beziehen, sondern auf die Ninja-Schildkröte, die es gewagt hatte, sie eine durchgeknallte Makrele zu nennen. Aufgebracht humpelte sie auf Eric gestützt den Gang entlang, als sich die Tür zur Radiologie öffnete. Ein schluchzendes Einhorn kam heraus. Mit dem rechten Vorderhuf in einer Schlinge steuerte es den Weg nach unten an. Wie selbstverständlich schwenkte Arielle ein und hielt der Röntgenassistentin im Vorbeigehen ihren Zettel hin.

»Die hat sich vorgepfuscht!«, jaulte Sparrow und zog die Nase hoch. »Zuerst bin ich dran, dann die Dame da, dann erst die Fischfrau«, klärte er die Arzthelferin auf.

Arielle warf ihm einen kühlen Seitenblick zu und machte Anstalten, sich an der Frau vorbeizudrängeln, doch die hielt sie am Arm fest.

»Sorry, hier geht es schön der Reihe nach«, sprach's und schob Arielle sanft, aber bestimmt in den Flur zurück.

»Was fällt Ihnen ein, mich anzufassen?«, empörte sich diese. Ihre rote Perücke geriet in Schieflage, als sie sich aus dem Griff der Röntgenassistentin befreite. »Wissen Sie überhaupt, wer ich bin?«

»Sie sind Tritons jüngste Tochter, ich weiß«, antwortete die Frau gelassen. »Und Sie sind nach Mr. Sparrow-«

»Käpt'n Sparrow!«, meldete sich Jack.

»Natürlich, Käpt'n Sparrow und nach ...« Fragend blieb ihr Blick an mir hängen.

»Miss Marple«, schlug ich achselzuckend vor.

»Nach Käpt'n Sparrow und Miss Marple dran«, bestimmte die Arzthelferin, nahm Jacks und meinen Zettel entgegen, dann Arielles und klemmte ihn demonstrativ hinter unsere, ehe sie den Käpt'n mitnahm.

Ich lehnte mich auf meinem Stuhl zurück, schloss die Augen und versuchte, Arielles gezischte Kommentare zu überhören. Sanft glitt ich in einen Dämmerzustand, bis ein fröhliches Lied in mein Bewusstsein drang, in das ich leise summend einstimmte: »In einem unbekannten Land, vor gar nicht allzu langer Zeit, war eine Biene sehr bekannt, von der sprach alles weit und breit ...«

Das Lied wurde lauter und aus dem sanften Summen wurde ein kerniges Grölen. Irritiert öffnete ich meine Augen und blickte auf sechs Gestalten in schwarzen Strumpfhosen und mit unförmigen, gelb-schwarz geringelten Bäuchen. Auf den Rücken trugen sie zierliche Flügelchen und auf den Köpfen gold gelockte Perücken, aus denen je zwei winzige Fühler hervorstachen. Die stoppeligen Wangen waren mit roten Bäckchen bemalt und obwohl zwei von ihnen am Kopf heftig aus Platzwunden bluteten, schien der Bienenschwarm bester Stimmung. Beschwingt  **Beschwingt sausten sie den Flur auf und ab, wedelten dabei mit den Armen und ließen die Wartenden wissen, dass die Biene, die sie meinten, Maja hieß.**

sausten sie den Flur auf und ab, wedelten dabei mit den Armen und ließen die Wartenden wissen, dass die Biene, die sie meinten, Maja hieß.

Arielle schlug die Hände vors Gesicht und ich atmete auf, als sich die Tür zur Radiologie öffnete und ich an der Reihe war.

»Auf den ersten Blick würde ich sagen, ohne Befund«, erklärte die Röntgenassistentin, als sie mir wenig später meine Aufnahmen überreichte. »Kein Bandscheibenvorfall oder sonst was zu erkennen, aber der Arzt wird Ihnen Genaueres sagen. Es könnte aber noch ein Weilchen dauern.« Mit einem mitleidigen Blick hielt sie mir die Tür auf. »Sie haben sich eine ungünstige Nacht für Ihre Rückenschmerzen ausgesucht.«

Darauf war ich inzwischen auch selbst gekommen. Ich lächelte gequält und machte mich auf den Weg zurück nach unten. In der Ambulanz hatte sich das Bild nur unwesentlich geändert. Die Frau an der Anmeldung sah vielleicht noch einen Tick erschöpfter aus, als ich mich bei ihr zurückmeldete. Sie nahm meine Röntgenbilder entgegen, kreuzte irgendwas in meinem Formular an und reihte es in den armlangen Stapel ein, der bereits auf der Ablage parkte.

»Es könnte noch ein Weilchen dauern?«, fragte ich schicksalsergeben.

»So sieht es aus«, antwortete sie schief lächelnd.

So gut es ging, machte ich es mir auf meinem Stuhl bequem und schloss die Augen. Nur am Rande bekam ich mit, wie Leute aufgerufen wurden, sich Plätze leerten und wieder füllten und eine Nachtgestalt nach der anderen abgefertigt wurde. Ich war schon fast im Traumland, da riss mich wüstes Geschrei zurück ins Hier und Jetzt.

»Ich sachoch, Mama Merkel zahlt fümich!« Die Stimme eines jungen Mannes drang aus dem Anmelderaum, unterbrochen von der müden Frau.

»Hören Sie, auch wenn Sie Zivi sind, brauche ich Ihre Versichertenkarte.«

»Zivi heißas nich mehr! Ich mach Frillisosijahjah!«

»Okay, ein freiwilliges soziales Jahr. Dennoch brauche ich Ihre Krankenversichertenkarte.«

»Krigsu nich, du olle Frau!« Es polterte hinter der Tür, gefolgt von einem Jaulen.

Ich blickte in die Runde, doch obwohl bis auf das schlafende Einhorn alle Anwesenden den Ereignissen ihre volle Aufmerksamkeit schenkten, fühlte sich niemand berufen, drinnen mal nach dem Rechten zu sehen. Wer rappelte sich also auf und sah nach, ob er helfen konnte? Genau.

Ich öffnete die Tür einen Spaltbreit und staunte nicht schlecht. Mir zu Füßen lag ein zappelnder brauner Flokati quer im Raum. Das war mit Abstand die zerlumpteste Version von Chewbacca, die ich je gesehen hatte. Seine Maske baumelte an einem Ohr und gab den Blick auf ein hochrotes, verschwitztes Bübchen von höchstens zwanzig Jahren frei, das mir vage bekannt vorkam. Die müde Frau versuchte, den Flokati via Rautekgriff auf einen Stuhl zu hieven, doch er wehrte sich, als wollte man ihm das Fell über die Ohren ziehen.

»Möge die Macht mit dir sein«, begrüßte ich ihn, worauf er innehielt und sich widerstandslos aufhelfen ließ. »Was hast du denn für Probleme, Chewy?«

»Gakeine, allsokay«, lallte er und strahlte mich an. »Bin nurn bisschen hinefalln. Hier.«

Er hob seine Ponyfransen hoch und präsentierte mir eine stattliche Beule, die schon beim Hinsehen wehtat.

»Vielleicht setzt du dich einfach draußen in den Wartebereich und ruhst dich ein bisschen aus«, schlug ich vor. »Na, wie klingt das?«

Chewbacca schien angestrengt zu überlegen. »Ganzut«, befand er schließlich und ließ sich von mir anstandslos auf einem der Stühle absetzen. Ganz nebenbei fragte ich ihn nach seiner Krankenkassenkarte, worauf er mir, ohne zu murren, sein Portemonnaie aushändigte. Ich pflückte die Karte heraus und stutzte, als ich den Namen las: Florian P. Ich sah mir Chewbacca genauer an und ja, genau! Chewbacca war der kleine Flori, mit dem mein Sohn einst in dieselbe Grundschulklasse gegangen war. Jahrelang waren die beiden unzertrennlich gewesen. Groß war er geworden. Und ... haarig.

Groß war er geworden. Und ... haarig.

»Sag mal, Flori, äh, Chewy, sollen wir mal bei dir zu Hause anrufen und Bescheid sagen, wo du bist?«

Er sah mich mit großen Augen an und allmählich schien auch er mich zu erkennen. »Du warsimmer so liebsumir, Frau Schneider«, überrollte ihn plötzlich eine sentimentale Gefühlswelle. Schluchzend nahm er mich in seine Arme und zog mich an seine zottelige Brust. Mein Rücken, den ich bis dahin schon fast vergessen hatte, schoss Feuerwerkskörper in mein Nervensystem. Warum zum Henker war ich nicht einfach bei meinem Tee und meiner Wärmflasche geblieben?

Nach einem letzten, schmerzvollen Rückenquetscher gab er mich frei und hielt mir sein Smartphone hin.

Draußen vor der Tür rief ich seine Mutter an und teilte ihr mit, wo sie ihren Filius einsammeln könne. Ich kam gerade noch rechtzeitig zurück, als – man glaubt es kaum – mein Name aufgerufen wurde.

»Tja, Frau Schneider. Vom Röntgenbild her kann ich nichts feststellen«, erklärte mir der Arzt, der mich ganz entfernt an den jungen Johnny Depp erinnerte. Na ja, vielleicht halluzinierte ich auch langsam. »Eventuell sind es Nierenkoliken oder etwas Muskuläres.« Johnny legte die Röntgenbilder beiseite und kritzelte etwas auf mein Formular. »Bleiben Sie zur Sicherheit mal hier, dann sehen wir uns auch noch die Nieren an. Aber es ...«

»... könnte noch ein Weilchen dauern«, beendete ich den Satz mit einem hysterischen Kichern.

»Ja, ein Weilchen schon«, antwortete Johnny und sah mich verständnislos an.

»Na, wenn das so ist!« Ich stand auf und zog meine Jacke an. »Vielen Dank, aber ich glaube, ich bin wieder gesund. Spontane Wunderheilung. Schreiben Sie das in Ihr Formular: Patientin ist nach einer Nacht im Irrenhaus plötzlich wieder beschwerdefrei.«

Ich schüttelte Johnny die Hand, winkte den Jecken im Wartebereich zum Abschied, wünschte der müden Frau noch eine ruhige Schicht und machte mich vom Acker. Inzwischen graute der Morgen und der Himmel begann, sich lila zu färben. Die Sturmwolken der letzten Nacht hatten sich verzogen und zum ersten Mal in diesem Jahr hörte ich Vogelgezwitscher. Es versprach, ein wunderschöner Vorfrühlingstag zu werden.

Als ich unsichtbar wurde

Der Tag, an dem es passierte, ist noch gar nicht allzu lange her. Genauer gesagt, maximal fünf Wochen. Alles begann ganz normal und der Tag beinhaltete als einziges spannendes Element einen Besuch an Williams neuer Schule. Mega.

Die Unsichtbarwerdung setzte auch nicht akut ein mit einem Knall, einem Zauberspruch, einem Tuch oder sonst irgendeinem Element aus Harry Potter eins bis sieben, sondern damit, dass ich mich plötzlich auf dem Boden vor dem Klassenzimmer meines Sohnes wiederfand. Einfach so. Mit den Armen rudernd. In die aufgerissenen Augen meines Mannes schauend. Und ohne mich daran zu erinnern, was in den Sekunden (Minuten? Stunden? *Jahrhunderten?*) davor geschehen war. So ungefähr muss sich Dornröschen gefühlt haben, als sie endlich wachgeküsst wurde. Allerdings sagte ihr Prinz vermutlich etwas anderes als »Alles klar? Wieso schaust du so komisch? Brauchst du 'n Wasser?« – wofür sich mein Prinz entschieden hatte. Aber er war blass und besorgt, was ich daran erkannte, dass er meine Hand hielt. Ich war ebenfalls blass und besorgt. Und denken konnte ich sowieso nicht.

Ich wusste, wie es sich anfühlt, ohnmächtig zu werden. Dieser aufsteigende, kribblige, schwarze Nebel war mir vertraut, schließlich bin ich mit niedrigem Blutdruck gestraft und hatte das schon öfter. Ich wusste auch, dass ich mich dann schnell hinsetzen oder -legen muss, wenn ich meinen Kreislauf besänftigen und wieder klar werden will. Umzufallen, ohne auch nur das Geringste davon mitzubekommen, und erst im Nachhinein wahrzunehmen, was passiert ist, kannte ich jedoch bis dahin

nicht. Ich bekam Angst. Kontrollverlust über den eigenen Körper ist nichts für schwache Nerven.

Aber das Krankenhaus war zum Glück nicht weit und mein
Mann fuhr mich vertrauensvoll dorthin.

Zu diesem Zeitpunkt konnte zumindest er mich noch prima
sehen. Das konnte man daran festmachen, dass er mir, char-
mant wie er nun mal ist, sagte, wie grauenhaft ich aussah.

Das Krankenhauspersonal hatte offenbar größere Schwierigkeiten damit. Wie sonst lässt es sich erklären, dass sie mich
beinahe zwei Stunden sitzen ließen, in denen ich mich immer
wieder auf den Boden legen musste, weil mir schwarz vor
Augen wurde? Ich weiß es nicht. Aber dann, holdrio, erbarmte
sich doch endlich jemand. Eine Schwester fragte meinen Mann

nämlich, ob er glaube, dass  **Meine seltsamen**
seine Frau (also ich) vielleicht **Verrenkungen**
auf den Stühlen sitzen blei- **seien irritierend,**
ben könne. Meine seltsamen **schließlich seien**
Verrenkungen seien irritie- **auch noch andere**
rend, schließlich seien auch **Menschen**
noch andere Menschen **anwesend.**
anwesend.

Wunderbar. Jetzt war ich also auch noch ein Störfaktor.

Aber ich war nicht gewillt, auf den Stühlen sitzen zu bleiben und tatenlos abzuwarten, bis ich wieder darniedergleit-
en würde. Ich nehme auch nicht an, dass dies für mein kaum
begeistertes Publikum weniger irritierend gewesen wäre. Aber
da die Schwester ja nicht direkt mit mir sprechen wollte, sondern lieber mit meinem Mann (ich nehme an, der war sichtbarer
als ich, jedenfalls fürs weibliche Geschlecht, außerdem trug er

einen Anzug, das hilft, hab ich mir sagen lassen), bat ich ihn, sie zu fragen, wann denn vielleicht ein Zimmer für mich frei würde. Die Schwester stand direkt neben mir und schnaubte unwillig. Wäre ich Harry Potter, ich hätte sie längst in eine Kröte verwandelt. Oder vielleicht besser noch in einen bequemen Liegestuhl. Ich bin aber nicht Harry Potter. Und die Schwester ist auch ohne mich eine ...

»Dann kommen 'se eben mal mit!«, blaffte sie mich an. Ich war mir allerdings nicht sicher, ob sie nur Holger meinte, oder ich auch mitdurfte.

»Setzen 'se sich da hin!«, wies sie meinen Mann an und zeigte auf den einzigen Besucherstuhl. Das Behandlungszimmer, in das sie uns bugsiert hatte, war noch nicht wieder für neue Patienten gerichtet. Ich lehnte mich an die Wand, während die Schwester wütend ein neues Papier auf die Liege breitete. Dass ich ihr aber auch solche Umstände machte!

Wäre ich jetzt umgefallen, hätte sie mir vermutlich eine geklebt. Ich ließ es nicht darauf ankommen, auch wenn es nur ein paar Sekunden waren, die mich von einem erneuten Schwächeanfall trennten. Erschöpft und dankbar sank ich auf die Liege.

Die Schwester verließ türknallend den Raum.

Nach einer weiteren halben Stunde betrat ein Arzt mit wehendem Kittel den Behandlungsraum und setzte sich wortlos auf die Tischkante. Er wippte sogleich mit den Schuhen, um zu demonstrieren, dass er hier nur einen kurzen Boxenstopp einlegte und eigentlich schon wieder weiter war. Bevor er uns begrüßte, schaute er demonstrativ auf die Uhr. Ich auch. Es war halb eins. Meine Kinder würden sich hoffentlich mit Müsli behelfen können und sich nicht allzu große Sorgen machen, dass keiner zu Hause war.

Der Arzt schien ähnliche Sorgen zu haben, denn es war offensichtlich, dass er am liebsten gleich wieder wegwollte. Nach einem genervten Seufzen und einem schnellen Blick auf seinen Computer war er dann glücklicherweise doch in der Lage, sich uns zuzuwenden. Also, meinem Mann.

Er befragte ihn ausgiebig nach den Umständen meines »Aussetzers«, wie er es nannte. Mich wür-  **Ich war ja auch nur die Patientin. Und einen Anzug trug ich auch nicht.**

digte er nicht eines Blickes. Ich war ja auch nur die Patientin. Und einen Anzug trug ich auch nicht.

Während mein Mann also in kurzen Sätzen schilderte, wie ich umgefallen war, schaute mich der Gott in Weiß noch nicht einmal an. Vorsichtshalber hielt ich meinen Arm vor das einfallende Licht des Fensters, um zu überprüfen, ob ich vielleicht tatsächlich unsichtbar war. Das wäre zwar vermutlich eigenartig gewesen, aber da man mich normalerweise nicht so leicht übersehen konnte (183 Zentimeter, groß, dunkle, lange Haare, knallroter Lippenstift, auch in solchen Situationen), hielt ich es durchaus für möglich. Aber nein. Ich war eindeutig sichtbar.

Nun hatte ich aber wenigstens die volle Aufmerksamkeit des Arztes. Er beobachtete mein Tun mit zusammengekniffenen Augen. »Hat Ihre Frau Probleme mit Alkohol oder Drogen?«, fragte er meinen Mann, während ich meinen Arm wieder sinken ließ.

»Nicht, dass ich wüsste«, sagte der und schaute mich fragend an. Herzlichen Dank auch. Ich beschloss, ihn später vors Schienbein zu treten.

»Auch nicht, dass *ich* wüsste«, ergänzte ich in der Hoffnung, dass es von Belang war, und warf Holger einen bösen Blick zu. Der Arzt schaute wieder auf seine Uhr.

Vielleicht wartete ja ein richtiger echter Notfall auf ihn, nicht nur jemand, der gerade umgefallen ist, ganz ohne Blut und sonstiges Drama. Und vielleicht musste er ja auch erst einmal die Enttäuschung verarbeiten, dass ich noch nicht mal irgendwas mit Drogen zu tun hatte. Ganz sicher hatte er sehr viele Patienten, die ihn jetzt gerade dringender brauchten als ich und die er nicht im Stich lassen konnte! Und da lag ich einfach so im Krankenhaus, verplemperte jedermanns Zeit und hinderte wichtige Menschen an wichtigen Aufgaben.

Ich rang mein schlechtes Gewissen nieder. Der Arzt hatte sowieso schon wieder das Interesse an mir verloren.

»Hatten Sie schon mal eine Kopfverletzung?«, fragte er meinen Mann.

»Nein«, sagte er und schüttelte vehement den Kopf, um zu beweisen, wie prima der funktionierte.

»Aber ich!«, sagte ich und rückte auf meiner Liege ein wenig mehr ins Blickfeld des Arztes, während ich mir sehnlichst Frau Doktor Mühlmann an meine Seite wünschte. Meine Ärztin aus Kindertagen, die mich bei all meinen vielen Knochenbrüchen und einem Schädelbasisbruch behandelt, ins Krankenhaus begleitet und sechs Wochen nicht aus den Augen gelassen hatte, bis es mir wieder besser gegangen war. Die ersten beiden Wochen waren damals sehr kritisch gewesen und ich habe kaum Erinnerungen daran. Zum Glück. Nur die scheußlichen Migräneanfälle, die mich ab und zu heimsuchen, habe ich aus dieser Zeit bewahrt. Und auch darauf könnte ich sehr gut verzichten.

Ich setzte an, die ganze Geschichte zu erzählen: »Es war der Winter 1982 und ich ...«

»Ja, also, dazu lässt sich jetzt wenig sagen«, unterbrach mich der Arzt, ohne weiter darauf einzugehen oder mich auch nur ein einziges Mal berührt, geschweige denn untersucht zu haben. »Um eine Diagnose zu stellen, brauchen wir auf jeden Fall zuerst ein MRT. Bis dahin möchte ich Sie bitten, nicht Auto zu fahren, sich ruhig zu verhalten und sich selbst, aber auch andere Verkehrsteilnehmer keiner Gefahr auszusetzen.« Super Diagnose. Super Typ. Sollte ich vielleicht auch ihn einfach gegen das Schienbein ...?

 **Super Diagnose. Super Typ. Sollte ich vielleicht auch ihn einfach gegen das Schienbein ...?**

Das mit dem Nicht-Autofahren, dachte ich, war machbar. Ich hatte tatsächlich nicht vor, mich hinters Steuer zu setzen. Zumindest nicht in den nächsten Stunden. Schließlich fühlte ich mich grauenhaft und schwach und wir waren im Krankenhaus, wo man mich schon nicht nach Hause schicken würde, ohne zu wissen, was mit mir los war. Oder? *Oder?*

»Gehen Sie in die Radiologie, lassen Sie sich einen Termin geben. Den Rest besprechen wir dann. Oder ... am besten suchen Sie sich einen niedergelassenen Neurologen. Der kann Ihnen dann auch sagen, wie man Epilepsie am besten therapiert.«

Äh. Wie? Was? Moment. Epilepsie?

»Ich bin 45 Jahre alt, hatte in meinem Leben schon diverse Knochenbrüche, darunter einen Schädelbasisbruch, habe vier Kinder, fahre täglich Auto, bin berufstätig und liebe das Leben – ich nehme keine Drogen, trinke kaum und habe, bis auf häufige Migräneattacken, auch keine Beschwerden! Ich kann doch nicht plötzlich Epilepsie haben!«, rief ich ein wenig verzweifelt.

»Ja, gut, das wird sich ja dann herausstellen. Es könnte natürlich auch ein Gehirntumor sein«, meinte der Arzt, nun ein wenig gelangweilt, und schaute wieder durch mich hindurch. An der Wand hinter mir hing nämlich auch eine Uhr. Der Glückspilz.

Dynamisch sprang er nun von der Tischkante. »Auf Wiedersehen und alles Gute«, sagte er noch im Hinausgehen, während er erleichtert davonstürmte.

Wir verließen stumm den Raum.

Epilepsie? Gehirntumor? Während wir über den quietschenden Boden der dunklen Krankenhausgänge in die Katakomben der Klinik wanderten, sah ich mein Leben an mir vorbeiziehen.

»Wirst du auch gut für meine Kinder sorgen?«, fragte ich Holger besorgt, nachdem ich in Gedanken die Variante »Gehirntumor« bis zum Schluss durchgespielt hatte.

Er blieb stehen und nahm mich in den Arm. »Mach dir keine Sorgen. Alles wird gut. Ach was, alles ist gut!«, murmelte er in mein Haar. Sein Mitgefühl tat gut und kurz war ich hoffnungsvoll. Leider hielt das nur bis genau zum Anmeldetresen der Radiologie.

»Ich hätte gern einen Termin für ein Schädel-MRT!«

Die Sprechstundenhilfe klimperte für Holger mit den Wimpern. Was hat er nur, was ich nicht habe?

»Warum?«

Ich war mir nicht ganz sicher – meinte sie: »Warum brauchen Sie einen Termin für ein MRT?« oder »Warum haben Sie diese Frau mitgebracht, wo wir beide es doch so nett miteinander haben könnten?« Ich entschied mich für Variante eins und schob ihr die Überweisung zu, während ich selbst über Kopf versuchte zu lesen, was darauf stand. »Ausschluss Krampfanfall, Raumforderung, Synkope«, entzifferte ich mit Mühe. Was auch immer es war, ich wollte es nicht haben. Raumforderung? Was für ein ekelhafter Begriff! Hört sich voll nach Streitereien im Kinderzimmer an. Furchtbar.

»Na ja, *warum* steht ja auf meiner Überweisung«, sagte ich. Sie kniff die Augen zusammen und schaute verächtlich.

Dann nannte sie mir einen Termin drei Monate später.

Ein selbstgefälliges Lächeln breitete sich auf ihrem Gesicht aus, als sie sich wieder meinem Mann zuwandte, als wollte sie ein »Gut gemacht! Endlich sind wir sie los!« von ihm hören.

Ja, ich war davon ausgegangen, dass sie mich warten lassen würde. Eine Stunde. Vielleicht auch zwei. Im Geiste war ich schon die möglichen Babysitter für den Nachmittag durchgegangen. Immerhin waren wir schon knappe drei Stunden hier. Meinen Mann wollte ich vorsichtshalber an meiner Seite behalten, mit ihm sprach man wenigstens freiwillig. Als er dann auch intervenierte und sie bat, doch nachzusehen, ob nicht gleich etwas möglich wäre, war sie eingeschnappt. »Also, tja, tut mir leid, nix mehr frei!« Wollen doch mal sehen, wer hier am längeren Hebel sitzt, sagte ihr Gesichtsausdruck, den sie ganz allein für mich ausgewählt hatte.

Aber ich wollte nicht aufgeben. »Wie Sie vielleicht sehen können, besteht der Verdacht, dass ich einen epileptischen Anfall hatte.« Vielleicht konnte sie die Arztschrift ja doch nicht lesen.

»Ja, und?«

»Ich hätte gern jetzt einen Termin. Innerhalb der nächsten Stunden! Ich muss doch wissen, was mit mir los ist!« Hilfesuchend schaue ich zu meinem Mann.

Die Sprechstundenhilfe auch. »Ja, also dafür müssten Sie schon ein Notfall sein.« Nun war sie schon beinahe  **»Ja, also dafür müssten Sie schon ein Notfall sein.«** ernsthaft genervt. Wie unverschämt aber auch von mir, einen Termin zu wollen. Einfach so. In der Radiologie! Wegen meinem Kopf! Wo kämen wir denn da hin, wenn das jeder wollte?

»Bin ich etwa keiner? Was muss man denn haben, um ein Notfall zu sein?«, versuchte ich dennoch mein Glück.

»Also, ein Gehirntumor ist ein Notfall!«, blaffte sie mich an.

Äh, ja? »Und wie finde ich heraus, ob ich einen habe?«

»Na, mit einem MRT natürlich!«

Noch Fragen? Mir fielen keine mehr ein. Auch meinem Mann nicht. Immerhin konnte er mit einer enormen Charmeoffensive einen Termin vier Tage später herausschinden. Wäre es um ihn gegangen, sie hätte ihn sofort und persönlich in die Röhre geschoben, da bin ich mir sicher.

Übrigens, der Befund, den ich nach vier Tagen und verschiedenen Untersuchungen meines Kopfes erhielt, war harmlos.

Meine Ohnmacht hatte weder etwas mit meinem früheren Schädelbruch zu tun, noch wuchs irgendetwas in meinem Kopf, was da nicht hingehörte. Ein blöder Zufall. Verspannungen, ein kurzer Kreislaufkollaps oder Stress können die Ursache gewesen sein.

Die vier Tage, in denen ich Angst vor einem Leben mit einem Gehirntumor oder Epilepsie hatte, waren allerdings die Hölle. Und unsichtbar zu sein, ist, glaube ich, doch nur eine Option für Harry Potter – und der hat immerhin die Wahl. Und einen Zauberstab für Kröten.

Loch im Schuh

Ich war neu, Martin nicht. Er war seit sieben Jahren Rettungsassistent, ich erst seit zwei Wochen Rettungssanitäter. Uns trennte also mindestens eine Hierarchiestufe.

An diesem Abend waren wir beide in der Außenstelle unserer Rettungswache eingesetzt. Diese musste stets mit mindestens zwei Fachkräften belegt sein, weil das Dorf, in dem sie lag, von der Basis nicht in der vorgeschriebenen Frist zu erreichen war, in der ein Rettungswagen am Notfallort sein sollte. Wir hatten die Nachtschicht, was bedeutete, dass wir die Kollegen gegen 18 Uhr ablösten: ein Schlaganfall, ein Unfall mit dem Fahrrad und zwei Einweisungen. Viel war nicht los hier draußen in der Einöde. Highlight des Ortes war seit Jahren eine alte Trinkerin, die in unregelmäßigen Abständen über den Dorfplatz torkelte und laut herumkrakeelte, dass sie einen Mann bräuchte. Wahlweise trug sie dabei einen alten Bademantel oder einen verschlissenen Morgenrock. Zum Glück lag die Rettungsstelle direkt neben dem Dorfplatz, sodass die Kollegen die Frau bei jedem Vorfall dieser Art direkt einsammeln und entweder zurück nach Hause oder ins Krankenhaus bringen konnten. Je nachdem, wie hoch ihr Alkoholpegel gerade war.

Martin hasste diesen verlassenen Ort. Ihm fehlte die Action, das Adrenalin und auf dem Weg hierher klagte er, dass er es niemals würde begreifen können, wie ein Mensch hier draußen leben könne. Es war das Einzige, worüber wir auf der knapp halbstündigen Fahrt gesprochen hatten. Martin und ich waren kein eingespieltes Team und ich dachte, dass wir das auch nie werden würden. Ich konnte nicht viel mit ihm anfangen und er nicht mit mir. Martin war ein ausgezeichneter Rettungsassistent, fit, beweglich, mit einer schnellen Auffassungsgabe. Er galt als der beste, den wir hatten, nicht nur unter uns, sondern auch bei den Ärzten, die sein Fachwissen nicht selten in Anspruch nahmen, wenn eine schnelle Entscheidung gefällt werden musste. Im Vergleich zu ihm war ich ein Niemand. Vielleicht hätte er mir noch etwas beibringen können. Doch jedes Mal, wenn er dazu ansetzte – was äußerst selten und nur dann vorkam, wenn es sich nicht vermeiden ließ –, geschah dies mit so viel Beiläufigkeit, dass ich mir im Nachhinein stets dumm und naiv vorkam und wünschte, nie nach seiner Meinung gefragt zu haben. Denn neben seiner fachlichen Brillanz war Martin arrogant, selbstverliebt, unwirsch und ein Menschenfeind wie aus dem Bilderbuch. Fast so schlimm wie Dr. Federwein, der Anästhesist, mit dem sich Martin interessanterweise blendend verstand. Manchmal fragte ich mich, ob Martin so geworden war, weil ihm der berufliche Erfolg, die Lobeshymnen, das Fragen um Rat und das permanente Hervorheben seiner Leistungen zu Kopf gestiegen waren. Aber vermutlich war er schon immer so gewesen. Ein Mensch verändert sich zwar im Laufe seines Lebens. Seinen Charakter bekommt er aber in die Wiege gelegt.

So machte ich mich auf eine langweilige, schweigsame Nacht gefasst, in der wir vor dem Fernseher hängen

So machte ich mich auf eine langweilige, schweigsame Nacht gefasst, in der wir vor dem Fernseher hängen und auf das Ticken der Uhr darüber achten würden.

und auf das Ticken der Uhr darüber achten würden, bis wir uns zur Ruhe begeben und am Morgen gegen sechs Uhr von den neuen Kollegen geweckt werden würden. Doch gegen halb zehn kam der Anruf.

Die Kollegen der Polizei riefen uns, um einen Trinker aus seinem Haus zu holen und ins Krankenhaus zu bringen. Verdacht auf Alkoholvergiftung. Das Grundstück lag am Dorfrand, was Martin, der den Krankenwagen fuhr, ausreichend Zeit gab, über diese »elenden Penner« zu sinnieren, die ihr Leben nicht im Griff hätten und der Gesellschaft damit auf der Tasche lägen.

»Wahrscheinlich ist er nicht mal richtig krankenversichert«, schimpfte er und schüttelte verächtlich den Kopf. Damit hatte er zweifellos recht. Alkoholiker lebten häufig in einer Grauzone, was ihre Versicherung betraf, und konnten sich in den seltensten Fällen daran erinnern, wo sie einst versichert gewesen waren. Martin verachtete Disziplinlosigkeit.

Als wir uns dem Haus näherten, winkte uns schon die Polizei heran.

»Hackedicht«, lautete das knappe Urteil der Beamten, während sie mit dem Kopf in Richtung Grundstück wiesen. »Die Nachbarn haben angerufen, weil sie den Kerl schon seit Tagen nicht mehr gesehen haben. Nun wären noch komische Geräusche aus dem Haus gekommen, sodass wir mal nachschauen sollten. Wie gesagt – sternhagelvoll, der Kamerad. Wahrscheinlich liegt er seit Tagen in seiner eigenen Scheiße. Viel Spaß mit ihm!«

Mit einem Grinsen stiegen sie in ihren Wagen und waren kurz darauf verschwunden. Ich blickte über den Garten in Richtung des Hauses. Vor lauter Wildwuchs war es kaum zu erkennen, als würde es sich vor Scham ins Gras drücken, um sich vor seiner Umwelt zu verstecken.

»Na, dann mal los«, brummte Martin, während er sich ein paar Latex-Handschuhe überstreifte. »Hoffentlich tritt man sich hier draußen nicht noch einen Nagel ein oder so was.«

Gemeinsam marschierten wir durchs hüfthohe Gras, vorbei an alten, lose aufgeschichteten Bretterhaufen, die Martins Bedenken hinsichtlich des Nagels plötzlich sehr real wirken ließen, bis zum Eingang des halb verfallenen Hauses. Schon von Weitem kam uns ein süßlich-fauliger Geruch entgegengeweht, der den Duft des lauen Sommerabends, der durch den Garten strich, bald vollständig überlagerte. Martin hielt sich den Unterarm vor die Nase und steckte den Kopf durch die offene Tür. »Hallo?«

Als Antwort erklang von drinnen ein unterdrücktes Grunzen, kaum zuzuordnen und nur mit viel Fantasie als menschlicher Laut zu erkennen.

»Können Sie uns hören?«

Das Grunzen wiederholte sich.

Martin lehnte sich wieder heraus.

»Scheiße! Da drin sieht man die Hand vor Augen nicht.«

Er sah mich zweifelnd an. »Die Taschenlampe liegt im Auto. Holst du sie mal?«

Es gab keinen Grund, warum Martin die Lampe nicht selbst holte. Da ich aber keine Grundsatzdiskussion vom Zaun brechen wollte, trabte ich los. Sobald ich zurück war, nahm er sie mir wie selbstverständlich aus der Hand, um ins Innere des Hauses zu leuchten.

»Können Sie uns hören?«, rief er.

Ein Wimmern ertönte.

»Können Sie rauskommen?«

Ein Laut, der sowohl ein Schluchzen als auch ein Weinen hätte sein können, folgte.

Martin lehnte sich mit dem Rücken gegen die Wand und legte den Kopf in den Nacken. »Wir müssen wohl oder übel rein.«

Ich nickte. Natürlich. Wir hätten von Anfang an reingemusst.

»Dann los«, sagte ich und schob mich an ihm vorbei.

Martin folgte mir, zögerlich.

Der Fußboden im Haus war weich. Nicht nur weich, er schien geradezu zu schwimmen. Unsere Füße schmatzten bei jedem Schritt, als würden wir im Watt wandern.

»Zum Kotzen«, flüsterte Martin und blieb stehen.

»Was ist los?«, fragte ich.

»Ich habe ein Loch im Schuh.«

»Wie bitte?«

»Ich habe ein Loch im Schuh.« Er hob seinen rechten Fuß und präsentierte ein fingergroßes Loch in der Sohle seines Turnschuhs. »Die Socke ist schon nass.«

Ich wusste nicht, was ich davon halten sollte. »Und jetzt?«

»Ich kann da nicht rein. Wer weiß, was das für Zeug ist, durch das wir hier waten.«

Der Geruch nach öffentlicher Kloake ließ vermuten, was das für »Zeug« war.

Der Geruch nach öffentlicher Kloake ließ vermuten, was das für »Zeug« war.

»Du musst da allein rein«, erklärte Martin, als er mein verdutztes Gesicht sah.

»Wie bitte?«

»Wer ist denn da?«, lallte eine schleppende Stimme aus einem der hinteren Zimmer und ich legte mir nun ebenfalls den Arm über die Nase, während ich durch den Mund zu atmen begann. Ich wollte da auf keinen Fall allein rein.

»Nun mach schon«, drängte Martin und drückte mir die Taschenlampe in die Hand. »Da hinten liegt er irgendwo.«

Widerwillig nahm ich die Lampe und tappte in das Zimmer, aus der die Stimme gekommen war. Drinnen war es so warm, dass mir augenblicklich der Schweiß ausbrach. Es stank erbärmlich; ich musste mich konzentrieren, um nicht zu kotzen. Die Fenster waren zugenagelt und überall stand Gerümpel rum, von dem man nicht sagen konnte, ob es zur Einrichtung oder zum Müll gehörte, der anscheinend schon seit Ewigkeiten nicht mehr rausgebracht worden war.

»Wo sind Sie denn?«, rief ich verzweifelt.

»Hier ... hier hinten. Wer sind Sie?«

Ich stellte mich vor und leuchtete in Richtung der Stimme. Der Mann lag auf einer Couch, so tief versunken, dass er schon eins mit dem Möbel geworden zu sein schien. Erleichtert, ihn gefunden zu haben, bahnte ich mir einen Weg zu ihm.

»Können Sie aufstehen?«, fragte ich.

Er sah mich mit großen Augen an, als verstände er nicht, was ich von ihm wollte. Seine Augenbrauen waren dicht, das Haar so lang und verklebt, dass er gut als Troll hätte durchgehen können. Als ich ihm langsam hochhelfen wollte, gab das Sofa einen langen seufzenden Ton von sich. Seine Kontur blieb als tiefer Eindruck auf dem Polster zurück. Der Mann konnte kaum stehen und so hakte ich ihn unter. Seine Arme waren erschreckend dünn. Beinahe fürchtete ich, sie ihm auszureißen. Die Haut war weich und heiß und feucht und ich war dankbar für meine Einweghandschuhe, auch wenn ich alles durch sie spürte.

»Kommen Sie raus hier, Mann«, forderte ich ihn auf und wollte ihn mit hinausnehmen, als ich merkte, dass seine Hose um die Knöchel baumelte und der gesamte Schrittbereich bis runter zum Knie mit Kot verschmiert war.

»Der kommt so nicht in den Wagen«, entschied Martin, als ich mit dem Mann endlich draußen stand. Er hatte derweil eine Zigarette geraucht. Nun betrachtete er den Patienten voller Abscheu. Ich hatte ihn bei Unfällen erlebt, in denen er, ohne zu zögern, Gedärme zurück in offene Bäuche gestopft und abgetrennte Gliedmaßen in Eis eingewickelt hatte. Dieser Mann hier schien ihn jedoch in seinem tiefsten Inneren anzuekeln.

»Was sollen wir denn mit ihm machen?«, fragte ich.

Bei einem Patienten mit Verdacht auf Alkoholvergiftung gab es eigentlich eine eindeutige Liste von Maßnahmen, die zu ergreifen waren: Vitalfunktionen überprüfen (was ich bereits getan hatte), Wärmeerhalt sichern (okay, wir hatten Sommer), den Blutzuckerspiegel messen, Sauerstoff anbieten und sofort ins Krankenhaus.

Martin machte indes keinerlei Anstalten.

»Er kommt so nicht ins Auto«, wiederholte er. »Den Scheißegestank bekommen wir nie wieder raus.«

Der Mann stand zitternd zwischen uns und ich konnte nicht erkennen, wie viel er von unserem Gespräch verstand.

»Er muss aber in die Notaufnahme«, beharrte ich. **»Er muss aber in die Notaufnahme«, beharrte ich.**

Martin zögerte und nahm den Mann in Augenschein.

»Haben Sie noch andere Klamotten da drin?«, schrie er ihn an, als wäre er schwerhörig. »Oder eine Decke?«

Der Mann schien ihn nicht zu verstehen.

Martin sah sich um und entdeckte einen Schlauch im Gras. Sein Gesicht hellte sich auf. Kurz darauf spritzte er die schlotternde und verwirrte Gestalt ab, während ich den Mann festhalten musste, damit er nicht umfiel. Martin war nicht gerade zimperlich. Doch am Ende kam tatsächlich ein Mensch zum Vorschein. Sein Alter konnte man nicht erkennen, aber ich schätzte ihm um die fünfzig. Er tat mir leid.

»Bring ihn vor zum Krankenwagen«, sagte Martin, warf den Schlauch zurück ins Gras und lief los, als wäre unser Elend eine Privatangelegenheit, die ihn nichts anginge.

Im Krankenwagen musste ich natürlich hinten bei dem Mann sitzen und die Notversorgung übernehmen, während Martin uns in die Rettungsstelle fuhr.

»Diese Typen sind das Letzte«, murrte er unterwegs. »Täglich passieren da draußen Unfälle. Menschen verletzen sich, Menschen werden krank, Menschen sterben. Aber alle haben zuvor versucht, etwas zu leisten. Sich nützlich zu machen. Nur diese Typen saufen sich die Hucke voll, bis es nicht mehr geht, und wollen dann auch noch versorgt werden. Mann, wie mich so was anekelt! Wenn ich was zu sagen hätte, dann ...« Er merkte, dass er sich gerade in Rage redete, und mäßigte sich. »Aber ich habe ja nichts zu sagen.«

Zum Glück, dachte ich. Obwohl der Mann inzwischen eingeschlafen war, war es mir peinlich, dass Martin in seiner Gegenwart so über ihn redete. Mitfühlend drückte ich seine

Hand und für einen kurzen Moment hatte ich das Gefühl, dass er den Druck erwiderte. Was wahrscheinlich nur ein Reflex gewesen war, das Zucken eines Muskels. Alkoholiker haben nur begrenzte Kontrolle über ihren Körper.

Etwa ein Jahr später feierten wir auf unserer Rettungswache das große Sommerfest. Alle Sanitäter und Assistenten waren anwesend, auch mehrere Ärzte und sogar Mitglieder des Stadtrates. Es gab Bier vom Fass, ein Spanferkel und Spiele für die Kinder. Als die Stimmung am ausgelassensten war, erschien ein Mann in der Runde. Er trug einen hellen Anzug und machte einen eleganten Eindruck. Sein Haar war ordentlich geschnitten, der Bart gestutzt.

»Kann ich Ihnen helfen?«, fragte einer unserer Sanitäter, schon leicht angetrunken.

»Ich suche einen Ihrer Kollegen«, sagte der Mann mit einer leisen, sanften Stimme, die mir vage bekannt vorkam. Da entdeckte er mich.

»Guten Tag«, grüßte er höflich und reichte mir die Hand. »Erinnern Sie sich noch an mich?« Dunkle Augen unter dichten Brauen fixierten mich.

Ich durchforstete meine Erinnerungen und entsann mich dunkel des Trinkers, den wir vor einem Jahr aus seinem Haus geholt hatten. Ich hatte seitdem nichts mehr von ihm gehört.

Er lächelte.

»Es lag mir viel daran, noch einmal vorbeizuschauen und mich für Ihre Hilfe zu bedanken. Wie Sie sehen, geht es mir inzwischen gut.« Er hüstelte leise, als würde er seine Worte sorgfältig abwägen. »Wissen Sie, manchmal genügt ein kleiner Schritt im Leben, um abzurutschen. Danach ist es aber umso schwieriger, wieder hinaufzukommen. Vielleicht hätte ich es nicht mehr geschafft, wenn Sie damals nicht gewesen wären.«

Ich wurde ganz verlegen. »Das war doch mein Job«, wehrte ich bescheiden ab.

»Es war auch sein Job«, erwiderte der Mann und zeigte offen auf Martin, der am Nachbartisch mit seinen Anhängern saß und nun aufmerksam wurde. »Nur bin ich nicht sicher, ob ich heute hier vor Ihnen stehen würde, wenn er damals allein gewesen wäre. Oder anders ausgedrückt: wenn er etwas zu sagen gehabt hätte.«

Martin erhob sich von seinem Platz. »Wie meinen Sie das?«, fragte er empört.

»Sie wissen genau, was ich meine«, entgegnete der Mann ungerührt. »Lassen Sie mich Ihnen nur eines sagen: Vielleicht sind Sie ein guter Rettungsassistent. Als Mensch jedoch sind Sie wertlos. Denn Ihnen fehlt das Notwendigste, was ein menschliches Wesen ausmacht – Mitgefühl.« Auf den Bänken um uns herum wurde es still. »Ich wünsche Ihnen niemals«, fuhr der Mann fort, »in eine solche Situation zu kommen, wie sie mir widerfahren ist. Und sollte es doch einmal geschehen, hoffe ich für Sie, dass Sie nie an einen Helfer geraten, wie Sie einer gewesen sind. Niemandem wünsche ich das. Eine schöne Feier Ihnen allen noch!«

Damit grüßte er höflich in die Runde, verabschiedete sich von mir und verließ das Sommerfest. Sein Besuch war sehr kurz gewesen. Der Eindruck, den er hinterließ, hallte jedoch den ganzen Abend nach. Sowohl bei mir als auch bei allen anderen, gewiss auch bei Martin. Das zumindest redete ich mir gern ein. Ob es stimmt, weiß ich natürlich nicht. Denn wie gesagt, der Charakter eines Menschen lässt sich nur schwer ändern.

Auf jede Nacht folgt ein Morgen

Vor einiger Zeit in einem mittelgroßen Krankenhaus irgendwo in Deutschland:

»Ich habe hier etwas für Sie, ich schicke den Patienten gleich nach oben.«

»Was hat er denn, der Patient?« Kurzer Blick zum Tisch mit den Nasenbluten-Utensilien. Alles da? Auch der Mundschutz?

Arbeitet man in der HNO-Ambulanz eines Krankenhauses, hat man es oft mit Nasenbluten zu tun.

Mit viel Nasenbluten.

Sehr viel Nasenbluten.

Das man möglichst schnell beenden muss.

Meist ein feuchtes Vergnügen.

»Irgendwas im Ohr«, sprach die Erste Hilfe ein Stockwerk tiefer und legte auf.

Irgendwas im Ohr ist ebenfalls eine Domäne des HNO-Arztes.

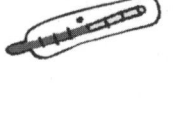

Andere Ärzte halten Ohren lediglich für Kopfschnörkel, besonders Ärzte wie Allgemeinchirurgen.

Andere Ärzte halten Ohren lediglich für Kopfschnörkel, besonders Ärzte wie Allgemeinchirurgen.

Irgendwas im Ohr kam die Treppe in die HNO-Ambulanz hinauf und ich fischte einen Ohrhaken aus der Schublade. Nichts Dramatisches, selbst für so einen Dienstanfänger wie mich (denn dies war mein allererster Nachmittags- und Nachtdienst und ich entsprechend aufgeregt). Viele Menschen laufen mit verstopften Ohren durch die Straßen, entweder durch

Ohrenschmalz oder durch geistige Abwesenheit. Das Meiste kann man mit einem Ohrhaken oder etwas Wasser entfernen, gelegentlich selbst die geistige Abwesenheit.

Der Ohrfremdkörper betrat den Untersuchungsraum und war ein Mann mittleren Alters. Er sah mich etwas unsicher an.

»Setzen Sie sich einfach auf diesen Folterstuhl«, sagte ich, zeigte auf den Untersuchungsstuhl und begann, den Ohrhaken zu wetzen. »Was ist Ihnen denn passiert? Im Ohr herumgebohrt und dabei die Watte verloren?«

Nun schaute er mich verwundert an. »Ich habe keine Watte verloren«, stellte er fest.

Na gut, ich ließ mich auf meinen Rollhocker nieder und bewegte mich in Richtung Untersuchungsstuhl. »Verstopftes Gefühl im Ohr?«

Wieder schüttelte er den Kopf und betrachtete mich beunruhigt. »Nein. Es spricht.«

Ich starrte ihn an. »Spricht?«

Ich hatte schon viele Sorten von Fremdkörpern kennengelernt, doch gesprochen hatte noch keiner mit mir. Aber in der Medizin ist bekanntlich alles möglich.

Der Mann mit dem sprechenden Ohr winkte mich näher zu sich heran. »Ich weiß auch, wie er aussieht«, flüsterte er.

Oha. »Und?«, flüsterte ich zurück.

»Golden«, hauchte der Mann. Vermutlich redete er so leise, weil er seinen Fremdkörper nicht beunruhigen wollte. »Es ist eine kleine goldene Kugel.«

Ah. Klein, golden und redete. An diesem Punkt war eigentlich schon offensichtlich, dass es sich hier nicht um einen HNO-Patienten handelte. Vermutlich jedenfalls nicht.

Die Frage war nur ...

»Möchten Sie die kleine goldene Kugel denn behalten?«, wisperte ich.

Der Mann schüttelte vorsichtig den Kopf. »Sie dichtet«, hauchte er. »Sie redet die ganze Zeit in Reimen.« Er sah mich hoffnungsvoll an. Er tat mir sehr leid.

Ich lehnte seinen Kopf an die Kopfstütze des Untersuchungsstuhls und angelte mein Mikroskop heran. Nur zur Vollständigkeit: Es befand sich keine goldene Kugel im Ohr des Mannes, weder im rechten noch im linken, aber man kann ja – wie gesagt – nie wissen.

Auf dem Arzttisch stand noch eine Pralinenschachtel. Sie war natürlich leer wie alle Pralinenschachteln auf Arzttischen. Leer bis auf ein paar Verpackungen.

Ich rollte hinüber, ich rollte zurück. Ich rumpelte heftig mit meinem Ohrhaken in seinem rechten Ohr herum.

»Da ist sie«, murmelte ich. Und hielt sie ihm triumphierend vor die Nase: klein, golden, rund und ... aus Papier!

Er starrte mich an. »Kann ich sie haben?«

»Nie im Leben!«, rief ich und schloss meine Faust. »Ich werde sie weit fortschicken, irgendwohin, wo niemand sie versteht! Da kann sie dann rumreimen, soviel sie will, ohne unschuldige Leute zu nerven!«

Der Mann nickte, er wirkte erleichtert. Wir gingen gemeinsam nach unten in die zentrale Aufnahme und ich flüsterte dem Pfleger etwas zu. Ich wusste, sie würde zurückkehren, die Kugel, wenn auch in anderer Gestalt. Und ich wollte, dass der Mann dann eine Adresse hatte, an der man ihm besser helfen konnte als in unserem Krankenhaus.

Die Arbeit auf der Station schwoll an, Frischoperierte mussten kontrolliert, Patienten aufgenommen und neue Zugänge gelegt werden und ich rannte zwischen HNO-Ambulanz und Station hin und her. Wer meint, Ärzte im Krankenhaus hätten einen ruhigen Job, den würde ich dringend einladen, sie einfach mal selbst dort zu besuchen. In der HNO-Ambulanz wurde es erst langsam und dann energischer Abend und die ersten Eltern tauchten auf. Sie brachten ihre Kinder mit Mittelohrentzündungen mit und hatten es seit drei Tagen nicht geschafft, den Nachwuchs zum Kinderarzt zu bringen.

Es kamen Menschen fortgeschrittenen Alters mit Nasenbluten und junge Männer mit Hörstürzen kurz vor irgendeinem Examen. Und dann kam eine nahezu unstillbare Gesichtsblutung, so wurde er mir jedenfalls von unten angekündigt.

Dieses Mal brach mir wirklich der Schweiß aus. Mit unstillbaren Blutungen ist nicht zu scherzen. Reichte ein Druckverband? Musste ich Gefäße veröden? Musste ich den Anästhesisten alarmieren?

Die Blutung kam zu zweit, ein Junge und ein Mädchen, sie schleppten sich die Treppe hinauf und hatten große ängstliche Augen. Nur Blut war nicht zu sehen. Nirgendwo. Sicherheitshalber lief ich einmal um die beiden herum.

Ich winkte sie in den Untersuchungsraum.

»Wo genau bluten Sie denn?«, fragte ich vorsichtig. Vielleicht hatte ich ja etwas falsch verstanden?

Der junge Mann riss sich ein Pflaster von der Wange. »Hier«, sagte er zitternd und zeigte auf ein rotes Pünktchen auf seiner Wange.

»Ein Rasierunfall«, sagte seine Freundin. »Vor einer halben Stunde. Und er blutet immer noch!«

In der Tat war dort noch ein roter Tropfen zu sehen, etwa von der Größe einer sehr jungen Laus.

»Haben Sie denn Probleme mit der Blutgerinnung? Müssen Sie Medikamente nehmen oder etwas dergleichen?«

Erstaunt schüttelten alle beide die Köpfe.

Ich warf noch einen Blick auf das rote Pünktchen. Es hatte sich in der Zwischenzeit nicht vergrößert. Vermutlich hatte dort einmal ein Pickel gelebt, den der junge Mann als Rasierneuling versehentlich geköpft hatte.

»Ist das gefährlich?«, hauchte er.

Ich war müde, ich war sehr müde. Meine Beine taten weh vom vielen Laufen. Ich legte dem Jungen einen Druckverband an, mit dem er aussah, als habe er  eine Zahnwurzelbehandlung hinter sich, die der Zahnarzt bei geschlossenem Mund direkt durch die Wange durchgeführt hatte, und schickte ihn nach Hause mit der Vorgabe, den Verband erst am Abend

Ich legte dem Jungen einen Druckverband an, mit dem er aussah, als habe er eine Zahnwurzelbehandlung hinter sich, die der Zahnarzt bei geschlossenem Mund direkt durch die Wange durchgeführt hatte.

wieder abzunehmen. Vorausgesetzt, er sei nicht vorher schon durchgeblutet, natürlich.

Ein Verband zur rechten Zeit kann helfen und heilen und das bei Erwachsenen wie bei Kindern.

Und jetzt: schlafen.

Hoffte ich.

Natürlich kam es anders.

Dienste in der HNO unterlagen zu meiner Zeit gewissen groben Regeln: Bis um Mitternacht trudelten meistens die minderschweren Fälle ein. Die, die auch ein niedergelassener Arzt behandeln kann. Vorausgesetzt natürlich, man erscheint zu den Öffnungszeiten des niedergelassenen Arztes.

Nach Mitternacht aber kamen die Notfälle. Die, die wirklich ein Krankenhaus brauchten.

Und so war es auch in dieser Nacht.

Um vier Uhr morgens erreichte mich eine weitere unstillbare Blutung, diesmal in der Tat nahezu unstillbar, so unscheinbar die Wunde auch wirkte.

Es handelte sich um eine Frau von vielleicht fünfzig Jahren und sie arbeitete in einer Kneipe, wie sie mir erzählte, während ich Kompressen auf ihre Wunde presste. Dabei hatte ein Kunde versehentlich ausgeholt und sie mit einem Bierkrug an der Nase getroffen. Und seither blutete sie.

Und wie sie blutete!

Nichts hielt diesen Strom auf, kein Druck, kein Verband und auch kein Druckverband. Ach ja, sie nehme einen Blutverdünner, klärte sie mich auf. Kontrollen? Och nö, so viel Zeit habe sie ja nicht, nicht wahr?

Nein, so viel Zeit hatte sie nicht, das war wohl richtig. Schon gar nicht, wenn sie so weiterblutete, dann hatte sie demnächst nämlich gar keine Zeit mehr. Mir blieb nur, die Gefäße zu veröden, und zwar schnell. Während ich das tat, betete ich vor mich hin und die Frau erzählte mir ein wenig von ihrem Leben; so war der Untersuchungsraum mit einem beruhigenden Gemurmel erfüllt, das stark im Gegensatz zu der bedrohlichen Situation stand.

Und dann – irgendwann – war die Wunde zwar schwarz, aber trocken. Und ich brach beinahe in Tränen aus vor Erleichterung. Ich deckte die Wunde ab und nahm der Frau etwas Blut für eine Gerinnungsanalyse ab. Sehr, sehr, sehr vorsichtig.

Bei den Internisten war noch ein Bett frei und der Kollege dort versprach mir, sich erstens um die Gerinnung zu kümmern und mir zweitens den Gerinnungswert zu nennen, wenn das Labor ihn ausgespuckt haben würde. Und dann machte ich einen zweiten Versuch, ins Dienstzimmer und somit ins Bett zu gehen.

Jeder Arzt hatte natürlich einen Pieper in seinem Kittel, aber im Dienstzimmer stand zusätzlich auch ein Telefon. Über das der Kollege mich wenig später, als ich gerade in den Schlaf glitt, informierte, dass die Gerinnung der Frau sozusagen null Prozent betrug. Das passte gut zu meiner Beobachtung, dass ihr Blut sich sozusagen komplett weigerte zu gerinnen. Sollte irgendeiner der Leser Blutverdünner nehmen: Das kann passieren, wenn man nicht regelmäßig zur Kontrolle geht. Es ist in solchen Fällen durchaus möglich, an einem abrasierten Pickel zu verbluten (was unsere Patientin aber glücklicherweise vermied).

Und wenn so eine HNO-Ärztin wieder wach ist, so dachte die zentrale Notaufnahme und auch die HNO-Station, dann kann man sie ja gleich weiter beschäftigen. Und das taten sie dann auch.

Antibiotika waren per Infusion zu verabreichen, ich hörte mir die selbst gestrickten Gedichte eines Betrunkenen an, der sich das Nasenbein gebrochen hatte (übrigens gern, da gar nicht mal schlecht), während ich sein Nasenbein wieder aufrichtete, und jeder, der schon einmal ein Nasenbein aufgerichtet hat, weiß, dass der Verletzte dabei besser nicht spricht. Besser für den Nasenbeinaufrichter, meine ich. Ich nahm eine Jugendliche auf, die ver-

Jeder, der schon einmal ein Nasenbein aufgerichtet hat, weiß, dass der Verletzte dabei besser nicht spricht.

mutlich einen Abszess neben einer Gaumenmandel ausbrütete, und wo ich schon beim Aufnehmen war, gleich noch eine Frau mit akuten Schwindelattacken.

Und als die Sonne langsam aufging, nähte ich die Stirnplatzwunde eines mitteljungen Mannes mit filigranen Stichen und sah dabei verwundert meiner Hand beim Zittern zu. Der mitteljunge Mann fing meinen Blick ein.

»Wie alt sind Sie eigentlich?«, fragte er mich freundlich, wenn auch etwas misstrauisch. Vermutlich dachte er, das Krankenhaus hätte eine Praktikantin auf ihn losgelassen.

Ich war damals jung, aber ich sah noch viel jünger aus. Es macht das Leben nicht unbedingt einfacher, sollte jemand hier neidisch werden.

»Alt«, murmelte ich, während ich den letzten Faden abschnitt. »Viel, viel, viel älter, als Sie denken.«

Operation mit Happy End

Vor einiger Zeit wurde ich operiert. Ich erspare Ihnen unschöne Details. Nur so viel: Mein Schulterdach, von dessen Existenz ich vorher noch nicht einmal etwas geahnt hatte, war nach einem Radunfall gebrochen. Obwohl sich alle sehr um mich bemühten, hasste ich meinen Krankenhausaufenthalt leidenschaftlich. Und als man mir bei der Entlassung

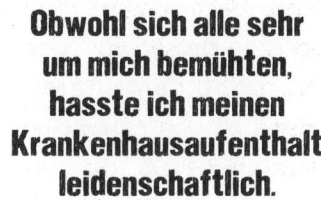

Obwohl sich alle sehr um mich bemühten, hasste ich meinen Krankenhausaufenthalt leidenschaftlich.

mitteilte, ich müsse 14 Tage später zu Kontrolle und Fädenziehen wiederkommen, hätte ich beinahe geweint.

So kam es also, dass ich einen wunderschönen Maitag unglücklich wartend in der Ambulanz zubrachte. Zwischendurch wurde ich zum Röntgen geholt, ansonsten passierte nicht viel und ich rutschte in meinem Stuhl im Wartebereich immer tiefer. Da ich mich zusätzlich zu allem Unbehagen auch noch schrecklich langweilte, begann ich, zur Ablenkung Leute zu beobachten und mir zu ihnen Geschichten auszudenken.

Der junge Mann mit dem Gipsbein hatte sicher einen Schienbeinbruch vom Fußballspielen. Die Frau im Blazer neben ihm war nicht etwa seine Mutter, sondern seine Managerin. Denn eigentlich war er Schauspieler und die kopierten Zettel, in denen er so konzentriert las, waren sein Text für das nächste Casting. Er würde für die Rolle des Richard Löwenherz vorsprechen – daher der Vollbart, in dem er dauernd herumnestelte.

Seine Managerin war eine Lesbe mit Frühlingsgefühlen, weswegen sie den umherschwirrenden Krankenschwestern merkbar mehr Aufmerksamkeit schenkte als den männlichen Krankenhausmitarbeitern. Besonders gut schien ihr die kleine Burschikose zu gefallen, die gerade einen älteren Herrn im Rollstuhl heranschob. Als sich die Tür zum Untersuchungszimmer öffnete und es fast einen Zusammenstoß mit einer Dunkelhaarigen gab, zuckte die Managerin merklich zusammen.

»Um Himmels Willen, Sunja, jetzt hätte ich dich beinahe über den Haufen gefahren. Alles okay?«, erkundigte sich die Rollstuhllenkerin.

»Entschuldige, war mein Fehler. Ich sollte nicht so ohne Vorwarnung auf den Gang stürmen«, antwortete die andere. Ihre Wangen waren gerötet und sie wirkte fahrig. Vermutlich hatte sie Ärger mit dem diensthabenden Arzt. Der war nämlich sicher ein total arroganter Unsympath, der die Krankenschwestern schikanierte. Oje! Hoffentlich wurde ich nicht ausgerechnet zu ihm ins Untersuchungszimmer 2 gerufen!

Die Burschikose stellte den Mann im Rollstuhl neben mir ab und verschwand anschließend in die Richtung, aus der sie gekommen war. Die Blicke der Managerin folgten ihr sehnsüchtig – wie ich fand.

Schwester Sunja eilte zum Anmeldungstresen und holte dort eines dieser Klemmbretter mit den Befunden. Dann huschte sie im Laufschritt zurück.

Du Ärmste! Wieso stresst dich der Doktor so? Ich verspreche dir, dass ich aus Solidarität so unfreundlich zu ihm sein werde wie nur möglich, falls ich bei euch lande.

Als sie vor Raum 2 innehielt, einen Taschenspiegel aus ihrem Kittel holte und kurz ihr Aussehen prüfte, revidierte ich meine Hypothese: Der Arzt war nicht arrogant, sondern süß! Ganz bestimmt. Warum sonst sollte sie ihren Ausschnitt zurechtzupfen? Sie wollte ihm eindeutig gefallen. Ob sie wohl schon etwas miteinander hatten? Kleine Stelldicheins in der Besenkammer? Oder befanden sie sich noch in der Flirtphase?

Ob sie wohl schon etwas miteinander hatten? Kleine Stelldicheins in der Besenkammer?

Von diesem Augenblick an hoffte ich inständig, in Behandlungszimmer 2 zu landen, denn ich platzte fast vor Neugier. Das ist eine berufliche Nebenwirkung der Schriftstellerei: Ich bin eine von denjenigen, die nicht dezent wegschauen, während sich zwei küssen, die immer Fragen haben, wenn jemand von einer neuen Schwärmerei berichtet, und die gesamte Unterhaltung wortwörtlich nacherzählt bekommen wollen. Falls Schwester Sunja hier etwas am Laufen hatte, musste ich das wissen. Aus Recherchegründen. Irgendwann konnte ich den Stoff bestimmt gebrauchen.

Aufgeregt fixierte ich die Tür. Was spielte sich da drinnen ab? Unruhig rutschte ich auf meiner Sitzgelegenheit hin und her.

»Frau Breidenbach, in die Zwei«, wurde plötzlich durchgesagt.

»Yes!«, entfuhr es mir.

Der Schauspieler mit der Fußballverletzung und seine lesbische Managerin schauten mich verwundert an.

»Ich bin nur so froh, dass ich endlich dran bin«, sagte ich entschuldigend mit meiner gesunden Schulter zuckend und steuerte auf Schwester Sunjas Liebesschauplatz zu. Ich war überaus gespannt, wie ihr McDreamy aussah.

»Guten Tag, bitte nehmen Sie Platz«, begrüßte mich der junge Arzt.

Ich starrte ihn an. Was für eine Enttäuschung! Ich hatte ihn mir in meinem Kopfkino total anders vorgestellt. Mit dichteren Haaren, sportlicher und ohne Knubbelnase – etwas mehr »Gott in Weiß«-Klischee und weniger »netter, aber fader Schwiegersohn von nebenan«.

Mein Blick wanderte zu Schwester Sunja mit ihrer guten Figur im eng anliegenden Mantel, ihren vollen, geglossten Lippen und den riesigen Augen. Sie war eine sexy Krankenschwester, wie sie im Buche steht. Optisch passten die beiden also irritierend wenig zueinander.

»Frau Breidenbach hatte vor zwei Wochen eine Operation nach einer Acromion-Fraktur und ist heute zum Fädenziehen und zur Kontrolle da«, informierte sie den Doktor. Dabei hing ihr Blick an ihm, als dürfe sie keine seiner Regungen verpassen. »Wenn Sie rechts auf den Reiter ›Radiologie‹ klicken ...«

Aha, er war also neu hier. »Assistenzarzt Dr. K. Schnübeck«, las ich von seinem Namensschild ab.

Meine Augenbrauen hüpften hoch.

Nie und nimmer würde ich in einer meiner Geschichten dem Helden einen Umlaut in den Namen schreiben. Und »K.« klingt auch nicht gerade nach Herzensbrecher. Es war zum Verzweifeln. Dramaturgisch ganz mieses Material.

Und »K.« klingt auch nicht gerade nach Herzensbrecher. Es war zum Verzweifeln. Dramaturgisch ganz mieses Material.

»Ähm ja, danke«, antwortete der buchstabenbenachteiligte Arzt und räusperte sich nervös.

In dem knappen Moment, in dem er hochsah, lächelte Schwester Sunja ihn an – und zwar strahlend und mit gekonnt choreografiertem Augenaufschlag. Somit bestand für mich kein Zweifel mehr, dass sie tatsächlich Gefühle für ihn hegte.

»Sieht sehr gut aus«, murmelte er.

Das fand ich auch. Sunja war der Knaller. Ich hätte sie mir für eine Arzt-Krankenschwester-Story nicht besser ausdenken können.

»Ihre Schulter«, rief mir der Doktor mit dem »Ü« in Erinnerung, warum ich eigentlich hier war.

»Ach so, ja«, antwortete ich desinteressiert.

Merkte er nicht, dass die personifizierte Versuchung mit ihm arbeitete? Wieso reagierte er nicht auf sie?

»Passt alles. Schwester Sunja nimmt Ihnen nun den Gilchrist-Verband und das Pflaster ab und dann können wir die Fäden ziehen. Haben Sie noch starke Schmerzen?«

Ich schüttelte den Kopf. Was kümmerte mich das jetzt, wenn ich beobachten durfte, wie sich diese entzückende Frau an diesem Klotz von Arzt vorbeidrückte und ihn dabei schüchtern ansah.

Ob er wohl vergeben war? Irgendwie konnte ich mir das nicht vorstellen. Er strahlte ein gewisses Maß an Muttersöhnchen aus, was vielleicht am karierten Hemd mit gestärktem Kragen lag, das er unter seinem Kittel trug.

Schwester Sunja öffnete vorsichtig die Schlinge, die meinen Arm stützte.

»Bitte sagen Sie mir sofort, wenn Ihnen etwas wehtut«, forderte sie mich zuvorkommend auf, schielte aber immer wieder zum Arzt, anstatt sich auf ihre Patientin zu konzentrieren. Jetzt aus der Nähe konnte ich die Aufregung in ihrem Gesicht noch deutlicher sehen als zuvor. Sie wirkte fast ein wenig aufgelöst. Wie viele Stunden das heute wohl schon so ging?

Mit der Überlegung, ob er vielleicht schwul sei, wanderte mein Blick erneut zu ihm und erreichte ihn gerade rechtzeitig, um zu entdecken, dass er auf den schwesterlichen Hintern starrte – und zwar in einer ausgesprochen sehnsüchtigen Art und Weise. Was er sah, schien ihm so zu gefallen, dass er als Übersprunghandlung seinen obersten Hemdknopf öffnete. Als er merkte, dass ich ihn beobachtete, wurde er knallrot und wandte sich abrupt ab. Er nahm OP-Handschuhe aus einer Packung und streifte sie über.

Schwester Sunja hatte nun auch das Pflaster von meiner Operationsnarbe entfernt und machte dem Arzt Platz. Mit einer Pinzette und einem Skalpell bewaffnet, widmete er sich meiner Naht.

»Arbeiten Sie schon lange hier?«, fragte ich ihn neugierig.

»Nein, erst seit zweieinhalb Wochen. Sunja, bitte, da desinfizieren.«

Sie sprühte.

Endlich waren sich die zwei richtig schön nahe. Sie berührten einander fast. Gut, ich war auch noch mit dabei, aber es war ein Anfang. Da ich ihr Rosenparfüm riechen konnte, tat er das sicherlich ebenfalls. Und diesen sensationellen Einblick

in ihr Dekolleté musste er wohl ebenso haben. Am liebsten hätte ich ihn mit Augenzwinkern und Kinndeuten darauf aufmerksam gemacht.

»Und gefällt es Ihnen hier?«, erkundigte ich mich weiter.

»Ja, die Kollegen sind sehr nett«, Mini-Seitenblick zu Sunja, »und die Stadt ist schön.«

Aha, also war er nicht nur im Krankenhaus neu, sondern auch frisch hierhergezogen. Wenn das Mädchen schlau war, bot sie ihm an, ihm die Gegend zu zeigen. Das konnte doch alles wunderbar einfach sein.

Auf der ärztlichen Oberlippe hatten sich kleine Schweißtröpfchen gebildet. Entweder strengte ihn das Fädenziehen an oder ihm setzte Sunjas Nähe zu.

Eigentlich war ich mir mittlerweile ganz sicher, dass die Schwärmerei auf Gegenseitigkeit beruhte. Er war schlicht zu nerdig, um etwas zu unternehmen.

»Haben Sie sich schon ein wenig umgesehen? In der Innenstadt gibt es eine Menge angesagter Lokale«, versuchte ich den beiden den Weg zu einer ersten Verabredung zu ebnen.

Die Schwester hielt merkbar den Atem an.

»Ich bin nicht so der Ausgeh-Typ«, meinte Dr. Ü.

Sunja stieß leise Luft aus und sah enttäuscht aus.

Mädchen, was willst du mit diesem Langweiler? Ich bin davon überzeugt, hier im Krankenhaus laufen eine Reihe Typen durch die Gegend, die sich darum reißen, etwas mit dir zu unternehmen. Warum muss es ausgerechnet dieser hoffnungslose Fall sein?

»So, jetzt kleben wir noch ein frisches Pflaster drauf und dann sind wir auch schon fertig. Schwester Sunja gibt Ihnen eine Liste mit Physiotherapeuten. Ich wünsche Ihnen alles Gute.« Der Arzt stand auf, gab mir die Hand und flüchtete danach richtiggehend aus dem Zimmer.

Wir zwei Mädels blieben resigniert zurück. Ratlos sahen wir einander an.

»Ich hoffe, Sie finden das jetzt nicht komisch, wenn ich frage«, begann ich, während Sunja das Pflaster aufklebte. »Es interessiert mich beruflich. Was fasziniert Sie an Dr. Schnübeck?«

Sie runzelte die Stirn.

»Ich bin Liebesromanautorin und recherchiere, was einer Frau an einem Mann gefallen kann«, erklärte ich großspurig. Dass mich ganz profane Neugierde antrieb, musste ich ja nicht zugeben.

»Das haben Sie bemerkt?«, staunte sie.

Ich nickte und überging, wie offensichtlich es gewesen war.

Sie warf die Verpackung des Pflasters in den Müll. »Nun, zuerst fand ich ihn eigentlich nichtssagend. Ich stehe sonst eher auf Typen, die ein bisschen cooler sind. Aber letztens hat er da draußen am Gang einen Patienten wiederbelebt. So beherzt und professionell. Ich schätze, da habe ich mich dann verliebt.« Sie lächelte beschämt und nestelte an ihrem Kittelkragen.

Echt jetzt? Sie war dem Klischee des mächtigen Arztes, der sogar den Tod besiegen konnte, erlegen? Und da beklagen sich Männer immer, dass Frauen so schwer zu durchschauen wären.

Echt jetzt? Sie war dem Klischee des mächtigen Arztes, der sogar den Tod besiegen konnte, erlegen?

»Da wünsche ich Ihnen, dass er Sie bald genauso beherzt und professionell ins Kino einlädt, Schwester Sunja«, sagte ich und verabschiedete mich.

Sie begleitete mich zur Tür. »Ich denke, das wird er nicht tun. Ich scheine ihm nicht zu gefallen.«

»Oh doch, das tun Sie. Er ist nur zu ... schüchtern.«

In einem Liebesroman würde ein Zufall die beiden zusammenführen. Ich hätte zum Beispiel geschrieben, dass sie gemeinsam im Aufzug stecken blieben. Das las sich nett.

Als wir auf den Gang hinaustraten, eilte draußen Dr. Schnübeck vorbei. Ich hatte nur den Bruchteil einer Sekunde Zeit zu handeln. Ich stellte mein Bein in Sunjas Weg, sodass sie in des Doktors schmächtige Arme fiel.

»Wie ungeschickt von mir. Tut mir leid«, sagte ich und rechnete eigentlich damit, dass er die Sexbombe nun peinlich berührt von sich schieben würde.

Aber offensichtlich hörten die beiden mich gar nicht, denn während sie einander hielten, schauten sie sich in einer Mischung aus Überraschung und Bewunderung in die Augen. Und die Mundwinkel des Arztes hoben sich ganz langsam zu einem entzückenden Lächeln.

»Mein Sohn wartet schon seit drei Stunden«, beschwerte sich die lesbische Managerin lautstark in das romantische Funkensprühen.

Ich legte einen Finger vor meine Lippen, um sie zum Schweigen zu bringen. »Pst! Das hier ist gerade das Happy End meiner Operation.«

KAPITEL 5
Krankenhaus

»Na, wie geht's uns denn heute?«

Das Krankenhaus ist der Ort, an dem hierzulande die meisten Menschen geboren werden und auch die meisten sterben. Zwischen diesen einschneidenden Ereignissen versucht man es tunlichst zu meiden, es sei denn als Besucher.

Bullshit-Bingo der nervigsten Ärztesprüche

1. »Na, was haben wir denn?«

Eine vordergründig eigentlich sympathische Frage, die allerdings falscher nicht sein könnte. Denn wer bitte sind *wir*? Tatsache, *wir* haben gar nichts, sondern meistens nur *ich*! Nämlich einen Heuchler zum Arzt.

2. »Tut das weh?«

Wirkt schon professioneller, ist nur leider begleitet von einer Bartitsu-Griff-ähnlichen Berührung oder einem Florettfinger, der einem zielsicher die Tränen in die Augen treibt. Für ein »Ja, gottverdammt« fehlt dann leider meist die Atemluft.

3. »Da werden wir schon noch ein paar Tage investieren müssen!«

Die Antwort, die kein Krankenbettpatient hören will, wenn er seiner Ungeduld freien Lauf lässt. Erklingt bei der Visite in einem Vierbettzimmer auch regelmäßig wie ein Kanon. Aber Warten gehört ohnehin ja meist zu den Hauptbeschäftigungen eines Krankenhauspatienten.

4. »Da muss ich erst einmal den Chefarzt fragen!«

Ja, nicht nur ein Patient hat Fragen. Das heißt übersetzt: Ich habe keine Ahnung, ich habe damals im Studium gepennt, ich weiß gerade nicht weiter.

5. »Ach, Ihre Laborergebnisse? Die haben wir bestimmt bald!«

Was so viel bedeutet wie morgen, nächste Woche oder am Sankt-Nimmerleins-Tag. Diese Aussage tritt auch vielfach im Rudel auf, sodass sich der Zeitpunkt der Klarheit munter über Stunden und Tage verschieben lässt. Für einen Patienten in der Wartehölle ist das zermürbend, für einen stressgeplagten Doktor Alltag.

6. »Haben Sie schon einmal über Sport nachgedacht?«

Was soll man mit dieser Arztfrage nur machen? Nachgedacht haben wir sicherlich alle mal über Sport. Aber was bedeutet das konkret? Soll ich nun ein Sky-Abo abschließen oder mit dem olympiareifen Krafttraining beginnen? So oder so, diese Frage kommt ja ohnehin eigentlich zu spät.

7. »Das ist eine ganz normale Alterserscheinung!«

Auch das ist ein Klassiker. Wer hört das denn nicht gern, dass sich alles an einem abnutzt, jedes Jahr ein bisschen mehr. Da ist dann auch die Diagnose »altersbedingt gesund« nur wenig tröstlich. Heißt übersetzt: Bleibt so.

8. »Das habe ich ja noch niemals zuvor gesehen!«

Ja, manche Tage sind spannender als andere. Und wenn der Patient mit einem derartig verblüfften Kommentar seines Arztes konfrontiert wird, dann ist er sicherlich unendlich dankbar und begeistert darüber, dem Forscherdrang seines Arztes eine Bühne bieten zu dürfen. Hilft nur wenig.

9. »Ach, hat Ihnen das der Kollege nicht gesagt?«

Es sind Sprüche wie dieser, die eine Art empfundene Zeitanomalie in einem Patientenverstand auslösen. Alle Uhren auf Stillstand. Wenn nämlich die Laborergebnisse, die einen seit Tagen beunruhigen, mit einem Mal seifenblasenartig zerplatzen. Und man allmählich registriert, dass es gar keiner Sorgen bedurft hätte.

10. »Das wird schon wieder!«

Aus dem Mund eines erfahrenen Mediziners klingt das absolut überzeugend und beruhigend. Alles wird gut! Die Frage ist nur – für wen? Denn mit »Das wird schon wieder« kann man sich nervige Patienten ganz schnell vom Hals schaffen ...

11. »Gönnen Sie sich ein bisschen Ruhe!«

Unter allen Ärztetipps ist das der allerbeste, vor allem wenn es um alltagsgestresste Mütter oder Topmanager geht. Denn Stress macht man sich ja gar nicht selbst, sondern all die anderen!

12. »Also Ihre Kasse zahlt das ja nicht, aber ...«

Wenn die Kasse wieder mal streikt, gibt es glücklicherweise die ärztliche Kreativität in Form von selbst bezahlten Sonderleistungen. Das ist ja auch wahnsinnig praktisch, wenn man sich als Kassenpatient einmal fühlen darf wie ein Privatpatient. Nur leider ohne Rückzahlung.

Von A bis Dr. Zett

Du dachtest immer, das würde dir nicht passieren. Das kann dir nicht passieren. Das passiert anderen. Aber nicht dir. Und dann – nach dieser langen Autofahrt hast du es zum ersten Mal gespürt: ein seltsames Ziehen im untersten Teil deines Rückens, das bis in die Fußspitzen wanderte.

Und jetzt? Zwei Jahre nach dieser Autofahrt sagten dir die Ärzte, dass du »austherapiert« seist. Du wusstest in dem Moment, dass dir nur noch eine OP helfen würde – wenn überhaupt. Und du konntest gar

Zwei Jahre nach dieser Autofahrt sagten dir die Ärzte, dass du »austherapiert« seist.

nicht glauben, dass du dein Handy aus der Tasche zogst, um Dr. Zett anzurufen. Du batest ihn um den nächsten OP-Termin und anschließend schlugst du die Hände vors Gesicht und heultest allen Schmerz, alle Angst und alle Hilflosigkeit heraus.

Du wusstest, dass du langsam verrückt wurdest vor Schmerz. Du fingst an, über deinen Körper und seine Malaisen wie von einem Fremden zu sprechen. Du tatest so, als gehörte der Ischiasnerv einem anderen. Und du sprachst auf einmal von dem, der in deinem kaputten Körper wohnte, von »Du«. Ich, du und dein Körper.

Der Niedergang gestaltete sich auf allen Ebenen, der körperlichen, der mentalen und jetzt auch auf der seelischen. Du heultest von Kopf bis Fuß.

Du hattest dich immer gegen die klassische Medizin gesträubt. Du hattest behauptet, dass angehende Mediziner in ihrem Studium einer Gehirnwäsche unterlägen, in der ihnen alternative Medizin ausgetrieben würde. Du hattest dich über Ärzte aufgeregt, die zu viel Antibiotika oder Kortison verschreiben, ohne wirkliche Heilung erzielen zu wollen oder zu können. Du hattest dich gegen diese OP-wütigen Schnippler aufgelehnt, die alles unters Messer nahmen, was Schmerzen hatte. Du hattest diese Einser-Abiturienten verachtet, die nur wegen ihres Abischnitts Mediziner wurden, aber dadurch noch längst keine guten Ärzte waren. Das gesamte Gesundheitssystem empfandest du als Farce – und am liebsten wärst du gar nicht versichert. Die sechstausend Euro im Jahr hättest du besser anlegen können. Dachtest du.

Und jetzt hattest du gerade diesen Operateur angerufen, weil du einfach nicht mehr weiterwusstest. Nach zwei Jahren täglicher Quälerei zogst du die letzte Option und wolltest dir die herausgerutschte Bandscheibe wegschnippeln lassen. Ausgerechnet von dem Arzt, der dir von Anfang an gesagt hatte, dass dein Ischiasnerv bei jedem Schritt an der Bandscheibe entlangreiben und davon sicherlich nicht besser werden würde.

»Schauen Sie sich diese MRT-Bilder an«, hatte der Arzt gesagt. »Ihre Bandscheibe steht fast einen Zentimeter heraus. Da hilft nur eine OP.« Du schautest ihn ängstlich an. Gleichzeitig glaubtest du zu wissen, dass du eine Alternative zu der Schnippelei finden würdest.

»Stellen Sie sich vor«, sagte der Arzt, »Sie hätten einen Stein im Schuh. Was wäre die Lösung dieses Problems?«

Genervt sagtest du, dass du den Stein aus dem Schuh holen würdest.

»Genau. Das ist die einzige Lösung. Und das geht nur durch eine OP.«

»Ich finde eine Alternative«, behauptetest du großspurig. Der Arzt war sehr aufgeschlossen, was dich ärgerte. »Das würde mich sehr freuen«, sagte er. »Bitte teilen Sie mir unbedingt mit, welche Alternativen es bei einem so schweren Bandscheibenvorfall wie dem Ihren noch gibt.«

»Bitte teilen Sie mir unbedingt mit, welche Alternativen es bei einem so schweren Bandscheibenvorfall wie dem Ihren noch gibt.«

Du nicktest, gabst ihm die Hand und schworst dir, ihn nie wiederzusehen.

Als Erstes bist du nach Lörrach gefahren. Dort wohnte ein Wunderheiler aus Sri Lanka, den dir eine Freundin empfohlen hatte. »Der Namron«, hatte die Freundin gesagt. »Der Namron kriegt alles hin.« Du bist also mit deinem Wohnmobil quer durch die Republik gekurvt. Inzwischen hattest du neue Sitze eingebaut. Rückenschonende Sitze mit Auflagen aus kleinen Holzkugeln.

Dein Navi lotste dich tief in den Süden in ein Neubaugebiet. Komisch, dachtest du noch. Wunderheiler aus Sri Lanka stelle ich mir weniger spießig vor. Am Telefon hatte er dir gesagt, dass die Behandlung so viel kosten würde, wie du willens wärest zu zahlen. Es mussten eine ganze Menge Leute mit gutem Willen bei ihm gewesen sein.

Namron stand vor seinem Haus, als hätte er nur auf dich gewartet. Er hatte dunkle Haut, seine Haare waren zu einem Zopf gebunden und sein runder Körper steckte in bunten, pludrigen Hosen. Ein klischeebeladener Wunderheiler war dir lieber als alle Weißkittel der westlichen Welt. Folge nicht dem ersten Eindruck. Gib ihm eine Chance, waren die nächsten Gedanken. Schmerzen und Gedanken waren mittlerweile fast nicht mehr zu unterscheiden.

Namron schlug vor, erst einmal einen Spaziergang zu machen. »Länger als zehn Minuten kann ich nicht gehen«, sagtest du.

»Das sehen wir dann«, antwortete Namron und lachte laut.

Er wanderte voran - du schlepptest dich hinterher. Jeder Schritt jagte dir schier unerträglichen Schmerz durch den Rücken bis hinunter ins linke Bein. Nach zehn Minuten knietest du dich hin. Du konntest nicht mehr.

»Konzentriere dich nicht auf den Schmerz, sondern auf die wunderbare Natur«, riet Namron dir. Natürlich kanntest du dieses Prinzip. Du hattest schließlich schon etliche Meditationskurse besucht, in denen es genau darum ging. Doch waren deine Ischiasschmerzen so überbordend, dass deine Konzentration immer nur für kurze Momente bei der Natur bleiben konnte. Dann setzte sich der Schmerz wieder in deinem Bewusstsein fest und zog alle Aufmerksamkeit auf sich.

Du folgtest diesem Namron einfach weiter, machtest alle paar Minuten eine Pause, knietest dich hin und wartetest auf weitere Anweisungen.

Namron erklärte dir das Prinzip des Schmerzes. »Wir sind mit unseren Schmerzen zu sehr identifiziert. Wir müssen lernen, den Schmerz Schmerz sein zu lassen. Erst wenn wir das schaffen, hört der Schmerz auf. Im Moment sind wir in unserer Gesellschaft weit davon entfernt, Schmerzen ertragen zu können. Daher geben die Menschen in den Industrieländern mehr als eine Milliarde Dollar für Schmerztabletten aus.«

Du nicht. Du gehörtest nicht zu den Schmerztabletten-Schluckern. Du wusstest, dass Schmerz eine komplexe, sehr sub-

Du nicht. Du gehörtest nicht zu den Schmerztabletten-Schluckern.

jektive Sinneswahrnehmung ist, die unerträgliche Ausmaße annehmen kann. Schmerz ist eine Empfindung – mehr nicht.

Nach einer guten Stunde wart ihr zurück an Namrons Haus. Im Behandlungsraum solltest du dich auf den Boden legen und entspannen. Ohne Unterlage.

Namron setzte sich neben dich, du solltest die Augen schließen und die verschiedenen Körperteile im Geist durchgehen und entspannen. Anschließend sagte Namron, dass er sich jetzt auf dich stellen würde, um die verschiedenen Regionen deines Körpers »durchzuwalken«. Er hielt sich an einem Seil an der Decke fest und ließ sein drei Zentner schweres Gewicht auf dir nieder.

Namron traf mit stoischer Sicherheit sämtliche Triggerpunkte deines maladen Körpers. Du dachtest, vor Schmerzen verrückt werden zu müssen. Aber du hieltest durch. Als Namron schließlich sagte, dass das für heute genug sei, gingst du in dein Wohnmobil und heultest. Du wusstest, dass dieser komische Typ dir nicht würde helfen können. Aber du wusstest auch, dass du dich schon so häufig geirrt hattest, und wolltest ihm – und damit dir – eine Chance geben.

Drei Tage bliebst du bei Namron. Ihr machtet täglich eure Spaziergänge durch die Natur. Anschließend wanderte

Namron mit seinem massigen Leib und den platten Füßen über deinen Körper. Du lerntest, mit den Schmerzen besser umzugehen. Am letzten Tag konntest du sogar eine ganze Stunde ohne Unterbrechung spazieren gehen. Die Schmerzen waren zwar da, aber sie waren seltsamerweise erträglich geworden.

Als du in deinem Wohnmobil saßest und zurück in den Norden fuhrst, warst du dir sicher, auf dem Weg der Besserung zu sein. Doch schon nach zwei Wochen war dein Leiden schlimmer als je zuvor, obwohl du Namrons Anweisungen gefolgt warst und Spaziergänge mit mentaler Entspannung praktiziert hattest.

Jeder in deiner Umgebung wollte dir helfen, dich wieder zu dem machen, der du mal warst: agil, beweglich, lustig, vor Leben und Freude sprühend. Der Schmerz hatte sich schon in deinem Gesicht manifestiert. Du konntest dich selbst nicht mehr sehen.

Du gingst jetzt alle drei Tage zu einem Osteopathen, zahltest fünfzig Euro für zwanzig Minuten – der Mann heilte schließlich auch die Profisportler aus deiner Stadt – und fühltest dich insgesamt besser. Doch deine Schmerzen blieben.

Du gingst jedem Hinweis nach und probiertest als Nächstes eine Reiki-Oma aus. Sie hätte angeblich schon Tote auferstehen lassen. Viermal fuhrst du quer durch Norddeutschland, um dich von ihr behandeln zu lassen. Es passierte rein gar nichts. Reiki schien sich auf einer Ebene zu manifestieren, die deinen Ischias nicht erreichen konnte.

Reiki schien sich auf einer Ebene zu manifestieren, die deinen Ischias nicht erreichen konnte.

Selbst zu einem Menschen bist du gegangen, der sich Knochenbrecher nannte. Er hat dich in eine Sadomaso-ähnliche Vorrichtung gesteckt und mit einem Ruck deinen Oberköper nach oben gezogen. Du dachtest, deine Arme würden auskugeln. Dabei sollte die Bandscheibe zurück an ihre vorgesehene Stelle rutschen. Die Bandscheibe blieb draußen. Die Schmerzen akut.

Es musste doch eine Lösung geben. Du hast Homöopathie, Bachblüten, Akupunktur, Thai- und Fußreflexzonenmassage, Irisdiagnostik, HNC (Human Neuro Cybrainetics), Handauflegen und Bio-Resonanztherapie ausprobiert – das alles und noch viel mehr ohne wahren Erfolg.

Du kauftest dir eine Magnetbinde, die du um deinen unteren Rücken trugst. Du montiertest auf dem Dachboden eine Hängevorrichtung, in der du ewig auf dem Kopf baumeltest, um den Rücken zu strecken und somit zu entlasten. Du last ganze Regale voller Bücher über Rückenprobleme und deren Heilung. Du holtest dir Bälle mit Stacheln, auf denen du herumrutschtest, um die Erlösung zu stimulieren.

Vielleicht bist du nicht bis an die Grenze gegangen, dachtest du; probierst zu viel, machst nichts konsequent und dauerhaft. Es musste eine radikalere Lösung her: Indien. Wie du darauf kamst, weißt du selbst nicht mehr.

Du gingst zu einem Yogi an einen einsamen Strand und machtest jeden Morgen zwei Stunden Yoga, ließest dich täglich von ihm behandeln, aßt vegan, machtest eine schreckliche Öl-Kur, entleertest dich wochenlang, schwammst täglich eine Stunde im Meer und hattest nach drei Monaten bei deinem indischen Yogi eine super Figur und so entsetzliche Ischiasbeschwerden, dass du nicht mehr ein noch aus wusstest.

Du flogst zurück nach Deutschland und wusstest, dass das Leiden irgendwie ein Ende finden musste. Irgendwo auf dieser großen weiten Welt lag die Lösung.

Die klassische Medizin musste helfen. Du hattest kein Geld mehr für deine alternativen Sperenzchen. Seit fast einem Jahr arbeitetest du kaum noch. Deine Krankenkasse sollte bluten.

Dir war alles recht außer einer OP. Als Erstes ließest du dir entsetzlich lange MRT-gesteuerte Spritzen in den Rücken jagen. Sie sollten den Nerv äußerlich betäuben und die Schmerzen des Bandscheibenvorfalls somit nivellieren. Nach drei Spritzen gabst du auf.

Dann machtest du eine Wasser-Therapie – Yoga in einem warmen, sprudelnden Pool. Ganz nett, sündteuer und sinnlos.

Die Kasse zahlte dir Massagen – dir wurde ein »Super-Masseur« empfohlen, der auf Kassenbasis hervorragende Arbeit leisten würde. Doch bei dem Typen bekamst du noch einen Hexenschuss kostenfrei obendrauf.

Du gingst in die Uniklinik – immerhin die höchste medizinische Instanz im Land. Sie untersuchten dein Blut und stellten fest, dass du Borreliose hattest. Sie zapften dir Rückenmarksflüssig-keit ab. Anschließend hattest du drei Tage lang Kopfschmerzen, die schlimmer waren als deine Ischiasbe-schwerden. Du mach-

Anschließend hattest du drei Tage lang Kopf-schmerzen, die schlimmer waren als deine Ischiasbeschwerden.

test eine Antibiotika-Behandlung durch, brachtest deinen Darmtrakt völlig durcheinander und bekamst anschließend eine Mandelentzündung. Du musstest noch mehr Antibiotika nehmen, wurdest wieder gesund und stelltest fest, dass dein Rücken weiterhin in einem unerträglich schmerzhaften Zustand war. Du hattest jetzt nicht nur einen Bandscheibenvorfall, sondern auch noch Borreliose.

Inzwischen waren zwei Jahre vergangen, in denen du dich nur um deinen Rücken gekümmert hattest. Nichts half. Gar nichts. Du hattest Tausende von Euro ausgegeben – deine Krankenkasse noch viel mehr. Du warst um die halbe Welt gereist, hattest alle Leiden stoisch ertragen, warst allen Wegen gefolgt, die erfolgversprechend aussahen, und konntest mittlerweile fast nicht mehr gehen. Die Krankenkasse stellte auch schon blöde Fragen.

»Am zwanzigsten wäre der nächste OP-Termin«, sagte Dr. Zett am Telefon.

Je näher der Termin rückte, desto mehr Angst bekamst du. Als du schließlich ins Krankenhaus hinktest, hattest du nur einen Gedanken: Werde ich hier in drei Tagen gehend wieder herauskommen? So hatte es Dr. Zett versprochen – wenn alles gutginge.

Sie gaben dir ein Beruhigungsmittel. Dann legtest du dich auf ein OP-Bett und wurdest Aufzüge und Flure entlanggeschoben.

Dieses Zeug wirkte bei dir besser als jeder Joint. Du liebtest plötzlich alle Menschen. Sogar die garstige Oberschwester und ihr mit haarlosen Warzen besprenkeltes Gesicht schienen lieblich. Im Krankenbett schwebtest du ins zweite Untergeschoss – den OP-Trakt. Dank Wunderpille erschien dir diese Welt auf einmal als eine der größten Errungenschaften unserer modernen Zivilisation.

Dein Operateur kam, tätschelte dir auf die Schulter. Er war ein Gott in Weiß. So edel und sanft. Du warst so breit, dass seine Augen aussahen wie bunte Seifenblasen.

»Ich gebe Ihnen jetzt die Anästhesie«, sagte der Narkosearzt. Du beobachtetest, wie er die Kanüle mit dem Betäubungsmittel aufsetzte. Du konntest das Mittel seltsamerweise schmecken; sofort durchfloss dich ein wunderschönes Gefühl. Dann warst du weg.

Als Erstes wackelst du mit den Zehen. Es geht. Dann richtest du dich auf und schaust, ob sie sich wirklich bewegen. Das ist die Bestätigung: Du bist nicht gelähmt.

Als du nachmittags auf die Toilette musst, ziehst du an einer Strippe. Eine Schwester sagt, dass du selbstständig zur Toilette könntest. Du hättest ja schließlich keinen doppelten Beinbruch.

Du kannst es nicht fassen und verlangst nach Dr. Zett. Dein Rücken fühlt sich trotz der restlichen Betäubung an wie eine klaffende Wunde, aus der Mark heraushängt. So kannst du unmöglich aufstehen.

Fünf Minuten später steht er vor deinem Bett. Du hast Angst.

»Nur zu«, sagt Dr. Zett. Du setzt das linke Bein auf den Boden. Dann das rechte. Dr. Zett reicht dir seinen Arm. Plötzlich stehst du tatsächlich. Und kannst es nicht fassen. Rechtes Bein, linkes Bein. Du umklammerst Dr. Zetts Arm wie ein Ertrinkender. Irgendwie schaffst du die fünf Meter bis zur Toilette, bevor du in Tränen ausbrichst. »Es geht, es geht«, schluchzt du, lachend und weinend zugleich. Denn die Schmerzen sind weg.

Dr. Zett lächelt. Auch seine Augen schimmern.

Nachwehen

Neben mir liegt der Wurm. Er schläft fiepend, beim Ausatmen pfeift ein leises »Twiiieep« aus seinen Nasenlöchern. Wenn ich das Fiepen nicht höre, bin ich mir sicher, dass er nicht mehr lebt, erstickt ist, plötzlicher Kindstod, ein faulzahniger Horror, der seit ein paar Stunden mit gewetzten Krallen über meinem Krankenhausbett lauert. Deshalb starre ich unentwegt in sein Bettchen, auf dieses winzige Leben, seit er geschlüpft ist vor 32 Stunden. Ich kann den Blick gar nicht mehr abwenden, schaue, ob sich die Bauchdecke hebt, und wenn sie das nicht tut, halte ich einen Finger unter die Nase, um die warme Luft zu spüren, die aus diesen winzigen Löchlein strömt. Und um ganz sicherzugehen, pike ich vorsichtig mit dem Zeigefinger in sein runzeliges Ärmchen oder Beinchen, sodass er irgendein entrüstetes Geräusch von sich gibt, ein leises.

Ich bin hundsverliebt – und gleichzeitig schlottern mir die wackeligen Knie vor diesem Drei-Kilo-Menschlein, das, seit es auf der Welt ist, noch immer nicht gepinkelt hat. »Hat er schon gepinkelt?«, fragen die Schwestern, wenn sie zu jeder Tag- und Nachtzeit in unser Zimmer hereinplatzen, irgendwem auf den Busen drücken, Blutdruck messen und sich die Schlachtfelder zwischen unseren Beinen ansehen.

»Trinkt er gut?«

»Nein?«

»Er schläft immer ein?«

Dann reißen sie den Wurm an den Ärmchen hoch, lassen ihn zum Aufwachen hin- und herbaumeln, betten ein kreischendes Kind in meinen Schoß und zerren an meinem Nippel, als wäre der eine Sauerstoffmaske in einem abstürzenden Flugzeug. »So«, sagen sie und ziehen noch ein bisschen mehr, »und rein.« Und dann stopfen sie die rosa Zitze in das kleine Mäulchen, das er beim Schreien so niedlich verzieht und damit aussieht wie eine Schildkröte.

Stillen, das habe ich bisher gelernt, bedeutet, seine befremdlich geschwollenen Brüste erst auf merkwürdigste Weise durchzuwalken, um nämlich den Milchfluss anzuregen, und dann seine Nippel derart zusammenzukneten und in den offenen Schlund des Kindes zu stecken, bis es vor lauter Brust nicht anders kann, als mit dem Schreien aufzuhören und loszusaugen. Das macht es instinktiv, sagt die Schwester. Mein Kind macht allerdings nix instinktiv, was das Saugen betrifft. Zwar brüllte es  **Das macht es instinktiv, sagt die Schwester. Mein Kind macht allerdings nix instinktiv, was das Saugen betrifft.** schon wie am Spieß, als es bloß mit dem Köpfchen aus meiner Körperöffnung lugte, aber saugen, dafür ist es zu faul. Sohnemann will, sobald er vor der Brust hängt, gemütlich am Nippel nuckeln und schlafen. Dabei fiepen. Und vermutlich wird er jämmerlich verhungern, weil er nicht trinkt.

Meine Zimmernachbarinnen schlummern scheinbar beide tief und fest und ich frage mich, wie das geht, wenn man gerade sein erstes Kind bekommen hat. Ihr Nachwuchs schläft ebenfalls – es sind riesige Babys, fast doppelt so groß wie meins, und natürlich sind sie, im Vergleich zu meinem, unsagbar hässlich. Ich habe noch nie so hässliche Babys gesehen, überhaupt ist die ganze Station überschwemmt mit hässlichen Babys. Aber sie werden alle überleben, weil sie trinken und weil ihre Mamas Milch haben. Und mein Engel, mit dem kleinen Puppengesicht, das schönste Baby der Welt, wird kläglich verhungern, weil ich das mit dem An- und Abnippeln nicht kann beziehungsweise weil an der Zapfsäule kein Sprit ankommt, egal, wie sehr man darauf rumdrückt. Im besten Fall quälen sich nur winzige, knallgelbe Tröpflein heraus, die aussehen wie Marienkäferkacke, während es bei den anderen nur so aus der Zitze schäumt.

Eine Zimmernachbarin ist Chinesin, die andere esoterisch. Wir haben noch nicht viel miteinander geredet – wir sind zu erschöpft für Small Talk, obwohl man seltsamerweise recht förmlich ist, dafür, dass man Netzunterhosen trägt, durch die man sich gegenseitig den blanken Hintern präsentiert. Aber große Tiefe erreichen die Gespräche nicht, schließlich hängen uns zum ersten Mal in unserem Leben die Genitalien aus dem Leib. Das tun sie zumindest bei mir, vielleicht hätte ich die Beckenbodenübungen doch ernster nehmen sollen. Mein Steißbein hat sich ebenfalls verabschiedet: Es ist nicht mehr da, wo es mal rausguckte. Sitzen geht gar nicht und gehen nur wie Methusalem. Und man hätte bei meinen breiten Hüften doch wirklich annehmen können, dass der Knirps da einfach rausflutscht.

Die Tür geht auf, die Schwester kommt rein, grantig. Meine esoterische Zimmernachbarin hat geklingelt, ob man das Bett nicht verschieben könne, ihr Qi fließe nicht aufgrund des fehlerhaften Feng-Shuis, deshalb könne sie nicht so gut schlafen und ihr Kind würde im schlimmsten Fall dauerhaften spirituellen Schaden davontragen. Die Nachtschwester, sichtlich gestresst, reagiert ungehalten, Feng-Shui gut und schön, der Platz aber sei begrenzt und sie hätte nun auch wirklich nichts zum

Auspendeln dabei. Als sie Richtung Tür hetzt, hüstele ich verlegen. »Könnten Sie mir wohl noch mal zeigen, wie das mit dem Stillen im Liegen geht ...?« Die Schwester kommt, legt den Wurm rabiat neben mich, bugsiert uns beide einander zugewandt in Seitenlage, rupft an meinem Nippel, stopft ihn Sohnemann so lange zwischen die Lippen, bis der Mund voller Brust ist (»Der Mund muss voller Brust sein!«, ist der Lieblingsspruch der Krankenschwestern hier), und rennt dann wieder davon. Sohnemann saugt dreimal und schläft dann wieder ein. Plopp macht es, als das Vakuum sich löst und der Nippel aus den Lippen rutscht. Ein hässliches, gehässiges Plopp. Es ist unumgänglich: Mein Sohn wird verhungern.

Jetzt dreht sich auch die Chinesin um, weil ihr Baby zu quaken beginnt; sie nimmt es fachmännisch an die Brust, während sie uns Langnasen erklärt, wie man Feng-Shui wirklich ausspricht. Mutter Esoterik stöhnt sich aus dem Bett und schleicht gebückt ins Bad. Es ist still. Eine Uhr tickt, ein Kind saugt, zwei Kinder atmen. Ist meins dabei? Ja. Noch.

 Eine Uhr tickt, ein Kind saugt, zwei Kinder atmen. Ist meins dabei? Ja. Noch.

Als Mutter Esoterik wieder zurückkommt und mich gequält ansieht, kann ich nicht länger an mich halten. »Habt ihr auch das Gefühl, dass euch jeden Moment die Organe unten rausrutschen?«

Die Chinesin schüttelt den Kopf, denn sie hatte einen Kaiserschnitt. Da fallen die Organe nicht unten raus, sondern quellen aus der Bauchdecke. Und Mutter Esoterik erklärt, sie hätte vorbeugendes Beckenbodenyoga gemacht und während der Geburt kehlige »Uuus« getönt. »Uuus« habe ich auch getönt, denke ich, aber es waren wohl mehr Urschreie.

Die Wehen hatten beim Feierabendtee mit Christine begonnen, mit einem sehr unangenehmen Ziehen in Bauch und Rücken und zwar gleich von Beginn an alle sechs Minuten. Eine Stunde nachdem die Freundin weg war, simste ich dem Gatten: »Komm doch mal nach Hause.« Der Gatte kam. Um elf fuhren wir ins Krankenhaus und wurden wieder weggeschickt. Obwohl ich getönt, gejapst und wild veratmet hatte, hatte der blöde Muttermund seine Lippen nur um zwei Zentimeter geöffnet. Wir fuhren also heim mit der Anweisung, wiederzukommen, wenn die Wehen heftiger würden oder wenn ich bluten sollte. Die Wehen wurden heftiger, aber ich war nicht sicher, ob heftig genug. Also harrte ich aus, schnaufend und hechelnd. Und dann fiel der Schleimpfropfen ab. Das sagt einem ja vorher kein Mensch, wie widerlich der ist. Plopp machte es, als das Ding, genauso ekelig wie der Name, ins Klo plumpste. Danach ging das Bluten los. Die Anweisung war zu kommen, wenn es mehr als bei der Menstruation blutete. Aber wessen Menstruation? Ich blutete also vor mich hin, sang, ächzte und tönte meine Wehen so laut, dass der Gatte sich auf die Couch verbannte. Irgendwann dachte ich, das Kind fiele jeden Moment raus, war aber unsicher, ob es den Ärzten genügen würde. Ich versuchte, meine Fruchtblase mit scharfsinnigen Mantras zum Platzen zu bringen, denn dann durfte ich auf jeden Fall wieder hinfahren. Das verdammte Ding platzte aber nicht. Es riss auch nicht. Es war wohl aus Gummi und würde vermutlich zusammen mit dem Baby rausrutschen. Wenn das denn dann irgendwann käme. Die Ärztin hatte nämlich gesagt, das mit den Wehen könne auch noch einen ganzen langen Tag so gehen. Eins, zwei, drei, vier. Eins, zwei, drei, vier. Bis ich dann irgendwann zwischen dem Geblute und den immer stärker werdenden Schmerzen ein bisschen Angst hatte. Und es mir egal war, ob man mich auslachen würde. So weckte ich meinen Mann um fünf Uhr morgens, ich wollte nun doch gern zurück ins Krankenhaus. »Bist du sicher?«, fragte mein Mann halb schnarchend. Und schlief wieder ein. Als ich ihn daraufhin anbrüllte, dass sein Sohn mir zwischen den Beinen entgegenwinkte, sprang er mit einem panischen Satz von der Couch in seine Schuhe, von dort ins Auto und fuhr fast ohne mich los. Im Krankenhaus verlautete man, dass der bekackte Muttermund nur zwei Zentimeter weiter aufgegangen war. Mir kamen die Tränen, als die Hebamme das sagte. Und als sie mich deshalb lobte, dachte ich, sie mache einen gehässigen Witz. Aber sie lächelte bloß: »Wir machen jetzt einen Kreißsaal für Sie fertig.« Da heulte ich aus Dankbarkeit.

Die nächsten sechs Stunden verbrachte ich im gepunkteten Krankenhaushemdchen mit blankem Po in einem hübsch eingerichteten, hochmodernen Kreißsaal und klammerte mich schnaufend an das Bettgestell. Mein Mann derweil wusste weder ein noch aus: Kümmerte er sich um mich, keifte ich um Ruhe. Saß er eingeschüchtert in der Ecke und warf einen Blick aufs Handy, zischte ich, er möge sich doch bitte um seine Frau bemühen, schließlich sei die gerade dabei, eine Wassermelone aus ihrer Mumu zu pressen. Die Hebamme kam und guckte, prima, sieben Zentimeter. Sieben Zentimeter? Sieben

Zentimeter? Nach mehr als 15 Stunden Schmerzen? Ob ich wohl eine PDA ... Da guckte die Hebamme enttäuscht, nein, die würde sie jetzt nicht mehr empfeh-

Sieben Zentimeter? Nach mehr als 15 Stunden Schmerzen? Ob ich wohl eine PDA ...

len, das würde nur alles verlangsamen und dann müsse man die Wehen später wieder ankurbeln ... »Wir« wären doch fast da. Und während mir schnaufend und hechelnd die Schamlippen schlackerten, begann die Ärztin im Praktikum, die irgendwann hereingeschneit war und gefragt hatte, ob sie bei uns zugucken dürfte, neckischen Small Talk mit meinem Mann. »Nicht pressen«, sagte die Hebamme zwischen meinen Beinen. »Nicht pressen, so weit sind wir noch nicht.« Sie verschwand wieder im Nachbarzimmer, während ich mittlerweile das tat, was ich niemals hatte tun wollen: Ich tönte wie ein Blauwal verzweifelt ein »Uuu« nach dem anderen, während sich in meinem Körper Atlantikwellen auftürmten. Es war ganz eindeutig, das Kind wollte raus. Ich läutete Sturm und brüllte der sich öffnenden Tür entgegen: »Ich kann nicht mehr nicht pressen! Ich muss pressen! Ich *muss!*«

Die Hebamme eilte heran und steckte erneut ihren Kopf zwischen meine Beine: »Prima«, warf sie enthusiastisch die Arme in die Luft, »wir sind ganz geöffnet. Bei der nächsten Wehe das Kinn auf die Brust und pressen ...«

Die erste echte Presswehe kam, eine Naturgewalt ohnegleichen, ähnlich einem schmerzhaften, aber berauschenden Orgasmus, ich riss das Kinn gen Busen, presste und ... *padauz!* Mit einem gewaltigen Knall und einer gigantischen

Fontäne explodierte die resistente Fruchtblase, die nun fast zwanzig Stunden nicht hatte platzen wollen. Das neun Monate alte Badewasser meines Sohnes spritzte über Hebamme und Jungärztin, die erwartungsvoll in meinen Schambereich gelugt hatten. Beide waren patschnass, von ihren blonden Haaren tropfte mein grünes Fruchtwasser. Meine ach so große Sorge, unkontrolliert ein Würstchen auf den Gebärtisch zu kacken, war angesichts dieser unsagbaren Peinlichkeit nichtig geworden – ich hatte das Krankenhauspersonal mit meinen Körpersäften geduscht!

Der Gatte, mit leicht gelbem Gesicht neben mir, interessierte sich wenig für das, was zwischen meinen Beinen passierte, und war deshalb trocken geblieben. Er war eher kleinlaut, außer in einer Wehenpause, als ich ihn schweißgebadet anlächelte und er mich zaghaft küsste, meinte er liebevoll, meine Füße könnten eventuell noch mal eine Pediküre gebrauchen. Weil die nächste Wehe anrauschte, veratmete ich meine Antwort japsend. Und dann war der kleine Mann da. Was noch alles riss und wie mein Kind auf die Erde schlüpfte, war nebensächlich – plötzlich lag er auf meiner Brust, ließ das Gebrüll verstummen und blinzelte mich verschlafen mit seinen dunkelblauen Augen an. Er war so winzig, dass er auf meinem Unterarm liegen konnte. Er war verklebt und verrunzelt und wunderschön. Und er war meins.

»Wolltest du einen Kaiserschnitt haben?«, fragt Mama Esoterik die Chinesin naserümpfend, schließlich geht nichts über eine natürliche Geburt, und die Chinesin nickt. Für sie ist das höchste aller Gefühle ein Termin in einer Welt, in der mittlerweile alles kontrolliert werden kann. Außerdem hat die Mutter, die zum

Hüten aus China kommt, nur begrenzt Zeit, man musste alles genau planen.

Die Chinesin legt ihr Baby ins Bettchen und wackelt aus dem Zimmer. »Ich hole mal Milch«, sagt sie und ich starre ihr verwirrt hinterher. Vermutlich habe ich mich verhört.

»Eigentlich wollte ich das Kind zu Hause im Fersensitz bekommen«, sagt Mama Esoterik, »aber es gab Komplikationen.«

»Eigentlich wollte ich das Kind zu Hause im Fersensitz bekommen«, sagt Mama Esoterik, »aber es gab Komplikationen.«

»Es ist aber dann alles gut gegangen?«, frage ich und bin dankbar, dass meine Komplikationen nur peinlicher Natur gewesen sind.

Mama Esoterik nickt. »Wir haben dann letztlich doch den Krankenwagen gerufen. Die Hebamme konnte nichts mehr tun.« Sie errötet etwas und schaut verklärt in das Kinderbettchen neben ihr. Ich tue es ihr nach, so lange bis die Tür aufgeht und die Chinesin mit einem winzigen Fläschchen zurückkommt und es ihrem Kind in den Hals stopft.

»Hast du denn nicht genug Milch?«, frage ich verunsichert. »Dein Kleiner scheint doch prima zu trinken …?«

Sie brummt nur und plötzlich verstehe ich, warum manche Babys immer so mopsig aussehen und kaum aus den Augen schauen können. Die werden gemästet wie Weihnachtsgänse!

»Also, ich würde meinem Kind keine Flasche geben«, sagt Mama Esoterik dann, »das gibt Saugverwirrung. Muttermilch ist das Beste.«

Meine unnützen Brüste welken vor Scham. »Ich weiß nicht, ob ich genug Milch habe«, sage ich. »Ich würde ja gern stillen, aber wenn es nicht geht, ist die Flasche ...«

»... wider die Natur!«, beendet Mama Esoterik meinen Satz. »Allein dieser Krankenhausbesuch ist schon ein künstliches Trauma für uns. Im Sommer hätte ich auf dem Feld geboren.«

Die Chinesin guckt wenig begeistert bei dem Gedanken. »Wenn man Fläschchen gibt, kann ein anderer füttern«, sagt sie, »dann kann die Mutter Kraft schöpfen. Das ist auch wichtig.«

Und ich will einwerfen, ob das Kind verhungern soll bei zu wenig Milch, traue mich aber nicht, weil meins bestimmt eingehen wird.

»Dieses Milchpulver ist chemischer Mist. Geldmacherei! Ihr wisst nicht, was ihr euren Kindern damit antut.« Für eine Weile schweigen wir betreten. »Und Impfungen sind erst recht Teufelszeug!«, schimpft Mama Esoterik dann plötzlich. »Die Natur wollte, dass wir diesen Reizen ausgesetzt sind! Zur Abhärtung.«

Ich streichle meinem kleinen Mann über das Köpfchen und brumme missbilligend. »Die Natur wollte auch, dass wir unser hochentwickeltes Hirn benutzen«, murmele ich leise. »Im Normalfall sind die Impfreaktionen ja weniger schlimm, als wenn die Krankheit ausbricht. Polio oder Pocken oder so. Das ist furchtbar. Meinem Kind möchte ich das nicht antun.«

Mama Esoterik schnaubt, hebt ihr Kind an die Brust und lässt es trinken. »Es geht nichts über die Natur!«, schnappt sie dann leise in den Raum hinein.

Ich denke an Bilharziose, Cholera, Tsunamis und Vulkane. Das ist auch alles Natur. Oder diese kleinen Amazonasfischchen, die mit Vorliebe in Männerpenisse hineinschwimmen und sich da festhaken. Oder eiternde, abfaulende Wunden, in denen Fliegen ihre Eier ablegen. Alles Natur. Aber ich halte die Klappe und auch die Chinesin bettet sich zurück in die Laken. Die hat wahrscheinlich eh genug mit den traditionellen Gebärvorgaben ihrer Kultur und denen ihres deutschen Mannes zu kämpfen. Einerseits Kaiserschnitt »aus Bequemlichkeit« wählen, aber dann einen Monat nicht duschen dürfen und jeden Tag Entengrütze mit geriebenem Seegurkenschniepel essen.

Mein Sohn quäkt und ich lege ihn an die Brust. Da liegt er dann, kämpft mit dem Nippel und schläft wieder ein. Und so liegen wir bis zum Morgengrauen, bis zur Besuchszeit, als die Tür aufgeht und die Mutter der Chinesin mit einer Tupperdose grüner Algensuppe reinkommt. Mein Mann rollt ebenfalls an, die Schwiegermutter im Schlepptau, der Tag geht um, eine weitere Nacht ebenso. Irgendwann dürfen wir endlich nach Hause. Und Mama Esoterik, das höre ich, als ich mich mit meinem ausgeleierten Beckenboden durch das Neonlicht des Krankenhausflurs in Richtung Auto schleppe, weint an der Schulter ihres Mannes. »Scht«, sagt der, »scht. Ist doch nicht schlimm, dass du die Schmerzen nicht ausgehalten hast und ins Krankenhaus wolltest. Deine Aura wird dir die PDA schon verzeihen.«

»Ist doch nicht schlimm, dass du die Schmerzen nicht ausgehalten hast und ins Krankenhaus wolltest. Deine Aura wird dir die PDA schon verzeihen.«

Da muss ich lächeln. Aber nur ein bisschen. Denn wenn man oben lächelt, zieht es unten mit. Und ich denke: Es ist ein Wunder, dass so viele mehr als ein Kind haben. Man muss doch verrückt sein, das noch mal mitzumachen. Die Autotür fällt hinter mir zu. Neben mir, im Maxi-Cosi, liegt mein Sohn und schläft, leise fiepend. Für mich beginnt ein neues Leben. Mit ganz viel Liebe. Und Glück. Und riesengroßer Angst vor dieser Verantwortung. Vor diesem kleinen Wunder. Und ganz besonders vor dem ersten Stuhlgang danach.

Ein Job, den ich liebe

Die Dämmerung legte sich wie eine leichte Decke über die Stadt, als ich die Klinik betrat. In wenigen Minuten würde ich mich in Schwester Miriam verwandeln und die Verantwortung für zwanzig psychisch labile Menschen übernehmen, und das bis morgen früh um sechs.

Wie meistens zu Beginn der Nachtschicht herrschte im ganzen Gebäude eine ruhige Schläfrigkeit. Dachte ich jedenfalls.

Nichtsahnend schloss ich die erste Tür zu meiner Station auf, passierte die Schleuse und öffnete mit einem Transponder die zweite. In eine geschlossene Abteilung der Akutpsychologie kommt man nicht so einfach rein. Und natürlich auch nicht raus.

Lasset das Chaos beginnen, dachte ich noch, da flog mir auch schon ein Feuerzeug um die Ohren. Es knallte direkt neben mir an die Wand und explodierte mit einem nicht zu verachtenden Feuerball. Von wegen ruhige Schläfrigkeit!

Wer hat das denn hier reingeschmuggelt?, überlegte ich, während ich mich mit einem Satz in Sicherheit brachte. Bestimmt ein wohlmeinender Angehöriger, der das mit der Fürsorge irgendwie missverstanden hatte.

War jetzt auch Nebensache. Erst einmal musste ich mir einen Überblick über die Situation verschaffen. Denn die schien im wahrsten Sinne des Wortes brenzlig zu sein. Die Patienten rannten völlig außer Rand und Band von Zimmer zu Zimmer, johlten, klatschten und grölten Lieder, die diese Bezeichnung nicht verdienten.

Mittendrin entdeckte ich meine Kollegin, die einer Patientin hinterherjagte. Frau G. sprintete durch die Gänge, mit einer Leuchtfackel bewaffnet, die sie emporreckte wie eine Läuferin das olympische Feuer. Eigentlich war es bloß ein Papierkorb, aber nachdem sie, wie ich später erfuhr, einen Brief angezündet und hineingeworfen hatte, brannte dieser lichterloh.

Kaum zu fassen, wie viel Unheil man mit einem einzigen Feuerzeug anrichten kann!

Kaum zu fassen, wie viel Unheil man mit einem einzigen Feuerzeug anrichten kann!

»Schnell«, japste meine Kollegin, »alarmiere den Wachdienst!«

Gute Idee. Sehr gute Idee sogar. Warum hatte sie das nicht längst selbst getan? Aber Hauptsache, eine von uns bewahrte die Ruhe und tat, was getan werden musste. So wie damals in der ersten Klasse, als ein Mitschüler hinfiel und ich sofort zur Stelle war, um die Wunde mit Tupfer und Pflaster zu versorgen, während unsere Klassenlehrerin schon beim ersten Bluttropfen kreideweiß im Gesicht wurde ...

»Du wirst sicher mal Krankenschwester«, hatte es damals geheißen. Und so ist es dann auch gekommen.

Keine Ausbildung der Welt bereitet einen allerdings auf Situationen wie diese vor: Als ich das Schwesternzimmer erreichte, um die Security zu rufen, stand die Tür sperrangelweit offen. Am Schreibtisch lungerten zwei Patienten. Seelenruhig schmökerten Herr L. und Herr S. in den topgeheimen Akten ihrer Mitpatienten.

»Raus hier!«, herrschte ich sie an.

Jetzt bloß keine Schwäche zeigen!

So ganz konnte ich das Flattern in meiner Stimme allerdings nicht verhindern. Immerhin überragten mich die beiden um mindestens einen Kopf und ich erinnerte mich nur zu gut daran, wie sie hier eingeliefert wurden. Fixiert und in Begleitung von drei kräftigen Polizisten. So ist das üblich. Wenn die Gurte gelöst sind und sich unsere Freunde und Helfer aus dem Staub machen, sind die Patienten dann unser Problem. In diesem Fall waren die zwei Kolosse jetzt meines.

Meine Entschlossenheit schien die Herren L. und S. nachhaltig beeindruckt zu haben, denn wider Erwarten verließen sie den Raum. Die Akten, in denen sie herumgeschnüffelt hatten, würde ich später wegräumen - erst einmal galt es, den Pieper zu suchen.

Ich fand ihn hinter dem Schrank (wie in aller Welt war er bloß dahin geraten?) und hielt den Alarmknopf so lange gedrückt, bis mir ein leichtes Vibrieren signalisierte, dass der Wachdienst informiert war. Blieb zu hoffen, dass heute zwei flotte Jungs Dienst hatten, die nicht erst noch eine Zigarette rauchten, bevor sie sich auf den Weg machten. Doch selbst wenn sie einen neuen Rekord aufstellen würden, konnte ich nicht auf sie warten - da draußen brannte noch immer ein Papierkorb.

Meiner Kollegin stand der Schweiß auf der Stirn, ihr Gesicht glühte hochrot und sie war völlig außer Atem.

Kein Wunder - die Situation im Korridor war unterdessen immer weiter außer Kontrolle geraten. Ein halbes Dutzend Patienten hatte sich um das Lagerfeuer versammelt und indianisch anmutende Klänge angestimmt. Was alle anderen Patienten dermaßen anstachelte, dass sie sich gebärdeten, als hätten sie eine Überdosis Aufputschmittel intus.

Mit anderen Worten: Der Wahnsinn war ausgebrochen!

Natürlich ist das keine medizinisch korrekte Bezeichnung. Aber es gibt Momente, da ähnelt die Akutpsychologie mehr einem Tollhaus längst vergangener Zeiten als einer modernen, professionellen Einrichtung ...

Irgendwie gelang es mir, den brennenden Papierkorb zu packen, in Richtung Toilette zu bugsieren und dort zu löschen. Leider nicht, ohne mir dabei die Hände zu verbrennen. Verflixt, das tat weh!

Beim Hinausgehen ertappte ich Frau B. dabei, wie sie ihr Geschäft gerade im Waschbecken erledigte.

Na großartig! Das durfte ich dann wohl gleich noch in Ordnung bringen ... Aber eins nach dem anderen.

»Was ist denn hier los?«

Aha, das Security-Team war eingetroffen. Zwei junge Kerle um die zwanzig, die ich noch nie gesehen hatte. Kein Wunder, die Mitarbeiter im Wachdienst sind chronisch unterbezahlt, wechseln häufig und gehören dementsprechend auch nicht zu den Topleuten ihrer Zunft.

Mir lag schon ein sarkastisches »Alles wunderbar ruhig hier, finden Sie nicht auch?« auf den Lippen, aber ich verkniff es mir lieber, denn die beiden Jungs wirkten auch so schon restlos überfordert. Immerhin schienen sie nach dem ersten Schrecken den Ernst der Lage zu erfassen und halfen uns dabei, die Patienten zu beruhigen. Während wir es irgendwie schafften, Frau G., Herrn L, Frau B., Herrn S. sowie die anderen nacheinander ins Bett zu lotsen, behielt ich die beiden Wachleute im Auge. Schließlich hatten sie wenig Erfahrung mit unseren Patienten,

die gern auch mal um sich schlugen, spuckten oder urinierten ...
Es ist gar nicht so einfach, solche Situationen souverän zu meistern, ohne zu grob zu werden.

Es dauerte geschlagene zwei Stunden, bis wir die Lage endlich im Griff hatten. Meine Kollegin war den Tränen nah, die Wachleute kalkweiß im Gesicht und auch ich einigermaßen erschöpft, doch meine Schicht hatte ja gerade erst angefangen.

Während die Security-Leute ihren Bericht schrieben, organisierten wir eine schnelle Übergabe.

Und dann war ich allein.

Allein mit zwanzig psychisch auffälligen Patienten.

In einer Abteilung, die aussah, als wäre gerade eine wilde Abrissparty gefeiert worden ...

Und dann war ich allein.
Allein mit zwanzig psychisch auffälligen Patienten.

Blieb zu hoffen, dass sich jetzt alle ausgetobt hatten. Vielleicht würde wenigstens der Rest der Nacht ruhig blieben und ich konnte meine To-do-Liste abarbeiten. Erst schrieb ich einen Bericht für die Frühschicht. Dann räumte ich den Flur auf und beseitigte die Fäkalien, die Frau B. im Waschbecken hinterlassen hatte. Kaum war ich damit fertig, stand Frau G. vor mir.

»Es stinkt«, teilte sie mir mit.

»Natürlich tut es das. Ich habe gerade erst sauber gemacht«, erwiderte ich und lächelte erschöpft, während ich die Handschuhe abstreifte.

»Es stinkt in meinem Nebenzimmer!«, brüllte sie, als wäre das meine Schuld.

Mir schwante Übles. Für eine Krankenschwester kann Gestank auf alles Mögliche hinweisen und ich hatte in dieser Hinsicht schon allerhand erlebt – vom verstopften Abfluss bis zur vergessenen Leiche. Ich beeilte mich also, Frau G. in ihr Bett zu bringen, um dann rasch die Tür des Nebenzimmers zu öffnen.

»Herr im Himmel!«, entfuhr es mir beim Anblick von Herrn O. Pudelnackt saß er am Schreibtisch und war von oben bis unten mit Kot beschmiert. Zu allem Elend schien seine Operationsnarbe aufgegangen zu sein, denn aus einer offenen Bauchwunde tropfte Blut zu Boden.

Nichts davon trübte jedoch seine blendende Laune.

»Hallo, Schwester!«, begrüßte er mich leutselig. »Schon Zeit fürs Frühstück?«

Ich griff zum Telefon und wählte die Tastenkombination, die mich mit dem diensthabenden Arzt verbinden würde. Hoffentlich war er fit und hatte nicht gerade einen 24-Stunden-Dienst hinter sich!

Während ich auf den Doc wartete, lotste ich Herrn O. zu seinem Bett, um seine Wunde zu säubern und ihn notdürftig zu verbinden. Es gelang mir, den intensiven Fäkalgeruch einigermaßen zu ignorieren. Blut, Gedärme, Organe, nichts davon hatte mich jemals geekelt. Für mich war der gesamte menschliche Körper ein einziges Wunderwerk, das es zu erkunden galt – und nicht alles an diesem Wunderwerk roch wie der junge Frühling. Das war nun mal so.

»Schon wieder so ein Scheißer«, stellte der Arzt naserümpfend fest, als er nach erfreulich kurzer Zeit eintraf. Tatsächlich ist es keine Seltenheit in dieser Abteilung, dass sich Patienten mit ihren Körpersäften besudeln. Das lässt sich eben nicht vermeiden. Wir können sie ja nicht rund um die Uhr überwachen und eine Fixierung ist nur nach vielen rechtlichen Hürden erlaubt.

Der diensthabende Arzt und ich waren noch dabei, gemeinsam die Wunde des nach wie vor strahlenden Herrn O. zu versorgen, als schon der nächste Hilferuf über den Flur schallte. Ich erkannte die durchdringende Stimme sofort und hätte sie am liebsten ignoriert.

»Gehen Sie nur«, meinte der Arzt, der Herrn O. gerade eine Beruhigungsspritze verpasste, und mir blieb nichts anderes übrig, als dem schrillen Ruf der nächsten Patientin zu folgen.

Drei Zimmer weiter empfing mich Frau J. mit finsterer Miene.

Drei Zimmer weiter empfing mich Frau J. mit finsterer Miene. »Das hat aber lange gedauert!«

»Das hat aber lange gedauert!«

Ich atmete tief durch, bat um Verzeihung und wies darauf hin, wie viel in dieser Nacht los war.

»Und Sie stinken.«

Das war mir bewusst. Schließlich hatte ich gerade einen vollgekoteten Patienten versorgt. Musste ich das jetzt ernsthaft mit Frau J. diskutieren? Die Frage war ja viel mehr, was akut ihr Problem war. Dem Schrei von vorhin nach zu urteilen, musste sie Höllenqualen leiden. Doch auf den ersten Blick schien es ihr prima zu gehen. Ich ging also nicht weiter auf die Sache mit dem Gestank ein, sondern fragte höflich nach, was ich für sie tun könne.

»Mein Kissen ist unbequem.«

Aha.

»Ich will, dass Sie es richten. Aber erst müssen Sie duschen!«

Wie bitte?

Verwechselte mich die gute Frau J. gerade mit einem Dienstmädchen? Rein körperlich war sie durchaus selbst dazu in der Lage, ihr Kissen aufzuschütteln.

Ich kam nicht mehr dazu, das Thema mit ihr auszudiskutieren, denn ein lautes Piepen ertönte. Jemand hatte den Notruf am Bett betätigt. Laut Anzeige war es Herr M., dessen Zimmer direkt neben dem von Herrn O. lag. Ich riss die Tür auf, schaltete das Licht an und war sofort am Bett. Herr. M. röchelte so stark, dass seine Augen bereits heraustraten.

»Herr Doktor!«, rief ich nach nebenan.

»Das schaffen Sie allein«, rief er zurück.

Für eine Zehntelsekunde dachte ich daran, wie meine Eltern immer darauf gedrängt hatten, ich solle Medizin studieren. Aber nach einer sehr frühen Heirat und einer unglücklichen Scheidung war ich dann doch keine Ärztin geworden, sondern examinierte und staatlich geprüfte Krankenschwester.

Herrn M. war das in diesem Moment egal, er wollte nur eins: atmen. Schnell zog ich Handschuhe über und griff in seinen Rachen. Ich bekam etwas zu fassen und zog es heraus. Es war ein Legostein.

Herr M. bekam wieder Luft. Und bald gingen seine Atemzüge ganz ruhig – er war eingeschlafen. Ich blieb schweißgebadet zurück und sah ihm einen Moment zu.

Anschließend assistierte ich wieder dem diensthabenden Arzt, reinigte Herrn O., bereitete die Übergabe vor und schaffte es sogar einmal, selbst auf Toilette zu gehen, bevor meine Schicht zu Ende war. Das Essen dagegen musste ausfallen - dafür blieb keine Zeit.

Bevor ich die Station im Morgengrauen verließ, rief mich Frau J. noch einmal.

»Können Sie jetzt mein Kissen aufschütteln?«

Ich lächelte matt und tat ihr den Gefallen.

Warum?

Nun - ich liebe meinen Job eben ...

KAPITEL 6

Wieder daheim

»Wenn ich erst draußen bin, mache ich ...«

Die Entlassung ist der Tag, dem der stationäre Patient entgegenfiebert. Er nimmt sich vor, sein Leben, seine Gesundheit, seine Freiheit ab sofort mehr zu schätzen. Nun ja, was man sich so alles vornimmt ...

Die 10 größten Gesundheitsmythen

1. »Ob ich nett bin oder zickig – der Doc wird schon erkennen, was mir fehlt«

Eine niederländische Studie zeigte vor Kurzem, dass schwierige Patienten viel wahrscheinlicher eine falsche Diagnose bekommen. Wer Arzt oder Ärztin gegenüber aggressiv oder neunmalklug auftrat, hatte ein erheblich höheres Risiko, dass seine Lungen- oder Blinddarmentzündung nicht erkannt wurde. Welche Erkrankung bei jedem Patienten vorlag, beurteilten die Mediziner aufgrund von erfundenen schriftlichen Fallberichten, sodass zum Glück kein Mensch zu Schaden kam. Doch die Kernaussage der Studie gilt, betonten Ärzte aus Deutschland. Also: Nett sein zahlt sich aus – auch in der Arztpraxis!

2. »Wenn es mir kalt wird, erkälte ich mich«

Fakt ist: Wer sich dauerhaft zu luftig kleidet, kann Schleimhäute und Immunsystem schwächen und dadurch Erkältungsviren Tür und Tor öffnen. Die eigene Abwehr auszuschalten, schafft der Mensch aber auch mit Dauerstress, Schlafentzug und zu viel Alkohol. Warum wir uns dann in der kalten Jahreszeit so leicht anstecken? Schuld sind auch die trockene Heizungsluft und dass die Menschen sich in unseren Breitengraden zu dicht auf der Pelle sitzen. Spaziergänge und häufiges Händewaschen beugen vor. Nasenduschen, eine gute Ernährung und ausreichend Schlaf auch. Dann haben die Viren, die krank machen, kaum eine Chance – auch im eisigen Winter nicht.

3. »Pränatale Untersuchungen garantieren ein gesundes Kind«

Wär ja auch zu schön gewesen. Mama in spe lässt sich Fruchtwasser oder Blut abzapfen und schon haben sie und der werdende Papa Gewissheit: Das Kind kommt makellos zur Welt. So schön wie der Vater, so klug wie die Mutter oder umgekehrt.

Die nackte Wahrheit ist hingegen: Die Pränataldiagnostik schenkt werdenden Eltern im besten Falle Erleichterung – »Trisomie 13, 18 und 21 sowie einen offenen Rücken hat es schon mal nicht«. Im Ernstfall ermöglicht die Untersuchung werdenden Eltern, sich zu entscheiden: Lasse ich mein Kind noch im Mutterleib operieren? Bekomme ich mein Baby mit einer Trisomie plus Herzfehler in einem Zentrum mit den besten Chirurgen? Oder auch: Treibe ich ab?

Eltern in spe sollten aber nicht vergessen: Die Garantie für ein gesundes Kind gibt es nicht. Auf viele Auslöser von geistigen und körperlichen Besonderheiten kann man noch nicht vorgeburtlich testen.

4. »Kopfläuse springen ... und zwar auf ungewaschene Köpfe«

Die Kopflaus, fachsprachlich: Pediculus humanus capitis, kann nur krabbeln. Und das ausschließlich von Haar zu Haar. Darum schützen ein Bubikopf beziehungsweise straffe Zöpfe und der Verzicht darauf, Freunde mit Küsschen zu begrüßen, ziemlich gut vor der Ansteckung. Wobei beim Mützen- oder Bürstentausch in der Schulpause durchaus ein Krabbler den

Wirt wechseln kann. Entgegen landläufiger Meinung bevorzugen Läuse übrigens keine Schmuddelköpfe. Die nehmen inzwischen alles. Sitzt Pediculus erst im Schopf, hilft weder das Haarewaschen noch das Tauchen und erst recht kein Haarspray – die Biester krallen sich dann noch entschiedener fest und halten extrem viel aus. Manches vom Arzt verschriebene Anti-Läuse-Mittel mit Insektengift wirkt inzwischen übrigens nicht mehr – einige Läusestämme haben Resistenzen entwickelt. Zum Glück gibt es auch Dimeticon-Präparate und ölhaltige Shampoos, die die Läuse ersticken lassen. Wichtig: Die Behandlung wiederholen!

5. »Wer dick ist, ist selbst schuld«

Wenig essen, viel Sport und schon klappt es mit der schlanken Linie? Schön wär's, sagen Ärzte, die stark Übergewichtige zum Normalgewicht zu begleiten versuchen. Sie wissen: Viele kommen bei aller Disziplin nie dort an. Manche Menschen sind von Natur aus üppig. Sie verbrennen wenige Kalorien und müssten ständig hungern, um halbwegs schlank zu werden. Andere spüren nicht, wann sie satt sind – das kann anerzogen sein oder an hormonellen Störungen liegen. Hauptsächlich Frauen bekommen das sogenannte Lipödem, eine Fettverteilungsstörung, deren genaue Ursache noch unklar ist. Sie beginnt oft in der Pubertät oder Schwangerschaft. Die Polster, die den Patientinnen zuwachsen, schmelzen weder durch Fasten noch durch Training. Fachkundige Ärzte wissen das alles und ersparen den Patientinnen und Patienten deshalb Sprüche wie: »Nehmen Sie einfach ab, dann tut Ihnen nichts mehr weh.«

6. »Bloß kein Körperkontakt zu Menschen, die HIV-positiv sind!«

Mit einem Menschen, der sich mit HIV infiziert hat, dürfen Sie alles tun, was Sie möchten, und Sie bleiben gesund – vorausgesetzt, er macht eine moderne antiretrovirale Therapie. Die hält die Viruslast der Patienten meistens so niedrig, dass eine Ansteckung ausgeschlossen ist.

Ach so: Sie wissen nicht, ob diese faszinierende Person, die Sie gerade kennengelernt haben und vernaschen möchten, HIV-positiv und/oder in Behandlung ist? Dann sind Kondome eine gute Idee. Sie schützen bekanntlich auch vor anderen sexuell übertragbaren Erkrankungen sowie ungewollten Schwangerschaften. Oder Sie belassen es vorerst beim Kuscheln, Händchenhalten und Knutschen. Ansteckungsgefahr gleich null.

7. »An Allergien sind die Eltern schuld«

Fakt ist: Jeden Fünften in Deutschland plagt mindestens eine Allergie. Fakt ist auch: Das liegt an den Genen und an unserem modernen Lebenswandel. Aber an welchen Faktoren genau – der Luft, der Hygiene, der Ernährung oder allem zusammen? Darüber wird weiterhin gestritten. Der aktuelle Stand der Forschung besagt: Dass Ihre Mama Sie nur kurz stillen konnte und Papa Ihnen mit neun Monaten Erdnussflips gab, hat jedenfalls nichts mit Ihrem Heuschnupfen zu tun. Allergien und ihre kleinen Geschwister, die Unverträglichkeiten, kann der Mensch übrigens lebenslang bekommen. Bleibt der Trost: Es gibt immer mehr gute Allergologen und Heilpraktiker, die Ihre Schmerzen, Niesattacken und/oder Ausschläge in die Flucht schlagen.

Manchmal verschwindet eine Allergie auch von allein wieder und zwar so schnell, wie sie gekommen ist.

8. »Nahrungsergänzungsmittel haben null Nebenwirkungen«

Wussten Sie, dass man Warfarin, das Thrombosen vorbeugt, und Omega-3-Fettsäuren nicht kombinieren sollte? Blutungsgefahr! Oder dass das stimmungsaufhellende Johanniskraut die Pille außer Kraft setzen kann? So viel zum Thema: Naturheilkunde ist Firlefanz. Fakt ist: So manches Mittel aus dem Super- oder Drogeriemarkt hilft so gut, dass auch Allgemeinmediziner es ihren Patienten ans Herz legen. Aber was erwünschte Wirkungen zeigt, hat bisweilen auch unerwünschte – gemeinsam mit anderen Medikamenten könnte es sogar gefährlich werden. Sprechen Sie also mit Ihrem Arzt offen über alle Tees, Kapseln und Tropfen, mit denen Sie sich selbst stärken. Rechnen Sie damit, dass er bei all seinem Wissen kein wandelndes Lexikon ist. Aber ein guter Arzt wird recherchieren und Ihnen sagen können: Diese oder jene Kombi lassen Sie mal lieber bleiben.

9. »Mit der richtigen Einstellung kriegt man keinen Krebs«

Man kann das Risiko minimieren: nicht rauchen, wenig saufen, wenig rotes Fleisch essen, auf Gewicht und Sonnenschutz achten und nicht neben ein AKW ziehen. Oder jung sterben. Denn im Alter neigt der Körper verstärkt zur Tumorbildung. Fakt ist: Bis er mit achtzig plus irgendwann gehen muss, wird jeder zweite Deutsche eine Krebsdiagnose bekommen haben. Das besagen aktuelle, vertrauenswürdige Hochrechnungen. Nur für drei von zehn Krebsdiagnosen sind übrigens falscher Lebensstil und/oder schlechte Gene verantwortlich. Der Rest der Patienten hat einfach Pech gehabt. »Ja, aber wenn ich Pech habe, kann ich mit der richtigen Einstellung den Krebs bestimmt besiegen!« Jein. Hängt ganz davon ab, welcher Krebs Sie erwischt hat, ab wann und wie er behandelt wird. Jetzt die gute Nachricht: Aktuell werden fünfzig Prozent aller an Krebs Erkrankten wieder völlig gesund. Viele andere leben zudem noch eine lange Zeit mit dem Feind im eigenen Körper weiter. Dafür, dass diese chronisch Krebskranken ein so gutes Leben wie möglich haben, und um künftig noch viel mehr Menschen vom Krebs zu befreien, tun Ärzte und Forscher eine Menge. Es gibt also allen Grund zum Optimismus.

10. »Diabetes bekommt, wer zu viel Zucker isst«

Dieser Irrtum hält sich hartnäckig – obwohl sich der Name der Krankheit lediglich auf den Blutzuckerspiegel bezieht, der bei Diabetikern gefährlich in die Höhe schnellt. Dazu kommt es, weil die Bauchspeicheldrüse der Patienten nicht genug (bei Typ-2-Diabetes) oder gar kein Insulin mehr (bei Typ-1-Diabetes) produziert. An Diabetes mellitus Typ 1 erkranken meist schon Kinder oder Jugendliche. Dieser Diabetes ist (noch) unheilbar, Betroffene müssen sich ein Leben lang Insulin spritzen. Diabetes mellitus Typ 2 bekommen vorwiegend Erwachsene mit Übergewicht. Ob dieses von zu viel Süßigkeiten stammt, von fettem Braten oder einer hormonellen Erkrankung, ist dabei egal. Mit einer Ernährungsumstellung plus Bewegung werden viele den Typ-2-Diabetes wieder los. Auch gilt: An Diabetes sind die Gene immer mitschuldig. Bei Typ 1 ist das noch ausgeprägter. Doch weshalb das eine Kind mit der Anlage erkrankt und das andere nicht, wird noch erforscht.

»Babys schreien nun mal«

Es war schon ein komisches Gefühl, mit dem Taxi in ein vollkommen neues Leben zu fahren. Mir schmerzte noch mein gesamter Beckenbereich, mein Bauch fühlte sich seltsam weich und leer an und neben mir lag in einer Babyschale das kleinste Menschlein, das ich jemals gesehen hatte. Ich konnte den Blick von meiner Tochter Greta gar nicht abwenden. Im Bauch war sie mir so vertraut gewesen, aber nun war alles an ihr neu für mich. Das Miniatur-Näschen, die winzigen Fingerchen, alles war plötzlich so real und unwirklich zugleich. Im Geburtshaus hatte mein Mann Sven eine halbe Stunde gebraucht, um dem Baby einen Strampler anzuziehen. Gleich darauf wartete die nächste Hürde: Wie bettete man ein Neugeborenes bequem in eine Babyschale, ohne es zu zerbrechen? Im Taxi kam ich dann überhaupt nicht mit

Gleich darauf wartete die nächste Hürde: Wie bettete man ein Neugeborenes bequem in eine Babyschale, ohne es zu zerbrechen?

dem Gurt zurecht. Musste er um die Schale herum oder oben drüber? Noch mitgenommen von der Geburt, hörte ich mich selber quengeln, während ich verzweifelt am Gurt zerrte. Der herzliche türkische Taxifahrer drehte sich zu mir um: »Lassen Sie mal. Wir brauchen keinen Gurt. Ich fahre ganz vorsichtig.« Vor meinem geistigen Auge sah ich schon einen Laster in unser vorsichtig fahrendes Auto rauschen und zog umso heftiger am Gurt herum. Sven wollte helfen, was aber nur hinderlich war. Wir gaben ein herrliches Bild von zwei frischgebackenen Eltern ab, die schon damit überfordert waren, eine Babyschale zu sichern. Eine Hebamme hatte Erbarmen und befestigte den Gurt mit zwei kurzen Handgriffen. »Wann kommt denn eure Wochenbetthebamme zu euch?«, fragte sie augenzwinkernd.

»Morgen früh gegen zehn Uhr«, erwiderte ich erschöpft.

»Oh, so spät erst? Dann seid ihr ja die ganze Nacht mit dem Baby allein. Na ja, das wird schon werden. Ansonsten ruft einfach an.« Nun waren wir also auf dem Weg nach Hause, neben mir unsere schlafende Tochter und vor uns eine glückliche und aufreibende Zukunft. Ich würde mich einfach von meinen Mutterinstinkten leiten lassen und wir drei würden schnell ein eingespieltes Team werden. Als wir auf Zehenspitzen unsere Wohnung betraten, um die Kleine nicht aufzuwecken, spürte ich gleich diese wohlige Geborgenheit unseres Zuhauses. Ich war hundemüde und freute mich darauf, in mein eigenes Bett fallen zu können. Doch zuvor musste Greta aus der Autoschale in ihr Beistellbettchen gelegt werden. Sven und ich sahen uns fragend an. Keiner von uns wollte die Kleine wecken, doch schließlich fasste sich Sven ein Herz und ich sah dabei zu, wie er qualvoll langsam den Gurt löste und das Baby ungeschickt mit hölzernen Bewegungen hochhob. Noch bevor er sich aufrichten konnte, öffneten sich Gretas Augen und unter zusammengezogenen Augenbrauen traf uns ihr strenger Blick. Dann begann sie zu brüllen. Zwar noch etwas stimmschwach, aber dennoch nervenaufreibend.

»Sie hat bestimmt Hunger«, befand ich souverän und legte die Kleine umständlich an die Brust. Sie trank. Die Ruhe war herrlich! Greta schmatzte zufrieden und Sven und ich lächelten uns selig an. Nach wenigen Schlucken war sie schon wieder eingeschlafen und wir wagten es nicht, auch nur das leiseste

Geräusch zu machen. Wir saßen einfach nur da und betrachteten die ruhigen Atemzüge unserer Tochter und ihren friedlichen Gesichtsausdruck. Plötzlich fiel mir siedend heiß ein: Greta hatte kein Bäuerchen gemacht! Womöglich hatte sie beim Trinken Luft geschluckt und bekam dadurch Bauchschmerzen. Mit wilden Handgebärden versuchte ich Sven verständlich zu machen, was wir für ein Problem hatten. Er nickte zwar, hatte aber vermutlich keine Ahnung, was ich ihm sagen wollte. Die Kleine schlief so tief und wonnig, vielleicht würde sie ja gar nicht aufwachen, wenn ich sie ganz langsam hochnähme. In Zeitlupe legte ich sie mir an die Schulter und begann sachte, ihren Rücken zu klopfen. Ein langer Rülpser ertönte an meinem Hals und ich nickte Sven wissend zu. Doch dann begann Greta zu brüllen. Hektisch legte ich sie wieder an die Brust, aber diesmal half es nicht. Sie schrie einfach weiter.

Sven überschüttete mich mit guten Ratschlägen, aber all das Wiegen, Hopsen, Popoklopfen, Hinlegen und Wieder-Hochnehmen machten es nur immer schlimmer. Das Geschrei steigerte sich in Gekreische und wir mussten uns rufend verständigen, um den Lärm zu übertönen. Ich war den Tränen nahe und Sven tigerte auf und ab. Sollten wir die Hebamme anrufen? Zitternd vor Aufregung legte ich unser Baby in sein Nestchen, wo sein Gesicht rot anlief wie eine Tomate und es wild mit den Beinchen strampelte. Sven lief ins Wohnzimmer und ich eilte hinterher. Mit dem Telefon in der Hand besprachen wir hektisch die Lage.

»Meinst du, sie hat noch Luft im Bauch?« Ich rang verzweifelt die Hände. »Vielleicht hat sie ja unerträgliche Schmerzen?«

»Nein, das glaube ich nicht«, erwiderte Sven nicht minder aufgeregt. »Sie hat ja überdeutlich Luft abgelassen. Ich denke eher, dass ihr zu warm ist. Oder zu kalt.«

Überrascht hielten wir inne. Es war auf einmal ganz still geworden. Kein Laut drang aus dem Schlafzimmer. Panisch stürzten wir zum Beistellbettchen und da lag unsere Greta. Sie war eingeschlafen. Zur Sicherheit überprüften wir, ob sich ihr Brustkorb gleichmäßig hob und senkte. Dann standen wir wieder einfach da und bewachten ihren Schlaf. Nach etwa einer Stunde befiel mich eine bleierne Müdigkeit und ich kuschelte mich ins Bett, ergriff sachte Gretas Hand und schloss die Augen. Sven hielt weiterhin Wache. Greta fiepste leise und ich schreckte sofort auf. Greta zuckte mit dem Beinchen und ich überprüfte sofort, ob alles in Ordnung war. »Du kannst ruhig schlafen, Schatz.« Sven gähnte wie ein Bär. »Ich passe schon auf.« Doch ich konnte nicht einschlafen. Jedes Grunzen, Schniefen und jede Bewegung versetzten mich in Alarmbereitschaft. So ging es die ganze Nacht. Nach sechs Stunden holte ich einen Spiegel, um zu überprüfen, ob er von ihrem Atem beschlug. Ja, sie lebte noch! Nach acht Stunden lief ich vor dem Beistellbettchen auf und ab und hoffte inständig, dass Greta aufwachte. War das normal, dass sie so lange schlief? Konnte ein Baby im Schlaf verhungern? Musste sie nicht gewickelt werden? Nicht, dass sie

War das normal, dass sie so lange schlief? Konnte ein Baby im Schlaf verhungern?

einen wunden Po bekam. Nach neun Stunden hielt ich es nicht mehr aus und nahm Greta an die Brust. Sie wachte auf, trank nur äußerst widerwillig und brüllte sich beim Wickeln die Seele aus dem Leib. Ich war so gestresst, dass ich die Türklingel gar nicht hörte. Plötzlich stand unsere Hebamme Claudia neben mir, lächelte mich an, sagte irgendetwas Nettes, was in Gretas Geschrei unterging, und ich fiel ihr heulend um den Hals. Sie klopfte mir den Rücken, nahm die Kleine hoch, legte sie im Bettchen auf die Seite, streichelte ein paar Minuten ihren Rücken und schon war Gretchen wieder eingeschlafen.

»Meinst du, sie hat Schmerzen?« Schniefend wischte ich mir mit dem Handrücken den Rotz von der Nase. »Sie hat auch heute Nacht so geschrien und nichts hat geholfen. Wir haben alles versucht, aber sie hat einfach nicht aufgehört. Ich musste sie wecken, damit sie Bäuerchen macht, und danach ging gar nichts mehr.«

Die Hebamme lachte. »Ich schätze, sie war sauer, weil ihr sie nicht habt schlafen lassen. Greta ist noch sehr erschöpft von der Geburt und braucht nicht alle paar Stunden etwas zu trinken. Ihr müsst sie auch nicht für ein Bäuerchen wecken. Lasst sie einfach schlafen, macht so wenig wie möglich Unruhe und schon regt sie sich nicht mehr so auf.«

Sven und ich sahen uns beschämt an. Das klang alles so logisch, warum waren wir nicht selbst darauf gekommen? Wir saßen um Greta herum, unterhielten uns in normaler Lautstärke, Claudia untersuchte die Kleine vorsichtig und die ließ sich durch nichts vom Schlafen abhalten. Mit unzähligen Fragen versuchte ich den Abschied von unserer Retterin hinauszuzögern, doch sie musste noch weiteren jungen Eltern Mut zusprechen. An der Tür gab sie uns ein paar Ratschläge für die kommenden 24 Stunden bis zu ihrem nächsten Besuch: »Versucht, etwas lockerer mit der neuen Situation umzugehen. Babys schreien nun mal. Überfordert sie nicht mit Aktionen, sondern vermittelt ihr Ruhe. Ihr schafft das schon.« Sie winkte und fort war sie.

Diese letzten Sätze wurden für den Rest des Tages unser Mantra bei jedem neuen aufbrausenden Geschrei. Aber wir wurden besser als Eltern. Greta schlief schneller ein, brüllte kürzer und trank ruhiger. In der Nacht fanden Sven und ich sogar abwechselnd ein paar Stunden Schlaf und Greta wachte nur dreimal kurz auf, ohne zu schreien. Ich dachte, wir hätten das Schlimmste überstanden, bis es am nächsten Morgen um acht Uhr in der Frühe an der Tür klingelte. Verschlafen rieb ich mir die Augen, während Sven mit der Kleinen auf dem Arm die Tür öffnete. Die Hebamme wollte doch erst in zwei Stunden kommen? Als ich die Stimme meiner Schwiegermutter Birgit erkannte, zog ich mir die Decke über den Kopf.

»Da ist ja mein kleines Enkelchen! Dass ich dich auch endlich einmal zu Gesicht bekomme. Gib sie mir doch mal, Sven! Ach, wie niedlich, diese winzige Nase und dieses Puppengesicht. Sieh mal, diese vielen dunklen Haare! Genau wie meine.«

Greta begann zu brüllen.

»Ja, was hast du denn, mein Püppchen? Tut dir etwas weh? Du hast bestimmt Bauchweh!«

»Nein, Mutti, sie hat bestimmt Angst vor dir. Gib sie mir mal wieder.«

»Nein, Mutti, sie hat bestimmt Angst vor dir. Gib sie mir mal wieder.«

Gut gekontert, dachte ich. Sven kam ins Schlafzimmer und verdrehte die Augen, als er mir Greta reichte. Meine Schwiegermutter zog sich derweil im Flur die Stiefel aus.

»Angst vor mir? So ein Quatsch! Ich bin doch ihre Omi!«

»Das weiß doch Greta nicht. Hättest du nicht anrufen können, Mutti? Wir liegen noch im Bett und brauchen wirklich Ruhe.«

»Also, hör mal! Die Geburt ist schon fast drei Tage her und ich habe nur eine armselige SMS von euch bekommen. Deshalb dachte ich, ich komme einfach vorbei, statt noch länger darauf zu warten, bis ich mein Enkelchen kennenlernen darf. Außerdem kann ich euch so zeigen, wie es geht.«

»Wie was geht?«, hörte ich Sven fragen.

»Na, alles.«

Ich rang mir ein gequältes Lächeln ab, als sie ihren Kopf ins Schlafzimmer steckte.

»Herzlichen Glückwunsch, ihr habt wirklich ein süßes Baby! Aber ich weiß nicht, ob du Greta jetzt stillen solltest. Sie hatte doch eben noch Bauchschmerzen.«

Als ob sie mich ärgern wollte, fing Greta plötzlich an zu schreien.

»Siehst du, was hab ich dir gesagt? Jetzt hat mein armes Enkelchen Aua, weil du sie zu viel stillst.« Mehrmals streckte Birgit die Arme nach dem Baby aus, als ob sie sich schwer zusammenreißen müsste, mir das Kind nicht von der Brust zu reißen. Aber ich ignorierte sie. Ich war zu erschöpft zum Kämpfen und zu allem Überfluss begannen meine Brüste übel zu schmerzen. Greta hatte sich wieder beruhigt und gegen den Protest meiner Schwiegermutter bot ich ihr die andere Brust an. Die

Kleine trank und trank, Birgit versuchte mich wortreich davon zu überzeugen, dass ich gerade dem Kind großes Leid antat, und auf meinen Brüsten bildeten sich rote Flecken. Ich wollte heulen vor Schmerzen. Das musste der berühmte große Milcheinschuss sein. Die Erlösung kam mit einem weiteren Klingeln. Unsere Hebamme Claudia betrat das Schlafzimmer, erkannte mit einem Blick die Lage und reichte mir Taschentücher, weil ich nun vor lauter Dankbarkeit am Heulen war. Greta begann wieder zu schreien.

»Sehen Sie, das arme Kindchen hat schreckliche Bauchschmerzen!«, rief Birgit anklagend.

»Können Sie sich bitte kurz nebenan um Greta kümmern? Dann kann ich in der Zeit die Mutter untersuchen.« Sven und ich blickten unsere Hebamme entsetzt an. Fiel sie uns gerade in den Rücken?

»Aber gern«, sagte meine Schwiegermutter, warf mir einen triumphierenden Blick zu, schnappte sich mein Kind und verschwand im Wohnzimmer.

»Schaut mich nicht so an.« Claudia musste lachen. »Ich habe mir schon etwas dabei gedacht. Behaltet die Nerven und wartet ab. Nur ein paar Minuten.«

Also saßen wir schweigend da und lauschten dem herzzerreißenden Geschrei und Birgits unaufhörlichem Geplapper: »Alles wird gut, du bist ja jetzt bei deiner Omi, deine Omi ist ja da ...«

Doch es half nicht. Gretas Gebrüll erreichte eine neue Dimension und sogar die plötzliche Gesangseinlage meiner Schwiegermutter ging in dem Lärm unter. Nach ein paar langen Minuten kam sie zurück ins Schlafzimmer. Ihr stand der Schweiß auf der Stirn und Greta bäumte sich brüllend auf, was auch daran liegen mochte, dass meine Schwiegermutter sie im Arm hin- und herwiegte wie eine außer Kontrolle geratene Schiffschaukel. »Was hat sie denn bloß, was hat sie denn bloß ...?«, stammelte sie verzweifelt.

»Sie will zu ihrer Mama«, entgegnete Claudia gelassen. Auffordernd nickte sie meiner Schwiegermutter zu, die kurz zögerte und mir dann kleinlaut meine Tochter überreichte. Greta beruhigte sich sofort, trank gierig und schlief kurz darauf ein. Alle entspannten sich und betrachteten das schlafende Baby.

»Bei Mama ist es eben am schönsten«, seufzte unsere Hebamme lächelnd und ich liebte sie für diese simple Weisheit.

Die weibliche Prostata

»Wissen Sie was, Frau Fischer, ich finde, es ist an der Zeit, dass wir Sie mal komplett durchchecken lassen«, sagte mein Hausarzt, nachdem ich ihm mein neuestes Leiden – ein eigenartiges Ziehen im rechten Unterleib; krampfartig, zweimal kurz, einmal lang – geschildert hatte. »Ihre Symptome sind mal wieder äußerst diffus. Ich bin der Meinung, die Kollegen im Krankenhaus sollten Sie mal so richtig auf den Kopf stellen. Mit Darmspiegelung, Magenspiegelung und allem Drum und Dran. Dann haben wir Klarheit.«

Dass ich Privatpatientin bin, muss ich an dieser Stelle wohl kaum erwähnen! Mit einem sehr flauen Gefühl im Magen – das Ziehen im rechten Unterleib hatte sich mittlerweile verlagert – nahm ich seinen Vorschlag an, wollte ich doch auch wissen, wie viel Zeit mir noch auf Erden blieb! Schließlich war ich dank der Lektüre diverser Klatschblättchen in Arztwartezimmern bestens über die ausgefallensten Krankheiten und gesundheitlichen Schicksalsschläge informiert.

Schließlich war ich dank der Lektüre diverser Klatschblättchen in Arztwartezimmern bestens über die ausgefallensten Krankheiten und gesundheitlichen Schicksalsschläge informiert.

Eine Woche lang ließ ich mich in einem Düsseldorfer Krankenhaus durchchecken. »Sie sind vollkommen gesund«, teilte mir schließlich die Assistenzärztin kurz vor meiner Entlassung mit. »Die Magen-Darmspiegelung war ohne jeden Befund. Der Chef war sehr zufrieden mit Ihnen.« Besagten Chef hatte ich im Übrigen kaum zu Gesicht bekommen. Entweder befand er sich in einer dringenden OP oder er gönnte sich ein langes Golfwochenende auf Sylt.

Die nächsten Tage zu Hause waren traumhaft. Völlig beschwerdefrei genoss ich meine wiedergewonnene Gesundheit. Bis ... ja, bis ich dann einen Briefumschlag des Krankenhauses aus dem Briefkasten zog.

Prof. Dr. med. Lars Mentiri, Chefarzt der Klinik für Innere Medizin. Na, die ließen wirklich nicht viel Zeit ins Land gehen! Vor nicht ganz einer Woche steckte um diese Zeit noch wer weiß was in meinem Allerwertesten und scannte mich von innen. Und nun lag mir bereits die Rechnung vor. Mit einer Tasse Kaffee setzte ich mich erst mal an den Küchentisch und öffnete den Umschlag. Ich überschlug die unzähligen Positionen grob und endete bei: »... bitten wir Sie, ein Honorar in Höhe von 7.285,11 Euro zu überweisen.« Hatte ich mich verlesen? Knapp 7.300 Euro? Ich hatte meine Zweifel, ob meine Privatversicherung das so übernehmen würde. Ich musste die gesamte Rechnung wohl oder übel noch einmal durchgehen. Bei all den medizinischen Begriffen stellte sich bei mir sogleich wieder ein Ziehen im rechten Unterleib ein. Na prima! So viel also zum Thema beschwerdefrei.

Vieles verstand ich einfach nicht. Was um Himmels willen war eine Alkalische Phosphatase? Ein Zuschlag »f. transkavitär. Unters.«? Die Berechnung diverser Zweitvisiten des Chefarztes? Ich hatte den guten Mann kaum gesehen. Ein klärendes Telefonat mit der Abrechnungsstelle schien unausweichlich.

»Ultrascha. Mutterschaftsvors.«? Wie bitte? Ich verschluckte mich fast an meinem Kaffee und bekam einen furchtbaren Hustenanfall. Mutterschaftsvorsorge? Das Ziehen in meinem Unterleib wurde schlagartig stärker. Hatte man mir etwa eine Schwangerschaft verschwiegen? Sofort machte ich mich auf die Suche nach dem Bericht für den Hausarzt. Bisher hatte ich ihn noch gar nicht gelesen, fühlte ich mich doch bis heute Morgen völlig beschwerdefrei. Verdammt, wo war das Ding? Ich war so nervös, dass ich den Bericht einfach nicht finden konnte. Natürlich, auf einmal passte alles zusammen. Das Ziehen ergab einen biologischen Sinn. Meine Hand wanderte intuitiv auf meinen Bauch. War mir nicht auch letzte Woche erst übel gewesen? Moment, jetzt aber mal ganz langsam. Logisches Nachdenken. Mein Mann hatte sich vor zwei Jahren sterilisieren lassen. »Drei Kinder sind mehr als genug«, waren seine Worte gewesen. Und außerdem, wann hatten wir eigentlich zuletzt Sex gehabt? Wenn ich ganz ehrlich zu mir war, konnte ich

Und außerdem, wann hatten wir eigentlich zuletzt Sex gehabt?

mich kaum erinnern, dass es in diesem Jahr überhaupt schon dazu gekommen war. Oder sollte die Schwangerschaft bereits so weit fortgeschritten sein? Vielleicht war er auch nachts über mich hergefallen und ich hatte nichts gemerkt? Genauso eine Geschichte hatte ich erst neulich in der *Frau im Spiegel* gelesen. Es half alles nichts. Ich musste im Krankenhaus anrufen, und zwar am besten direkt beim Professor, immerhin hatte er die Untersuchung durchgeführt. Bestimmt war die Rechnung auch deshalb so hoch, weil etliche Folgeuntersuchungen gemacht worden sind! Heimlich, versteht sich. Man sollte mir sofort die Wahrheit mitteilen! Schonungslos!

»Guten Morgen, mein Name ist Fischer und ich war bis Montag Patientin bei Ihnen wegen einer Magen-Darmspiegelung und jetzt bin ich schwanger. Laut Ihrer Rechnung hier.« Ich schluckte und legte eine theatralische Pause ein. Vom anderen Ende der Leitung kam zunächst einmal keine Reaktion. »Hallo? Sind Sie noch dran? Ich will, dass man mir die Wahrheit sagt.«

»Wie war der Name noch gleich?« Die Dame am anderen Ende wirkte teilnahmslos.

»Fischer! Und ich bin schwanger.«

»Welche Station?«

Ging es noch nüchterner? Ich stand hier kurz vor einem biologischen Wunder: sterilisierter Ehemann und unbefleckte Empfängnis.

»Innere, Professor Mentiri.« Pausenmusik ertönte. *The Sign* von Ace of Base. Wie passend.

»Da is' grad keiner, bestimmt 'ne OP.«

»Ich will jetzt aber jemanden sprechen, verdammt. Hier steht Ultraschall Mutterschaftsvorsorge in der Rechnung.«

»Wenn da aber keiner is'. Ich kann auch nicht zaubern. Rufen se später noch mal an.« Ihr genervter Unterton war deutlich vernehmbar.

»Haben Sie Kinder?« Mir schwoll der Kamm.

»Ich wüsste nicht, wat Sie dat angeht!«

Jetzt war taktisches Vorgehen gefragt. »Bitte, hören Sie doch noch mal nach. Ihre Kollegen haben mir vermutlich eine Schwangerschaft verschwiegen und ich muss es einfach wissen.« Mit der Hand streichelte ich sanft meinen Bauch.

Pausenmusik: *I saw the sign.* Das Warten schien ewig zu dauern. Ein Knistern in der Leitung.

»Hören Sie, da ist wirklich 'ne OP. Die haben keine Zeit. Aber die Assistenzärztin konnte sich erinnern. Sie sind nicht schwanger, Sie hatten nur eine Magen-Darmspiegelung.«

So leicht wollte ich mich nicht abspeisen lassen. »Aber wenn es doch hier steht!«

»Ich weiß nicht, was da bei Ihnen steht, aber schwanger sind se wohl nich. Rufen Sie heute Nachmittag noch mal an. Dann sind die OPs durch.«

»Nein, das werde ich nicht tun. Ich bleib jetzt so lange dran, bis mir jemand die Wahrheit sagt.«

Pausenmusik ertönte.

Erneut griff ich mir die Rechnung. Vielleicht gab es ja noch weitere Indizien für meinen Zustand. »Ultraschall eines Organs: Prostata«, las ich. Was? Prostata? Gibt's das nicht nur bei Männern? Mein medizinisches Halbwissen halte ich zwar für beachtlich, aber hier musste mir  **»Ultraschall eines Organs: Prostata«, las ich. Was? Prostata? Gibt's das nicht nur bei Männern?** Google weiterhelfen: www.prostata.de klärte mich während der schier endlosen Warteschleife schließlich auf und brachte mir Sicherheit. Ein reines Männerorgan. Halt! Da fiel mir ein, dass ich laut Frauenärztin zu viele männliche Hormone besitze. Aber deshalb gleich eine Prostata?

Ahhh! Seit Wochen zupfte ich mir dunkle Härchen am Kinn aus. Und selbst auf meiner Brust und um den Bauchnabel hatte ich welche entdeckt. Sollte das eventuell ein Krankheitsbild sein, das ich noch nicht kannte? Das Ziehen war vielleicht ein Zeichen für die hormonelle Umstellung. Eine kleine Prostata, die verkümmert in meinem Körper gelebt hatte, ohne jemals entdeckt worden zu sein. Vielleicht machte da sogar der »Ultrascha. Mutterschaftsvors.« irgendeinen Sinn? Wenn sich mir auch keiner erschloss. Vielleicht verwelkten gerade meine Eierstöcke? Die hohen Kosten waren sicher für sämtliche außergewöhnliche Untersuchungen angefallen, die man in der Narkose mit mir gemacht hatte. Erst neulich hatte ich bei meinem Hausarzt in *Die Aktuelle* gelesen, dass eine Frau die Organe ihres eigenen Zwillings in sich trug. Ich atmete erst mal tief durch, ging mit dem Telefon zum Kühlschrank und genehmigte mir auf diesen Schock hin einen Killepitsch (rheinisches Wundergetränk, hochprozentig).

Plötzlich meldete sich eine vertraute Stimme: »Sind se immer noch dran?«

»Ja! Bin ich! Und jetzt ist es wirklich ernst.«

»Wieso, kommt das Kind schon?«

Mein Puls raste, am liebsten hätte ich ihr mit einer Beschwerde bei der Krankenhausleitung gedroht. Aber ich war auf sie angewiesen. Sie stand zwischen mir und den einzigen Menschen, die mir die Wahrheit sagen konnten. Ich holte tief Luft. Sollte ich ihr von meiner Prostata erzählen? Medizinischen Sachverstand in so einer speziellen Situation traute ich dieser Telefonschnepfe einfach nicht zu. Stattdessen sagte ich: »Nein, das Kind kommt nicht, aber es ist gut möglich, dass es sich bei mir um ein außergewöhnliches und seltenes Phänomen handelt. Der Professor dürfte also ein großes Interesse daran haben, mich auch einmal persönlich zu sprechen. Haben Sie schon mal was von Hermaphroditen gehört?« Das hatte ich ebenfalls während des Wartens gegoogelt.

»Herma ... wat?«

»Zwitter. Und jetzt den Professor! Sofort!«

»Zwitter? Eben waren se doch noch schwanger? Und außerdem: Der Professor is' in 'ner OP!«

Na, dann musste ich wohl deutlicher werden. »Wissen Sie was? Das interessiert mich nicht. Ich will jetzt jemanden ans Telefon kriegen, verdammt!« Luft holen. »In meiner Rechnung steht Ultraschall der Prostata!« Jetzt war es raus und zwar lautstark.

Pause.

Vom anderen Ende ertönte schallendes Gelächter. »Ich stell Sie durch! Moment bitte!«

Minuten verstrichen. Ich nutzte die Zeit für ein weiteres Schnäpschen. Als ich mir den Hörer wieder ans Ohr hielt, hörte ich die Telefonschnepfe mit der Assistenzärztin sprechen. Vermutlich hatte sie die falsche Taste gedrückt. »Die Bekloppte von eben ist wieder dran, Frau Doktor. Die schwangere Darmspiegelung.« Sie konnte ihr Lachen kaum zurückhalten. »Jetzt hat se auch noch 'ne Prostata.«

»Da muss ich jetzt wohl doch mal ran, stellen Sie bitte durch.« Ein Klicken ertönte, dann meldete sich die Assistenzärztin. »Hallo, Frau Fischer, was kann ich für Sie tun? Ich hörte, es gibt Probleme mit der Rechnung?«

»Na endlich, man wollte mich nicht durchstellen. Von wegen alles in Ordnung. Hier steht ...« Ich hielt ihr einen zehnminütigen

Monolog über die medizinischen Erkenntnisse, die ich aus den Rechnungspositionen gezogen hatte. Sie hörte gebannt zu und unterbrach mich nicht.

Ich hielt ihr einen zehnminütigen Monolog über die medizinischen Erkenntnisse, die ich aus den Rechnungspositionen gezogen hatte.

»Frau Fischer«, sagte sie schließlich, »es tut uns unendlich leid, dass Sie so in Aufregung sind. Aber mit Ihrer Rechnung ist so einiges schiefgelaufen. Wissen Sie, Marina, unsere Sekretärin, war mit dem Chef bei einem Golfturnier auf Sylt. Und die Verwaltung hat so einen Druck gemacht, dass die Rechnungen raus müssen. Na ja, und da habe ich eben unsere Azubine die Rechnungen schreiben lassen. Sie muss da wohl ein paar falsche Knöpfe gedrückt haben. Erstes Lehrjahr. Ich versichere Ihnen, Sie sind völlig gesund, nicht schwanger und besitzen auch keine Prostata. Wir schicken Ihnen eine neue Rechnung zu.«

Ich schluckte, kam mir vor wie ein Volltrottel und sagte nur: »Danke und Grüße an den Chef.«

Mein rechter Unterleib hat sich übrigens seit diesem Erlebnis nicht mehr gemeldet. Wenn er es eines Tages doch wieder tun sollte, dann werde ich ihn einfach ignorieren. Aber meine Rechnungen, die werde ich auch in Zukunft genauestens lesen. Das neue Honorar betrug immerhin fünftausend Euro weniger. Eine private Zuzahlung entfiel. Zur Belohnung gönnte ich mir erst mal ein langes Golfwochenende auf Sylt.

Wunder geschehen

Ich saß in der S-Bahn und war auf dem Weg nach Wilmersdorf. Zurück in die Vergangenheit. Zurück zu Maria. Maria und ihren Freunden. Die Sonne dieses heißen Sommers strahlte mir ins Gesicht und aus den Kopfhörern ertönte Aimee Manns wehmütiges *Wise Up* in meinen Ohren. Aber »weiser werden«? Als ob man das so auf Knopfdruck könnte ... Ich jedenfalls nicht!

Vor einem halben Jahr war bei Maria zum vierten Mal Krebs diagnostiziert worden. Mit jungen 46 Jahren. Bald lag sie stationär in der Berliner Charité. Ihr Magen wurde entfernt und künstliche Ernährung war von da an ihr täglich Brot.

»Du wirst sehen, in einem Jahr rocken wir wieder zusammen auf dem Rolling Stones-Konzert, Baby«, hatte ihr ihr Kumpel Basti mit einem Schulterklopfen einreden wollen. »Du musst einfach wieder volles Rohr kämpfen. Du hast den Krebs doch schon dreimal besiegt. Wunder geschehen! Das darfst du nicht vergessen!« Als Basti das sagte, tauschten Maria und ich nur einen Blick in die-

> **»Du hast den Krebs doch schon dreimal besiegt. Wunder geschehen!«**

sem beige-grauen Krankenzimmer. Ein Blick, der mir zu verstehen gab, dass wir genau das Gleiche dachten. Und das war nichts Gutes. Klar, Basti wollte ihr Mut machen. Dieser Reflex ist verständlich, wenn ein Freund oder Familienmitglied so eine mehr als beschissene Diagnose erhält. Wie das Übersprungverhalten eines Huhnes, das nach Körnern auf dem Boden pickt, die schon lange nicht mehr da sind. Glauben versetzt bekanntermaßen Berge.

Früher hatte ich nie an Wunder geglaubt. Warum auch? Okay, angeblich hatte vor gut zweitausend Jahren ein bärtiger Hippie in Israel aus Wasser Wein gemacht und einen Spaziergang über einen See hingelegt. Aber das hatte ich nicht live gesehen, deshalb war es für mich auch nicht real. Basta.

Meine Haltung zum Thema »Wunder« hatte sich jedoch grundlegend geändert, als bei Maria drei Jahre zuvor nach zwei erfolgreichen Brustkrebsbehandlungen Darmkrebs diagnostiziert wurde. Mit der Prognose, nach spätestens einem halben Jahr für immer abzutreten. Doch der Sensenmann hatte seine Rechnung ohne Maria und ihren unendlich starken Lebenswillen gemacht. Sie hatte jeden Joker gezogen, den die Wundertüte »Lebenskampf« auf Lager hatte: Power-Walking, Wunder-Tees aus Japan, makrobiotische Diäten. Und Schulmedizin on top ... Und tatata: Ein halbes Jahr später war Maria weder unter der Erde noch im Himmel, sondern sie rockte tumorfrei zu Steve Winwoods *While My Guitar Gently Weeps*, als wäre nie etwas gewesen. Und lachte wieder dieses laute, kehlige Lachen, das nicht nur dem letzten Muffkopf ein Schmunzeln über die Lippen jagte, sondern auch die Mauern Jerichos mit einer Lawine aus glücklichen Glucksern zum Einsturz gebracht hätte. Wären sie nicht längst zu Staub zerfallen ... Im Gegensatz zu Maria. Die war aus pulsierendem Fleisch und Blut. Pure Energie strahlte aus ihren großen, schwarzen portugiesischen Knopfaugen. Nie zuvor hatte ich einen Menschen kennengelernt, der so viel Spaß haben und doch im tiefsten Inneren so traurig sein konnte. Warum so traurig? Ihre Mutter war früh an Brustkrebs gestorben, ihr Vater ein gefühlskalter Patriarch, ihr Ehemann gab ihr für eine Jüngere den Laufpass und überließ Maria zum Abschied einen bombastischen Haufen Schulden. Das, was Maria nie von diesen Menschen bekommen hatte, gab sie in der Folge umso großmütiger an ihre Freunde weiter – ob sie gerade viel davon zur Verfügung hatte oder nicht, war ihr völlig egal. Sie konnte nicht anders. Das Geben war wie eine Art Wiedergutmachung an sich selbst. Jeder, der es brauchte, konnte von ihr Liebe, Freundschaft oder Unterstützung jeglicher Art bekommen. Egal, ob er es verdiente oder nicht.

Damals erwischte ich mich irgendwann dabei, dass ich in Marias verdrängtem Unglücklichsein und ihrem Drang, mehr zu geben, als selbst zu erhalten, den Grund für ihren immer wieder zurückkehrenden Krebs vermutete. Mir half dieser vermeintliche Zusammenhang von »Ursache und Wirkung«, um endlich ein System hinter dieser für mich rätselhaften Krankheit zu sehen. Vielleicht hatte Krebs ja doch irgendeine verschwurbelte Logik, die jeder durchbrechen konnte, wenn ... ja, wenn er verdammt noch einmal nur glücklich genug lebte?! Zu der Zeit erschien mir dieser Gedanke schlüssig. »Glücklichsein« als eine Art magischer·Zaubertrank oder Schutzschild – der mich und den Rest der Welt vor dem Bösen in Gestalt eines braungrauen, knorpeligen Tumors schützen würde?!

Es hatte dann noch etwas gedauert, bis ich endlich kapiert hatte, wie anmaßend es ist, den Grund für eine Erkrankung im anscheinend fehlenden Glück des Erkrankten zu suchen. Ganz nach dem Motto: »Hätte er sein Leben besser unter Kontrolle gebracht, wäre er auch nicht krank geworden!« Und damit geschmeidig die Verantwortung für das, was ich nicht verstehen konnte, auf den anderen abschieben. Schön dämlich! Als würde es nicht genug glücklich verliebte, gesund lebende Nichtraucher geben, die an Lungenkrebs sterben?!

In der S-Bahn nach Wilmersdorf war ich ziemlich froh, dass ich Maria nie von meiner hirnlo-

Als würde es nicht genug glücklich verliebte, gesund lebende Nichtraucher geben, die an Lungenkrebs sterben?!

sen Theorie erzählt hatte. Ich möchte mir nicht ausmalen, wie gekränkt sie mich angeschaut hätte. Vielleicht hätte sie aber auch nur schallend gelacht und mich wie so oft einen »verkopften Dummkopf« genannt. Und recht gehabt! Das weiche Sonnenlicht tänzelte inzwischen durch die Bäume am Bahndamm auf meine Wangen. Aus meinem Kopfhörer tönte voll Energie *What a Beautiful Day*. Die U2-CD hatte ich einst von Maria bekommen. Genau wie zahllose Freikarten für Konzerte und unendlich vieles andere. Weit mehr als in einer Freundschaft üblich war. Wo sollte ich anfangen, wenn ich aufzählen möchte, was sie alles für mich getan hatte? Als ich nach meinem Studium mit Mitte zwanzig orientierungslos durch meine viel zu früh stagnierte Zukunft gestolpert war, hatte Maria mich zu sich geholt. Zu sich in ihre Wohnung, auf ihr Sofa und in ihr Leben. Ohne zu zögern, ohne Wenn und Aber. Womöglich war ich für Maria sogar der Sohn, den sie nie hatte und sich immer wünschte? Vielleicht hatte sie auch *mir* immer viel mehr gegeben, als ich verdiente. Ziemlich sicher sogar. Wirklich bewusst wurde mir das aber erst Jahre später, nachdem ich unsere gemeinsame Wohngemeinschaft längst verlassen hatte. Ich musste ihr unbedingt dafür danken, wenn ich sie später wiedersehen würde!

Aimee Mann sang inzwischen *One Is The Loneliest Number*. Bevor ich zu einem Schluss kam, ob der Satz für mich Sinn machte oder nicht, stoppte die S-Bahn am Fehrbelliner Platz. Ich war an meinem Ziel angelangt. Irgendwie konnte ich einen Teil meiner Nervosität in diesem bunten S-Bahn-Waggon zurücklassen, während er zu seinem unbestimmten Ziel weiterratterte und ich mich fast sogar freute, gleich die vielen vertrauten Gesichter wiederzusehen. Da war Jürgen, Marias Lebensgefährte, Uschi, ihre Lieblingskollegin, Thomas, Marias bester Kumpel und heimlicher Schwarm. Und neben vielen anderen natürlich auch Basti, Marias schwuler Buddy, der offensichtlich schon immer gewusst hatte, dass Wunder geschehen können. Ich schaute weiter in die Runde der Anwesenden. So viele Menschen. Alle grundverschieden, aber alle hatten eines gemeinsam: Sie liebten Maria. Und Maria liebte sie. Das war mir auch sofort wieder klar, als in diesem Moment ihr Blick den meinen kreuzte. Keine außer ihr konnte so frech und liebevoll zur gleichen Zeit schauen. Ich zögerte kurz, bis ich endlich den Mut fand, zu ihr zu treten. »Hallo, Maria!«

»Hi, mein *Burro grande!*«, zwinkerte sie zurück. »Burro grande« – »großer Esel« –, so hatte sie mich schon immer liebevoll genannt. Ich erahnte ihr kehliges Lachen, das gleich folgen sollte. Doch diesmal blieb es aus ...

Das tiefe Lachen war das Erste, was mir damals aufgefallen war, als ich Maria kennengelernt hatte. Am Telefon.

Sie war die TV-Promoterin einer großen deutschen Platten-firma, ich der kleine Praktikant bei einem neuen Musik-TV-Sender. Ich musste bei ihr per Telefon die aktuellen Clips für die Video-Charts bestellen. So hörte ich das erste Mal ihre humorvolle Stimme und kapierte schnell, dass dieser Mensch vor allem eines wollte: lachen und das Leben genießen. Das war ein paar Wochen nachdem sie das erste Mal ihren Brust-krebs besiegt hatte. Sie lebte zu der Zeit in Hamburg, ich in Köln. Schnell hatten wir durch unsere täglichen Telefonate eine gute Ebene. Ich mochte ihr großes Herz, sie meinen spitzen Humor. Eines Tages sagte sie mir: »Ich schick dir eine Limousine! Die bringt dich für eine Nacht nach Hamburg. Da kannst du unsere neueste Band hören! Und wir lernen uns endlich mal live kennen!«

»Meinst du das ernst?«, war das Einzige, was ich rausbe-kommen hatte. Ich war ein Niemand und würde so hofiert? »Gibt das keinen Ärger für dich?«, wollte ich von ihr wissen.

Doch Maria lachte nur wie-der. »Was wissen meine Chefs

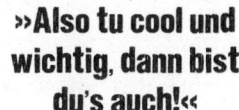

»Also tu cool und wichtig, dann bist du's auch!«

denn schon, ob du wichtig bist. Die Leute sehen nur, was sie sehen wollen. Also tu cool und wichtig, dann bist du's auch!«

»Wie werde ich dich bei dem Konzert erkennen?«, fragte ich. »Ich weiß doch gar nicht, wie du aussiehst ...«

»Schau einfach nach einer kleinen Frau, die dich an Liza Minelli erinnert!«, kicherte sie am Telefon. Ich wusste nicht, wie sie das genau meinte, bis ich einen Tag später den kleinen Club auf der Reeperbahn betrat und sie erblickte. Tatsache, da rockte eine Art Liza Minelli in lustig-kantigen Bewegungen zu einem

Song – ganz so, als würde es nur sie und dieses Lied geben. Ganz hier, ganz jetzt, bis sie mich sah und wild gestikulierend zu sich winkte. »Da bist du ja endlich, *Burro grande!*«

»Hi, Maria!«, murmelte ich beeindruckt. So klein fühlte ich mich neben der Frau, die zwei Köpfe kleiner war als ich.

Doch Bewunderung war Maria unangenehm. »Wir sind zum Tanzen hier und nicht um blöd zu schauen wie Bambi auf der Weide!«, meinte sie und zog mich auf die Tanzfläche. Von da an waren wir Freunde. Fürs Leben.

Heute, hier in Wilmersdorf, schaute mich Maria ähnlich still an wie das letzte Mal, als ich sie auf der Intensivstation der Berliner Charité besucht hatte. Wir lebten zu der Zeit schon lange nicht mehr in der gleichen Wohnung. Sie hatte es unterdessen mit ihrem Partner nach Berlin gezogen, mich nach München. Aber die Distanz machte keinen großen Unterschied. So oft es mein Geldbeutel und meine Zeit zuließen, flog ich zu ihr, um sie auch in diesem beige-grauen Krankenzimmer zu besuchen. »Ist zwischen uns alles klar? Haben wir uns alles gesagt, was zu sagen ist? Habe ich mich oft genug bei dir bedankt für das, was du alles für mich getan hast?«, fragte ich Maria so ungefähr bei all meinen Krankenbesuchen, immer wieder unsicher, ob wir uns das letzte Mal sehen würden. So als gäbe es ausgerechnet von dem Menschen eine Absolution, der die fleischgewordene Vergebung auf kurzen portugiesischen Beinen war. Die Krankheit hatte Maria zu der Zeit schon stark zugesetzt. Sie hatte nur noch wenige Worte in ihrem Köcher, so als müsste sie sie sich für eine begrenzte Zahl von Atemzügen genau einteilen. »Es ist alles gut zwischen uns!«, versicherte mir damals ihre immer dünner werdende Stimme.

»Es ist alles gut!«, versprach auch in diesem Moment Marias sanftes Lächeln hier in Wilmersdorf – mir und allen anderen Anwesenden, die das noch so gar nicht glauben konnten …

Das gerahmte Foto von einer Maria aus glücklicheren Tagen thronte an diesem Tag auf einem kleinen Tisch vor einem Vorhang – wie auf einer Bühne vor einem Konzert. Nur dass der Applaus heute ausbleiben würde – in der Leichenhalle auf dem städtischen Friedhof. Was hätte ich Maria in dem Moment gern alles gesagt. Alles und nichts. Doch da hatte George Michael schon begonnen, *The First Time, I Ever Saw Your Face* aus der Soundanlage zu säuseln. Das war das Lied, das Marias Lebensgefährte für den Beginn ihrer Trauerveranstaltung gewählt hatte. Ich hätte ein anderes Lied gewählt. Eines von ihrem zweiten Lieblingssänger, mit dem sie so oft zusammenarbeiten durfte. Lionel Richie. *Something I must say out loud. You're one, twice, three times a lady …*, sang er sonor in meinem Kopf, während um mich herum die Taschentücher gezückt wurden und ich schon lange keine mehr hatte …

Ja, Maria hatte den Krebs das vierte Mal nicht mehr besiegen können. Vielleicht musste einem die Endlichkeit des Seins erst klar werden, um erkennen zu können, was für ein Wunder das Leben und unsere Zeit auf dieser schönen Erde sind?

Ich hatte mir ganz fest vorgenommen, darüber mit Maria zu philosophieren, wenn ich sie irgendwann wiedersehen würde. Denn ich würde sie wiedersehen, egal, ob im Himmel oder in der Hölle. Und ich hatte auch eine ungefähre Ahnung, wie Maria dann reagieren würde. Sie würde mich auslachen. »*Burro grande*. Du Esel, hast du nichts Besseres zu tun, als über das Leben zu grübeln, anstatt einfach zu leben!«

Wenn das so einfach wäre. Oder ist es das etwa am Ende?

Kältekur wärmstens empfohlen

Nervös spielte Hella mit dem Gürtel ihres Bademantels. Was, wenn sie in der Kammer ohnmächtig würde und der Betreuer sie nicht herausholen könnte, weil so etwas wie Blitzeis die Tür verschloss? Bei minus 110 Grad wäre sie dort im Nu stocksteif gefroren. Die Schockfrost-Funktion ihres Tiefkühlers zu Hause arbeitete immerhin mit weit weniger Kälte und klappte prima.

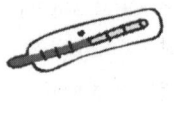

Die Schockfrost-Funktion ihres Tiefkühlers zu Hause arbeitete immerhin mit weit weniger Kälte und klappte prima.

Bange sah sie sich um. Auf keinen Fall wollte sie, dass sich an diesem trostlosen Ort – dem kargen Warteraum für die Kryotherapie in dieser freudlosen Kuranstalt am Rand des gottverlassenen Städtchens Bad Werdgesund – die letzten Minuten ihres Lebens abspielten.

Gerade als sie im Begriff war aufzustehen, um diese fragwürdig erscheinende Anwendung einfach abzulehnen, wurde die Tür geöffnet und ein weiterer Patient betrat das Zimmer.

»Tag«, grüßte er, aber Hella sah ihn erst an, als er ein launiges »Ganz schön frostige Aussichten, was?« nachschob.

Ihr Lächeln fiel zuerst ein wenig gequält aus, hellte sich jedoch freundlich auf, als sie sah, dass es sich bei dem Neuankömmling um einen attraktiven Gleichaltrigen handelte.

Sein von einem Frotteemantel verhüllter, aber offensichtlich gut gebauter Körper veranlasste sie, ihre Überlegungen bezüglich eines Therapie-Boykotts beiseite zu schieben. Nicht dass

Hella zu den oberflächlichen Leuten gehörte, die sich von einem hübschen Gesicht und einer wohlgeformten Statur beeindrucken ließen. Nein, im Gegenteil: Normalerweise setzte sie auf die nicht so augenscheinlichen Vorzüge eines Menschen. Doch in den zwei Tagen, die sie nun schon hier in dieser Kuranstalt zugebracht hatte, war sie hauptsächlich schütterem weißem Haar, hängender Haut und schlecht sitzenden dritten Zähnen begegnet. Also erschien ihr dieses wohlgeratene Exemplar des anderen Geschlechts Anlass genug, der Kältekammer doch eine Chance zu geben.

»Halswirbelsäulensyndrom. Und Sie?«, sagte der Mann.

»Ischias«, antwortete Hella schüchtern.

Er nickte mitfühlend und streckte ihr seine Hand hin. »Michael. Sehr erfreut.«

»Hella.«

»Wie die ›von Sinnen‹ im Fernsehen?«

»Ja. Nur abgesehen von dem Plan, mich gleich drei Minuten lang in einen auf minus 110 Grad temperierten Raum zu begeben, total bei Sinnen.«

Er lachte. »Sie werden sehen, das ist halb so schlimm. Ich habe Kryotherapie schon ein paarmal hinter mir. Fühlt sich nicht so kalt an, wie es sich anhört.«

»Das fällt mir schwer zu glauben«, gab Hella zu und registrierte Michaels trotz des Gesprächsthemas erstaunlich viel Wärme ausstrahlende Augen.

»Wenn Sie hinterher aus der Kältekammer kommen, spüren Sie ein Kribbeln und haben leicht gerötete Haut. Das ist alles. Da sind die Nachwirkungen des Schröpfens weit schlimmer.« Er ließ seinen Bademantel ein Stück die Arme herunterrutschen und drehte ihr seinen Rücken zu, sodass sie die kreisrunden Hämatome auf seinen entblößten Schultern sehen konnte.

Hella schluckte, weil es sich um eine ausgesprochen schöne Körperpartie handelte, die ihr da präsentiert wurde. »Und hat es wenigstens geholfen?«, fragte sie.

Michael zog den Mantel wieder hoch und verschloss ihn sorgfältig. »Wenn ich ganz ehrlich bin, kann ich das von kaum einer Anwendung behaupten. Vermutlich liegt es daran, dass ich beruflich viele Stunden täglich vor dem PC hocke. Man sollte wohl nicht erwarten, dass ein wenig Vakuum, Wechselstrom, Moorbad oder Kälte echte Verbesserung bei etwas bringt, was jahrelange schlechte Haltung ruiniert hat.«

Hella musterte unauffällig die Position, in der er ihr gegenüber Platz genommen hatte. Ihr physiotherapiegeschultes Auge erkannte einen leichten Rundrücken, der seiner Attraktivität aber nicht wirklich Abbruch tat.

»Was machen Sie denn am PC?«, erkundigte sie sich neugierig, weil sie zu gern mehr von ihm erfahren wollte.

»Ich bin Grafiker in einer Werbefirma. Und Sie, Hella? Was hat Ihr Kreuz so sehr in Mitleidenschaft gezogen?« Seine tiefe Stimme schickte einen Schauer über die Stelle ihres Rückens, von der er gerade sprach.

»Ich arbeite in einer Kinderkrippe.«

»Ah, das Heben und Herumschleppen von kleinen Rabauken ist schuld, oder?«

Hella nickte. Kam es ihr nur so vor oder klang

»**Ah, das Heben und Herumschleppen von kleinen Rabauken ist schuld, oder?**«

das tatsächlich kinderlieb, wie er das Wort »Rabauken« betonte? »Und gegen Ihre Beschwerden hilft wirklich gar nichts?«, fragte sie, nachdem sie einander eine Zeit lang nur angelächelt hatten.

»Nun ...« Er fuhr sich durch sein dichtes Haar. »Wenn ich ehrlich bin, war ich mal bei einer Behandlung, die erstaunlich gut war: Phonophorese.«

Davon hatte Hella noch nie gehört, wollte das aber nicht zugeben, weil sie befürchtete, Michael könnte sie für ungebildet halten.

Doch offensichtlich zählte dies nicht zum gängigen Allgemeinwissen, denn er begann umgehend zu erläutern, worum es sich dabei handelte: »Da werden Stimmgabeln in Schwingungen versetzt und dann auf Akupunkturpunkten platziert. Hätte nie gedacht, dass so ein Unsinn irgendeine Wirkung haben könnte. Aber, Mann, das war gut!«

Hellas Augenbrauen hatten sich gerade unwillkürlich hochgezogen, als der eintretende Kurbetreuer sie hochschreckte. »Frau Waben, wenn Sie jetzt mitkommen möchten?«

Sie zuckte zusammen. Mit einem Schlag waren all ihre Bedenken wieder da und die Angst davor, gleich in eine minus 110 Grad kalte Kammer gesteckt zu werden, kam mit voller Wucht retour.

Nervös erhob sie sich. Dabei verhakte sich der Gürtel ihres Bademantels in der Armlehne des Stuhles, sodass sie unsanft zurück auf die Sitzfläche gerissen wurde. »Nehmen Sie doch bitte zuerst den nächsten Patienten dran«, bot sie daraufhin an, weil sie nicht wollte, dass sowohl der Kuranstaltsmitarbeiter als auch Michael dabei zusahen, wie sie sich hektisch zu befreien versuchte.

»Warum lassen Sie uns nicht einfach gleichzeitig in die Kühltruhe?«, schlug Michael stattdessen vor. »Frau Waben ist ein wenig in Sorge wegen der Anwendung. Vielleicht würde es sie beruhigen, nicht allein in die Kammer zu müssen. Spricht da etwas dagegen?«

Der Betreuer zuckte gelangweilt mit den Schultern. »Solange sie drin keine hektischen Bewegungen machen und nur ruhig im Kreis gehen ...«

Unsicher sah Hella von einem zum anderen. Wollte sie tatsächlich mit einem Wildfremden in Badekleidung in diesen kleinen kalten Raum?

Michael hatte sich erhoben. »Kommen Sie, Hella. Ich verspreche Ihnen, es wird nicht wehtun.«

So kam es, dass Hella die auf zehn Grad unter Null gekühlte Vorkammer Schulter an Schulter mit Michael betrat. Da sie beide grüne Atemschutzmasken trugen, konnte sie sein aufmunterndes Lächeln nur erahnen. Das weiße Fleece-Stirnband und die geschlossenen Schuhe zu den nackten Beinen standen ihm nicht besonders gut, aber sie musste trotzdem ein wenig seufzen, weil er in Badeshorts einfach umwerfend aussah.

In der zweiten Vorkammer hatte es angeblich minus sechzig Grad, doch Hella merkte das gar nicht richtig, da Michael ihr zuzwinkerte.

Als sie schließlich in der eigentlichen Kältekammer angekommen waren, nahm er ihre Hand und begann langsam mit ihr die eisige Luft zu durchschreiten. Trotz der Handschuhe, die ihre Finger voneinander trennten, konnte Hella Michaels Berührung überdeutlich spüren, was ihren Herzschlag beschleunigte und sich sehr positiv auf ihre Kreislauffunktionen auswirkte.

Viel zu schnell beendete der Mitarbeiter den Spaziergang der beiden. Wie von Michael vorausgesehen, spürte Hella im Anschluss ein angenehmes Kribbeln – erstaunlicherweise hauptsächlich in der Magengegend – und sah im Spiegel neben

Viel zu schnell beendete der Mitarbeiter den Spaziergang der beiden.

dem Haken, an dem ihr Bademantel hing, dass sich ihre Wangen gerötet hatten.

Während Michael in seinen Bademantel schlüpfte, meinte er: »Da das mit der Stimmgabel-Therapie bei mir so gut funktioniert hat, wollen wir es heute Abend vielleicht gemeinsam mit dem Kurkonzert probieren?«

Der perfekte Patient

Standort: Einsatzzentrale
Uhrzeit: 6.58 Uhr
Zustand: brauche dringend Koffein
Ganz in Weiß und schlotternd vor Kälte und Müdigkeit schließe ich meine Familienkutsche ab. In ein paar Minuten bin ich hier wieder weg. Denn mein Arbeitsplatz ist überall und nirgendwo. In der Zentrale schaue ich nur kurz vorbei, um das Auto zu wechseln und die Schlüssel abzuholen. Na ja, und um meinen Thermobecher mit frisch gebrühtem Kaffee aufzufüllen.

Nach diesem kurzen Zwischenstopp starte ich den giftgrünen Kleinwagen mit der unübersehbaren Aufschrift »Pflegeteam on Tour«. Darunter Adresse und Telefonnummer meines Arbeitgebers – eines mobilen Pflegedienstes irgendwo in der Provinz. Auf zu P1 – meiner ersten Patientin.

Standort: ein Zweifamilienhaus aus den Sechzigern
Uhrzeit: 7.22 Uhr
Zustand: mittelmäßig motiviert
Mit einem Klick auf das Firmenhandy, das zugleich Dienstplan, Navi, Stechuhr und Dokumentationstool ist, starte ich offiziell meinen Arbeitstag. Ab jetzt läuft die abrechenbare Zeit. Auch wenn ich nicht in die Stammdaten schauen muss, um zu wissen, dass bei P1 lediglich eine Medikamentengabe ansteht, werfe ich vorschriftsmäßig einen kurzen Blick in den Pflegebericht der Abendschicht. Wie erwartet: keine besonderen Vorkommnisse.

Die alte Dame ist bettlägerig und außerdem absolut entzückend. Sie wird an sich ganz gut von ihrer Tochter versorgt, doch die arbeitet Schicht und hat das Haus wohl schon vor Stunden verlassen.

Aus all den Schlüsseln, die ich für meine heutige Tour brauche, wähle ich den richtigen aus und öffne die Eingangstür. Ohrenbetäubender Lärm empfängt mich. Ist P1 jetzt auch noch schwerhörig geworden?

Nein, ist sie nicht. Sie hat den Fernseher nur versehentlich lauter gestellt statt leiser. Vor Schreck hat sie dann nicht nur die Fernbedienung fallen lassen, sondern auch ihr Saftglas umgestoßen. Die Ärmste. Ich erlöse uns beide, indem ich die dröhnende Glotze ausschalte und ihr erst einmal den Puls fühle. Das mag sie. Dann lächelt sie immer ganz selig.

Anschließend entsorge ich die Scherben, wische die Saftpfütze auf und bringe ihr ein frisches Getränk. Dann erst gebe ich ihr die Medikamente, derentwegen ich eigentlich hier bin.

Sie streichelt mir über die Hand und nennt mich einen Engel. Ich bin ein bisschen gerührt und bleibe noch ein paar Minuten an ihrem Bett sitzen. Diese Zeit dafür kann zwar nicht abgerechnet werden, aber vielleicht hole ich sie bei P2 auf.

Standort: ein Wohnblock am Ortsrand
Uhrzeit: 8.03 Uhr
Zustand: voll auf Betriebstemperatur
P2 ist für Ende siebzig noch ziemlich fit. Nur mit seinen Stützstrümpfen hat er so seine Schwierigkeiten. Was ich übrigens gut verstehen kann, denn es ist wirklich nicht ganz einfach, die

Dinger anzuziehen. Für mich ist das natürlich eine der leichtesten Übungen. Die vier Minuten, die laut Zeitvorgabe des Pflegedienstes dafür veranschlagt sind, habe ich dafür noch nie gebraucht, meistens schaffe ich es in knapp drei. Was dagegen nicht zu schaffen ist: P2 in dieser Zeit auch noch zu beraten, seine Vorerkrankungen und seine familiäre Situation abzufragen und das alles sowie die Gegebenheiten der Wohnsituation auch noch ausführlich zu dokumentieren, wozu wir eigentlich angehalten sind. Manchmal muss man seinem gesunden Menschenverstand folgen, nicht den Verwaltungsvorschriften. Und P2 unterhält sich nun mal lieber über seine verstorbene Frau und ihre herausragenden Kochkünste als über häusliche Stolperfallen.

Und P2 unterhält sich nun mal lieber über seine verstorbene Frau und ihre herausragenden Kochkünste als über häusliche Stolperfallen.

Standort: ein Bauernhof weit außerhalb
Uhrzeit: 8.24 Uhr
Zustand: Bin ich hier richtig?
P3 wird sonst von einer Kollegin betreut, die gerade unter der Sonne Kaliforniens ihren wohlverdienten Urlaub genießt. Ich bin also zum ersten Mal hier und einigermaßen verwirrt. Lebt hier draußen in der Einöde tatsächlich eine alte Frau ganz allein?

Die Haustür ist nicht abgeschlossen. Eine Katze streicht um meine Beine, als ich den Flur betrete. Zum Glück ist es kein Wachhund.

P3 erwartet mich in der Küche. Ich fühle mich wie durch ein Loch in der Zeit gefallen. Vermutlich hat sich hier seit Anfang der 1950er-Jahre nichts mehr verändert – mit Ausnahme von P3.

»Ich habe schon alles vorbereitet«, strahlt sie mich an. »Sie müssen nur noch das Wasser holen und warmmachen.«

Es stellt sich heraus, dass der Ort, an dem ich es holen soll, ein Brunnen im Hof ist. Und der Ort, an dem ich es erhitzen soll, ein – immerhin schon angefeuerter – Kohlenherd.

Was wir vorhaben, ist eine Ganzkörperwaschung mit Haaren – und dafür sind standardmäßig zwanzig Minuten vorgesehen. Was selbst unter günstigsten Voraussetzungen schon sehr knapp bemessen ist, vor allem, wenn ein Patient schlecht zu Fuß ist und erst einmal ins Bad verfrachtet werden muss. In einem Haushalt ohne fließendes Wasser ist nicht einmal die doppelte Zeit realistisch. Als P3 ihren Dutt löst und ich sehe, dass ihr noch immer dichtes Haar bis zu den Hüften reicht, wird mir klar, dass auch eine ganze Stunde nicht genügen wird …

Fast hätten wir es in anderthalb Stunden geschafft. Wenn da nicht die Sache mit dem Fön gewesen wäre. Vor dem P3 eine panische Angst hat! Weshalb sie gar keinen besitzt. Stattdessen trocknet sie ihre silbergraue Haarpracht mithilfe von Handtüchern, die ich unter ihrer Aufsicht vorwärme: mithilfe von im Kohlenherd erhitzten Bettflaschen aus Zink.

Die Hoffnung, heute mal vor meinen Kindern zu Hause zu sein, rückt damit in unerreichbare Ferne. Ebenso wie die frischen

Kartoffelpuffer mit Salat, die ich eigentlich machen wollte. Es wird wohl doch wieder eine Fertigpizza werden.

Standort: ein gepflegtes Dreifamilienhaus
Uhrzeit: 10.52 Uhr
Zustand: fix und alle

Ich weiß nicht, wie oft ich P4 schon darüber aufgeklärt habe, wie viel Stoma-Material sie pro Monat verbrauchen darf. Darüber gibt es eine Pauschalvereinbarung zwischen ihrer Krankenkasse und dem Sanitätshaus, das unsere Patienten beliefert. Aber P4 ist leider ein bisschen dement und vergisst, dass ihre monatliche Ration an Stoma-Beuteln, Kompressen, Basisplatten und Paste begrenzt ist. Und nun ist ihr Vorrat mehr als knapp. Zum Glück habe ich noch ein bisschen Material für alle Fälle im Kofferraum. Ich lasse ihr was da und will gerade meinen Standardvortrag über den sparsamen Umgang mit Stoma-Hilfsmitteln halten, als sie einschläft. Okay, dann eben nächstes Mal. Ich bin ja eh in Eile.

Standort: ein heruntergekommenes Mietshaus
Uhrzeit: 11.16 Uhr
Zustand: der Koffeinspiegel fällt ...

Was ich jetzt dringend bräuchte, wäre eine Pause. Aber das ist heute leider nicht drin – ich bin immer noch weit hinter meinem Zeitplan zurück. Was mich P5, ein mürrischer Kauz, auch sofort spüren lässt.

»Saftladen!«, keift er mich an. »Schon wieder zu spät. Genau wie die andere Schlampe.«

Ein Rundumschlag gegen mich, meine Kollegin und den gesamten Pflegedienst. Ich gehe nicht darauf ein. Stattdessen messe ich seinen Blutzuckerwert. Der ist – was für eine Überraschung – erhöht. P5 gehört zu den Diabetespatienten, die glauben, solange sie regelmäßig Insulin spritzen, hätten sie einen Freibrief zum Über-die-Stränge-Schlagen. Ich lasse mich nicht

P5 gehört zu den Diabetespatienten, die glauben, solange sie regelmäßig Insulin spritzen, hätten sie einen Freibrief zum Über-die-Stränge-Schlagen.

davon irritieren, dass P5 mich »Drache« und »blöde Kuh« nennt, sondern nehme ihn ins Kreuzverhör. Er muss zugeben, dass er zwei Stücke Kuchen und drei Scheiben Weißbrot mit Honig gefrühstückt hat. Wie vermutet. P5 ist nicht nur ein Kotzbrocken, sondern außerdem völlig beratungsresistent. Und zudem ein Grabscher! Das bekomme ich zu spüren, als ich seinen diabetischen Fuß versorge, fotografiere und den Zustand dokumentiere. Irgendwie gelingt es ihm, bei dieser Gelegenheit sowohl meinen Po als auch meine Brust zu betatschen.

Ich weise ihn in die Schranken und empfehle ihm, bei Bedarf eine der einschlägigen tabulosen Dienstleisterinnen zu kontaktieren, die regelmäßig im Wochenblatt inserieren. Leider keine Kassenleistung. Woraufhin er mich als »frigide Ziege« bezeichnet und verlangt, dass ihn künftig jemand anders besucht. Das verspreche ich ihm herzlich gern. Ob er wohl weiß, dass wir auch männliche Pflegekräfte im Team haben? Ich denke da an einen Kollegen mit der Statur eines Türstehers ...

Standort: auf der Landstraße – unterwegs zu P6, P7 und P8
Uhrzeit: 11.47 Uhr
Zustand: irgendwie nachdenklich

Mir ist schon klar, dass auch Kotzbrocken wie P5 das Recht auf angemessene Pflege haben, doch ein idealer Patient sieht für mich anders aus ... Aber wie eigentlich genau?

Aus Sicht der Angehörigen wäre ein idealer Patient vermutlich jemand, der versehentlich in eine zu hohe Pflegestufe eingruppiert wurde – der also einen Batzen Pflegegeld einbringt, obwohl er sich noch weitestgehend selbst versorgen kann. Auch das gibt es – wenn auch selten. Meist ist es umgekehrt: Die Patienten reißen sich am Riemen, wenn der Gutachter kommt, und hinterlassen dadurch ein völlig falsches Bild. Oft muss erst Widerspruch eingelegt werden, bevor die korrekte Pflegestufe akzeptiert wird.

Ideal für den Pflegedienst wäre wohl jemand, der möglichst viele Leistungen gebucht hat, nicht nur einen läppischen Stützstrumpfwechsel, und der diese Leistungen viele Jahre lang in Anspruch nimmt. Ein Hauptgewinn, sozusagen.

Ideal für das Sanitätshaus wären etwa Stoma-Patienten, die sich meine Ermahnungen zum Thema »Materialsparen« zu Herzen nähmen und deren Verbrauch weit unter dem erlaubten Maximum läge. Dennoch dürfte das Sanitätshaus der Krankenkasse den kompletten Betrag in Rechnung stellen – Pauschale ist schließlich Pauschale.

Für uns Pflegekräfte wäre es traumhaft, wenn die Patienten vor einer Ganzkörperwaschung schon im geheizten Bad warten würden – bereits entkleidet, das Schaumbad eingelassen.

Vielleicht wären dann die vorgegebenen zwanzig Minuten zu schaffen.

Aber vermutlich gibt es ihn gar nicht, den idealen Patienten. Ebenso wenig wie die ideale Pflegerin. Aber wer weiß, wie es wäre, wenn

Aber vermutlich gibt es ihn gar nicht, den idealen Patienten.

es ideale Bedingungen gäbe. Wenn Zeit und Geld keine Rolle spielen würden. Wenn alle Hilfsmittel jedem, der sie braucht, zur Verfügung stünden. Wenn Würde vor Sparen käme. Wenn Zeit für Gespräche bliebe. Wenn sich Betroffene nicht durch den Antragsdschungel kämpfen müssten. Wenn ihre Angehörigen stets liebevoll und motiviert wären, die häusliche Situation alters- und pflegegerecht. Wenn die Patienten alle so wären wie P1, keiner so wie P5. Und wenn ich es auch nur ein einziges Mal schaffen würde, vor meinen Kindern zu Hause zu sein. Man wird ja noch träumen dürfen ...

Autorenbiografien

Heike Abidi, Jahrgang 1965, ist verheiratet und Mutter eines 19-jährigen Sohnes. Sie ist freiberufliche Werbetexterin und Autorin von Unterhaltungsromanen, Jugend- und Kinderbüchern.

Carolina Baum ist Berlinerin. Ihren Magister machte sie in Linguistik und arbeitete nach der Geburt ihrer zwei Kinder als Redakteurin im Onlinehandel. Derzeit ist sie als freie Autorin tätig und freut sich nun zum dritten Mal auf schlaflose Nächte, denn: Babys schreien nun mal.

Ursi Breidenbach ist verheiratet und Mutter zweier Söhne. Nach einer kunstjournalistischen Tätigkeit arbeitet sie seit 2009 als freie Autorin in Leoben (Österreich) und München. Aus einer Apothekerfamilie stammend, hatte sie ausreichend Möglichkeit, Erfahrungen für ihre Geschichten *Kältekur wärmstens empfohlen, 500 mg Zuwendung* und *Operation mit Happy End* zu sammeln.

Andreas Brettschneider unterrichtet seit zehn Jahren die Fächer Deutsch, Englisch, Musik und Literatur an einem Gymnasium. Wenn die Zeit es zulässt, macht er Musik in zwei Bands und hat jüngst entdeckt, dass literarisches Schreiben auch eine feine Sache ist. Nun freut er sich wie ein Kleinkind auf Rollschuhen, dass mit *Die Rettung* seine erste Kurzgeschichte veröffentlicht wurde. www.derbrettschneider.de

Akram El-Bahay hat viele Jahre als Journalist gearbeitet, verfasst mit Vorliebe fantastische Bücher und schreibt ansonsten die Erlebnisse seiner kleinen deutsch-ägyptischen Niederrheinfamilie auf. Seine drei Söhne sorgen dafür, dass er nie den Verstand verliert – sie lassen ihm einfach keine Zeit dafür.

Kerstin Bätz lebt den Großteil des Jahres mit ihrer Familie in einem 140-Seelen-Dörfchen im lieblichen Taubertal. Wo sie auch ihren im letzten Sommer erschienenen ersten Psychothriller geschrieben hat.

Volker Bätz war schon immer ein Geschichtenerzähler. Er war als Publication Manager und Autor für die US-amerikanische Firma Dark Age Games tätig. Im Verlauf dieser Tätigkeit wurde ihm irgendwann klar, dass er das Schreiben in seiner Muttersprache unbedingt versuchen musste.

Christa Goede ist Diplom-Politologin, Social-Media-Managerin, Klartextschreiberin, Schachtelsatzallergikerin, Rechtshänderin, Linksdenkerin, Internetbewohnerin, Blümchenliebhaberin, Punkrockhörerin, Motivationsmaschine, Monsterhäklerin, Disziplintierchen und Besserwisserin mit Sinn für Humor. Ihre letzte Warze hatte sie vor etwa fünf Jahren – sie wurde vereist und verschwand vollständig.

Moritz Hampel wurde 1973 in Berlin geboren und ist im östlichen Niedersachsen aufgewachsen. Nach dem Abitur leistete er anderthalb Jahre Zivilersatzdienst in einem Sozialprojekt mit straffällig gewordenen Jugendlichen in Dublin, Irland. Nach einem Studium der Nordamerikastudien an der FU Berlin arbeitet Moritz Hampel derzeit als Game-Designer. Er hat drei Kinder, wohnt mit seiner Familie in Berlin und ist Mitglied im Autorenkombinat *Kommando Torben B.*

Anna Herzog, Hamburgerin, lebt mit ihrer Familie im Ruhrpott und arbeitet dort als Ärztin. Wenn sie nicht gerade schreibt.

Charlotte Hirsch, geboren 1978, lebt nach insgesamt sechs Jahren China mit furchtbar exotischen Krankenhausbesuchen wieder in ihrer Lieblingsstadt Hamburg. Eigentlich war ihr immer klar, dass eigene Bücher zukünftige Kinder ersetzen sollten, aber wunderbarerweise hat sie mittlerweile einen Sohn geworfen, der nur darauf wartet, ihre Bücher auseinanderzureißen.

Lucinde Hutzenlaub wurde 1970 in Stuttgart geboren. Nach dem Abitur lebte und studierte sie mehrere Jahre im Ausland. Sie ist Autorin, Kommunikations-Designerin und Heilpraktikerin, verheiratet und hat vier Kinder. Von 2009 bis 2012 lebte die Familie in Japan, wo auch ihr erstes Buch *Hallo Japan* entstanden ist.

Rebekka Knoll schreibt Thriller für Jugendliche, Romane für junge Erwachsene und Artikel für Zeitungsleser. Vom Schreiben kann sie sich nur abhalten, indem sie sich ihre Boxhandschuhe überzieht. Sie trainiert, schreibt und lebt in Kassel. www.rebekkaknoll.de

Anja Koeseling war als Journalistin und Publizistin tätig, bevor sie 2008 die Literaturagentur Scriptzz mit Sitz in Berlin gründete. Heute lebt sie mit ihren Jack Russell Terriern im schönen Brandenburg.

Olaf Köhler ist studierter Diplom-Kulturwirt. Der gebürtige Pfälzer lebt in München, von wo er die ganze Welt bereist. Er arbeitet als freiberuflicher Autor und schreibt Drehbücher für erfolgreiche TV-Serien für Jung und Alt. Er hat gerade seinen ersten Roman beendet. Vom ihm stammt die Geschichte *Wunder geschehen?*.

Timm Kruse (Jahrgang 1970) arbeitet als Journalist und Autor in Kiel und Südfrankreich – wenn er nicht gerade durch die Welt reist oder Meditationsseminare besucht. Von ihm stammen die Bücher »40 Tage Fasten«, »Roadtrip mit Guru« und »Meditiere ich noch oder schwebe ich schon?«. Mehr auf www.gekritzeltes.de

Petra Plaum, Jahrgang 1972, freute sich über die Gelegenheit, ausnahmsweise mal Lustiges zu Medizinthemen zu schreiben. Als Journalistin mit den Schwerpunkten Gesundheit und Bildung nähert sie sich Krankheiten sonst ausschließlich ernsthaft. Sie lebt mit ihrem Mann und drei gemeinsamen Töchtern in Donauwörth, Bayern.

Julia Reibel arbeitet seit fast zwanzig Jahren in einem großen deutschen Zeitungsverlag. Privat managt sie erfolgreich einen Ehemann und drei sehr lebhafte Söhne. Sie wohnt mit ihrer Chaosfamilie im schönen Rheinland.

Patrick Roberts arbeitet als Arzt und Schriftsteller in Berlin. Er bedient die Genres Jugendbuch, postapokalyptische Science-Fiction und Liebesromane. Von ihm stammt die Geschichte Claudia, die Koniferen-Killerin.

Björn Schmidt, Jahrgang 1974, ist Diplom-Pädagoge und seit dem Jahr 2002 beruflich mit der Unterstützung arbeitsloser Menschen befasst. Wenn er die Zeit dazu findet, schreibt er auch gern mal einen Text. Ob über Fußball oder über Arztbesuche – auf jeden Fall immer über das Leben.

Heike Eva Schmidt, geboren in Bamberg, lebt im schönsten Teil Oberbayerns zwischen Bergen und Seen. Nach einem Psychologiestudium war sie zunächst als Journalistin für Radio, TV und Print tätig, ehe sie ein Stipendium für die Drehbuchwerkstatt München erhielt. Seitdem arbeitet sie erfolgreich als freie Drehbuchautorin und Schriftstellerin. Von ihr stammt die Geschichte *Xaver*.

Tino Schrödl wurde 1972 geboren und arbeitet als Autor, Regisseur und Producer von TV-Reportagen.

Heike Schulz lebt mit ihrer Familie in der Nähe der Karnevalshochburg Köln und schreibt Romane für Jugendliche und junge Erwachsene. Um fit zu bleiben und so möglichst lange Ärzten und anderen Weißkitteln aus dem Weg zu gehen, läuft sie regelmäßig Halbmarathons.

Andrea Schütze ist Diplom-Psychologin und schreibt eigentlich Kinderbücher, die es in sich haben. Wenn sie ab und an eine Pause von Feenzauber, Hexenwirbel und sonstigen magischen Verwicklungen braucht, dürfen es gerne mal Kurzgeschichten für Erwachsene sein. Und die haben es dann auch in sich. Nur anders. www.andrea-schuetze.de

Sebastian Thiel, Jahrgang 1983, lebt in Tönisvorst am Niederrhein. Durch seine Arbeit als IT-Manager an Nachtschichten gewöhnt, schreibt er auch heute noch am liebsten nachts. Als Basis seiner Romane dienen historische Ereignisse und Personen, die er zu fantasievollen Geschichten verwebt. Seit mehreren Jahren ist Sebastian Thiel freiberuflicher Autor und widmet sich komplett dem Schreiben. wwww.sebastianthiel.net

Kai Twilfer ist seit 1976, also von Geburt an, Insasse des Ruhrgebiets. Genauer gesagt in der Großraumzelle Gelsenkirchen, in der so viele Mitgefangene seinen Lebensweg geprägt haben, dass ihm nichts anderes übrig blieb, als seine Erlebnisse irgendwann mal in Bücher zu fassen.

Impressum

Herausgegeben von Heike Abidi und Anja Koeseling
Wahnsinn Wartezimmer
28 echt kranke Geschichten
ISBN: 978-3-959101-06-6

Eden Books
Ein Verlag der Edel Germany GmbH
Copyright © 2017 Edel Germany GmbH, Neumühlen 17, 22763 Hamburg
www.edenbooks.de | www.facebook.com/EdenBooksBerlin | www.edel.com
1. Auflage 2017

Dieses Werk wurde vermittelt durch die Literaturagentur Scriptzz, Berlin |
www.scriptzz.de

Einige der Personen im Text sind aus Gründen des Persönlichkeitsschutzes
anonymisiert.

Projektkoordination: Svenja Monert
Lektorat: Tina Spiegel
Umschlaggestaltung: BüroSüd | www.buerosued.de
Layout und Satz: Datagrafix GmbH | www.datagrafix.com
Druck und Bindung: optimal media GmbH, Glienholzweg 7, 17207 Röbel/
Müritz

Das FSC®-zertifizierte Papier *Holmen Book Cream* für dieses Buch lieferte
Holmen Paper, Hallstavik, Schweden.

Printed in Germany

Dieses Buch ist auch als E-Book erhältlich.

Um die kulturelle Vielfalt zu erhalten, gibt es in Deutschland und in Österreich
die gesetzliche Buchpreisbindung. Für Sie, liebe Leserin und lieber Leser,
bedeutet das, dass Ihr verlagsneues Buch jeweils überall dasselbe kostet,
egal, ob Sie Ihre Bücher gern im Internet, in einer großen Buchhandlung oder
beim kleinen Buchhändler um die Ecke kaufen.